21 世纪高职高专财经类能力本位型规划教材

市场营销专业教学改革教材

市场营销项目驱动教程

主　编　肖　飞

副主编　袁淑清　武汉林

参　编　郭　海　陈　璐

杨永超

北京大学出版社
PEKING UNIVERSITY PRESS

内容简介

本书是一本市场营销理论加项目实践的教材，突出“教、学、做”一体化，采取项目引领、任务驱动、行动贯穿的模式编写，每一个项目包含多个任务，每一个任务又包含若干实践活动，在实践中寻找理论知识点的指导和帮助。任务之间、实践活动之间和知识点之间相互关联，具有实践性、操作性和灵活性等特点。全书分5个模块共10个项目，主要内容包括：认识和理解市场营销，市场营销环境分析，消费者行为分析，市场调研，市场细分与目标市场定位，制定产品策略，制定价格策略，制定渠道策略，制定促销策略，市场营销组织、计划和控制。

本书不仅可供高职高专及成人高等院校市场营销专业等经管类专业以及其他专业市场营销课程教学，还可供企业管理人员和企业营销人员参考使用。

图书在版编目(CIP)数据

市场营销项目驱动教程/肖飞主编. —北京：北京大学出版社，2012.6
(21世纪高职高专财经类能力本位型规划教材)
ISBN 978-7-301-20750-5

Ⅰ.①市… Ⅱ.①肖… Ⅲ.①市场营销学—高等职业教育—教材 Ⅳ.①F713.50

中国版本图书馆CIP数据核字(2012)第120542号

书　　名：市场营销项目驱动教程
著作责任者：肖　飞　主编
策 划 编 辑：李　辉
责 任 编 辑：陈颖颖
标 准 书 号：ISBN 978-7-301-20750-5/F・3208
出　版　者：北京大学出版社
地　　址：北京市海淀区成府路205号　100871
网　　址：http://www.pup.cn　http://www.pup6.cn
电　　话：邮购部62752015　发行部62750672　编辑部62750667　出版部62754962
电 子 邮 箱：pup_6@163.com
印　刷　者：北京鑫海金澳胶印有限公司
发　行　者：北京大学出版社
经　销　者：新华书店
787mm×1092mm　16开本　17.5印张　388千字
2012年6月第1版　2015年7月第2次印刷
定　　价：34.00元

前　言

市场营销是一门实践性很强的学科，特别是近年来我国企业对市场营销人才的需求量十分巨大。从大学生就业信息得知，各类院校、专业大学生毕业后相当多的人从事的第一职业就是市场营销或是与市场相关的工作。但是，在传统的市场营销人才培养过程中，偏重知识传授、轻视实战训练的问题仍很突出，对学生能力训练的需求已经越来越迫切。本书以训练高职学生的营销职业能力和培养其营销职业素养为目的，从职业岗位要求出发，以职业能力和职业技能培养为核心，采用项目引领、任务驱动的教学模式重构教材体例，体现"以能力为本"的思想，凸显高职教育特色。

本书以"就业为导向"，紧紧围绕我国高职高专新型人才培养目标，依照"原理先行、实务跟进、案例同步、实训到位"的原则，全面展开市场营销课程的内容。本书内容简明，设计新颖，案例丰富，训练多样，考核全面，融通俗性、可读性、应用性于一体，力求体现"教、学、做"合一及"以学生为主体，以教师为引导"的高职高专教育教学改革新思路。

本书由常州纺织服装职业技术学院的肖飞担任主编，常州纺织服装职业技术学院的袁淑清、南昌职业学院的武汉林担任副主编，常州纺织服装职业技术学院的陈璐、杨永超及常州市鑫源分众传媒有限公司的总经理郭海也参与了编写工作，具体分工为：肖飞编写项目1、项目2、项目4、项目8，郭海编写项目3，陈璐编写项目5，袁淑清编写项目6、项目7，杨永超编写项目9，武汉林编写项目10。肖飞同时负责全书的统稿、定稿工作。

本书在编写过程中，参考了大量的相关教材、著作及论文，在此向这些作者表示衷心的感谢!

本书的顺利出版得益于北京大学出版社编辑和常州纺织服装职业技术学院经济贸易系章飞主任的鼓励和支持，在此表示衷心的感谢!

由于编者水平有限，加之编写时间仓促，书中的疏漏和不妥之处在所难免，敬请读者朋友批评指正。

编　者

2012年3月

目　录

模块一　导论篇

项目1　认识和理解市场营销 …………… 3

相关知识 …………………………………… 5

1.1　市场营销的含义 ……………………… 5

1.2　市场营销的核心概念 ………………… 6

1.3　市场营销学的研究对象和主要内容 …………………………… 11

1.4　市场营销观念的演进 ……………… 11

1.5　市场营销新发展 …………………… 14

项目实施 ………………………………… 17

任务1.1　掌握市场营销相关核心概念 …………………… 17

任务1.2　了解市场营销各职业岗位的主要工作任务 …… 17

项目小结 ………………………………… 17

职业能力训练 …………………………… 18

模块二　价值识别篇

项目2　市场营销环境分析 ……………… 25

相关知识 ………………………………… 27

2.1　市场营销环境 ……………………… 27

2.2　宏观环境分析 ……………………… 28

2.3　微观环境分析 ……………………… 30

2.4　市场营销环境的分析方法 ……… 34

项目实施 ………………………………… 38

任务2.1　讨论分析饮水杯生产企业的营销环境 …………………… 38

任务2.2　分析果汁饮料企业的竞争对手 …………………… 38

任务2.3　运用SWOT矩阵撰写企业分析报告 ……………… 38

项目小结 ………………………………… 39

职业能力训练 …………………………… 39

项目3　消费者行为分析 ……………… 44

相关知识 ………………………………… 46

3.1　消费者购买动机和购买类型 … 46

3.2　影响消费者购买行为的因素 … 48

3.3　消费者购买过程 ………………… 52

项目实施 ………………………………… 54

任务3.1　撰写《××商品消费者购买行为分析报告》 …… 54

任务3.2　模拟消费者购买过程 …… 55

项目小结 ………………………………… 55

职业能力训练 …………………………… 55

项目4　市场调研 ………………………… 60

相关知识 ………………………………… 62

4.1　市场调研的内容 ………………… 62

4.2　市场调研的方法 ………………… 64

4.3　市场调研的程序 ………………… 69

4.4　市场调研问卷的设计 …………… 73

4.5　市场调研报告的撰写 …………… 77

项目实施 ………………………………… 79

任务4.1　确定市场调研内容 ……… 79

任务4.2　确定市场调研方法 ……… 79

任务4.3　设计市场调研问卷 ……… 80

任务4.4　撰写市场调研报告 ……… 81

项目小结 ………………………………… 82

职业能力训练 …………………………… 82

项目5　市场细分与目标市场定位 …… 87

相关知识 ………………………………… 90

5.1　市场细分 ………………………… 90

5.2　选择目标市场 …………………… 96

5.3　市场定位 ………………………… 98

项目实施 …… 104
任务 5.1 产品市场细分实训 …… 104
任务 5.2 产品市场定位实训 …… 104
项目小结 …… 104
职业能力训练 …… 105

模块三 价值创造篇

项目6 制定产品策略 …… 115
相关知识 …… 118
6.1 产品及产品生命周期 …… 118
6.2 产品组合 …… 126
6.3 新产品开发 …… 131
6.4 产品包装 …… 136
6.5 产品品牌 …… 140
项目实施 …… 144
任务 6.1 撰写产品生命周期营销策略方案 …… 144
任务 6.2 撰写企业新产品开发方案 …… 144
任务 6.3 设计企业品牌塑造方案 …… 145
项目小结 …… 146
职业能力训练 …… 146

项目7 制定价格策略 …… 151
相关知识 …… 152
7.1 影响定价的主要因素 …… 152
7.2 定价方法与程序 …… 158
7.3 产品基本定价策略 …… 164
7.4 竞争中的价格调整策略 …… 168
项目实施 …… 170
任务 7.1 撰写定价影响因素分析报告 …… 170
任务 7.2 制定产品价格实训 …… 171
任务 7.3 制定价格策略实训 …… 173
项目小结 …… 173
职业能力训练 …… 174

模块四 价值传递篇

项目8 制定渠道策略 …… 183
相关知识 …… 185
8.1 市场营销分销渠道 …… 185
8.2 分销渠道中的中间商 …… 189
8.3 分销渠道设计和管理 …… 192
项目实施 …… 197
任务 8.1 关于直销和传销的调研 …… 197
任务 8.2 设计分销渠道实训 …… 197
任务 8.3 管理分销渠道实训 …… 197
项目小结 …… 198
职业能力训练 …… 198

项目9 制定促销策略 …… 204
相关知识 …… 206
9.1 促销与促销组合 …… 206
9.2 人员推销 …… 210
9.3 广告策略 …… 215
9.4 营业推广 …… 220
9.5 公共关系 …… 224
项目实施 …… 226
任务 9.1 模拟人员促销实训 …… 226
任务 9.2 为××产品设计广告 …… 226
任务 9.3 撰写《××按摩器社区促销活动策划方案》(营业推广) …… 227
任务 9.4 公共关系策划实训 …… 227
任务 9.5 撰写《××企业促销策略运作分析报告》 …… 227
项目小结 …… 228
职业能力训练 …… 228

模块五 价值监控篇

项目10 市场营销组织、计划和控制 …… 237
相关知识 …… 238
10.1 市场营销组织 …… 238

10.2 市场营销计划 …………………… 249
10.3 市场营销计划控制 ………… 252
项目实施 …………………………………… 258
任务 10.1 撰写《××企业市场营销组织机构分析报告》 … 258
任务 10.2 撰写《××汽车销售公司整合营销策划方案》 … 258
任务 10.3 撰写《××企业市场营销策略综合运作分析报告》 …………… 259
项目小结 …………………………………… 259
职业能力训练 ……………………………… 260
参考文献 ………………………………………… 269

模块一

导论篇

项目 1　认识和理解市场营销

学习目标

【知识目标】

1. 了解市场营销学的产生和发展；
2. 理解市场营销核心概念；
3. 理解市场营销新发展趋势。

【技能目标】

1. 具有分析市场营销系统的能力；
2. 具有分析市场营销管理任务的能力；
3. 具有制定营销决策的能力。

【实训目标】

1. 通过市场营销含义和核心概念的学习，使学生具备分析市场营销系统的技能；
2. 通过市场营销观念和发展趋势的学习，使学生具备根据市场情况做出正确决策的技能。

案例引入

三家企业：顾客至上

一、华冠商厦

华冠商厦始建于20世纪80年代末期，当时只是一个规模很小的购物中心，而现在已经颇有名气。其特点是商品齐全、价格适宜、服务质量好，因此，很受顾客青睐。华冠商厦成功的秘诀之一就是收集顾客反馈，了解顾客心理。凡是在华冠商厦购物的顾客都会收到一张付过邮资的“信息卡”，卡上有如下内容：

第一条是“您需要什么”。在这一栏里有华冠商厦的新产品介绍，如果顾客对其中某种商品感兴趣或是还需要一些别的商品，可以在空白处填上自己的姓名、地址及产品名称。华冠商厦会根据顾客的具体要求，邮寄产品详细说明书或订购产品。

第二条是强调商厦的经营方针——“一个月之内包退包换”。这种信誉在同行业中并不多见，当然也是华冠商厦赢得顾客信赖的原因之一。

第三条是“为您创造称心的购物环境”。里面提出若干问题，如“您为什么来华冠商厦购物”、“我们哪些地方需要改进”及“您愿意与我们共同讨论您的意见和建议吗?”接下来就是填姓名和地址的一栏。

如果想多听听顾客的意见，则应该投入与华冠商厦同样的热情。然而，若要不走弯路，还必须记住下面几点，为了充分赢得顾客反馈，必须使反馈简单化；主动要求反馈；重视和利用反馈信息。

二、丽滋·卡尔登

三年前，韩国一家大集团副总裁到澳大利亚出差。当他住进丽滋·卡尔登饭店(Ritz Carlton Hotel，1992 年美国国家品质奖服务类奖得主)后，他打电话给该饭店客房服务部门，要求将浴室内原先放置的润肤乳液换成另一种婴儿牌的产品。服务人员很快满足了他的要求。

事情并没有结束。三周后，当这位副总裁住进美国新墨西哥州的丽滋·卡尔登饭店，他发现浴室的架子上已摆放着他所熟悉的乳液，一种回家的感觉在他心中油然而生……

“凭借信息技术和多一点点的用心，丽滋· 卡尔登饭店使‘宾至如归’不再是口号。”丽滋·卡尔登饭店澳大利亚地区品质训练负责人琴·道顿女士道出了卡尔登饭店成功的秘密。

在丽滋·卡尔登全球联网的电脑档案中，详细记载了超过 24 万名客户的个人资料。这是每一位顾客和卡尔登员工共同拥有的小秘密，使顾客满意在他乡。

三、沃尔玛

沃尔玛百货有限公司(简称沃尔玛)“顾客至上”的原则可谓家喻户晓，其中两条规定更是人尽皆知：“顾客永远是对的”；“如果顾客恰好错了，请参照第一条!”沃尔玛的顾客关系哲学顾客是员工的“老板”和“上司”。每一位初到沃尔玛的员工都被谆谆告诫：你不是在为主管或者经理工作，其实你和他们没有什么区别，你们只共同拥有一个“老板”——顾客。

为使顾客在购物过程中自始至终地感到愉快，沃尔玛要求其员工的服务要超越顾客的期望值：永远要把顾客带到他们找寻的商品前，而不仅仅是指给顾客，或是告诉顾客商品的位置；熟悉所在部门商品的优点、差别和价格高低，每天开始工作前利用五分钟熟悉一下新产品；对常来的顾客，打招呼要特别热情，使顾客有被重视的感觉。

沃尔玛一贯重视营造良好的购物环境，经常在商店开展种类丰富且形式多样的促销活动。例如，开展社区慈善捐助、季节商品酬宾、竞技比赛、幸运抽奖、店内特色娱乐、特色商品展览和推介等活动，以吸引广大顾客。

沃尔玛实行毫不犹豫的退款政策，确保每个顾客永无后顾之忧。沃尔玛有四条退货准则：

(1) 如果顾客没有收据——微笑，给顾客退货或退款。

(2) 如果无法确定沃尔玛是否出售过这样的商品——微笑，给顾客退货或退款。

(3) 如果商品售出超过一个月——微笑，给顾客退货或退款。

(4) 如果怀疑商品曾被不恰当地使用过——微笑，给顾客退货或退款。

(资料来源：http：//www.docin.com/p－176308706.html)

▶ 思考分析

1. 你认为花费很大精力去进行信息的收集、整理和顾客关系的维系值得吗？
2. 如何理解“顾客永远是对的”、“如果顾客恰好错了，请参照第一条”？

相关知识

1.1 市场营销的含义

市场营销是由英文“marketing”一词翻译而来，国外学者对市场营销下过上百种定义，企业界的理解更是各有千秋。美国学者基恩·凯洛斯曾将各种市场营销定义分为三类：一是将市场营销看做一种为消费者服务的理论；二是强调市场营销是对社会现象的一种认识；三是认为市场营销是通过销售渠道把生产企业同市场联系起来的过程。这从一个侧面反映了市场营销的复杂性。

著名营销学家菲利普·科特勒教授的定义：市场营销是个人和群体通过创造并同他人交换产品和价值以满足需求和欲望的一种社会和管理过程。从这个定义中，可以归纳出市场营销概念的三个要点：

(1) 市场营销的最终目标是“满足需求和欲望”。

(2) 市场营销的核心是“交换”，交换过程是一个主动、积极地寻找机会，满足双方需求和欲望的社会过程和管理过程。

(3) 交换过程能否顺利进行，取决于企业创造的产品和价值满足顾客需求的程度和交换过程的管理水平。

应用案例1－1

市场营销就是推销？

许多人认为：“市场营销就是推销，就是把产品卖掉，变成现金。”而彼得·德鲁克却说："市场营销的目标是使推销成为多余。"如何理解这两句话？

▶ 分析提示

市场营销离不开推销，但是仅靠广告，无法树立一流的品牌，仅靠推销也无法实现市场营销的目标。著名的管理学大师彼得·德鲁克先生说："市场营销的目标是使推销成为多余。"如果能够重视市场营销工作，科学地做好市场营销管理工作，就可以使营销人员的推销压力变得越来越小。不过，推销压力不可能变成零，原因就在于市场营销过程的第一步是市场营销调研，通过市场营销调研搞清楚该做什么，所以市场营销实际上是以当前环境为基础对未来市场环境的一种推测，在对未来环境推测的基础上设定营销目标，构筑市场营销方案，市场营销方案的实施是在未来环境下进行的。前面的工作做得越有成效，后面的压力就越小。因此，要重视市场营销工作的整体性和协调性。要在战略上藐视推销，在战术上重视推销，即从战略的角度看，推销不是最重要的，必须从全过程的角度通盘考虑，只有这样才能走出只重视推销造成的困境。

（资料来源：http：//zhidao. baidu. com/question/118348675. html，有删改）

名人名言

会做事的人，必须具备以下三个做事的特点：一是愿意从小事做起，知道做小事是成大事的必经之路；二是胸中必须有目标，知道把所有小事积累起来的最终目标是什么；三是要有一种精神，能够为了将来的目标自始至终把小事做好。

——俞敏洪

1.2　市场营销的核心概念

要对市场营销进行深入细致的研究，首先应该掌握一些基本的市场营销核心概念，主要包括需要、欲望和需求，商品和服务，价值和满意，交换和交易，市场和营销者，如图 1.1所示。

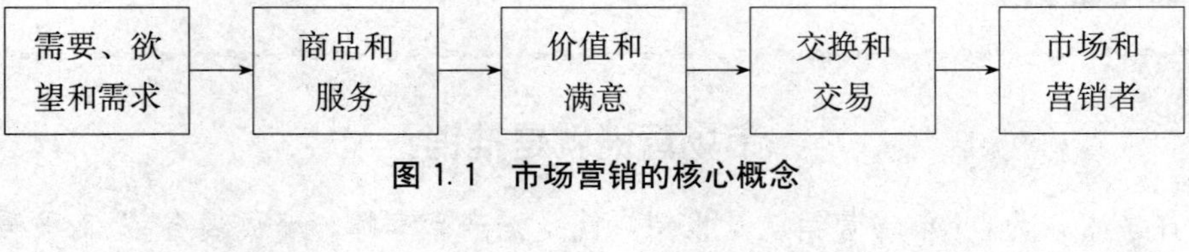

图 1.1　市场营销的核心概念

1. 需要、欲望和需求

(1) 需要。构成市场营销基础的最基本的概念就是人类需要(need)。需要是指人们没有得到某些满足的感受状态。人们在生活中需要空气、食品、衣服、住所、安全、感情以及其他一些东西，这些需要都不是社会和企业所能创造的，而是人类自身本能的基本组成部分。

(2) 欲望。欲望(want)是指人们想得到这些基本需要的具体满足物或方式的愿望。例如，一个人需要食品，想要得到一个面包；需要被人尊重，想要得到一辆豪华小汽车。

(3) 需求。需求(demand)是指人们有能力购买并且愿意购买某种商品或服务的欲望。人们的欲望几乎没有止境，但资源却是有限的。因此，人们想用有限的金钱选择那些价值和满意程度最大的商品或服务，当有购买力作后盾时，欲望就变成了需求。

企业并不创造需要，需要早就存在于营销活动出现之前，企业以及社会上的其他因素只是影响了人们的欲望，向消费者建议什么样的商品可以满足消费者哪些方面的要求，如一套豪华住宅可以满足消费者对居住与社会地位的需要。优秀的企业总是力图通过使商品富有吸引力、适应消费者的支付能力和容易得到来影响需求。

应用案例1-2

美国苹果成功进入日本市场

美国苹果进入日本市场面临着两个挑战，即日本苹果种植主的抵制和日本消费者的接受。市场研究发现，日本人吃苹果的方式和美国人不一样，大多数美国人把苹果当做午餐或者零食，直接吃而不削皮，然而在日本，苹果大多用做饭后甜食，削了皮切成小块再吃。此外，日本苹果一般要比美国苹果大得多。针对这些市场特点，美国苹果种植主协会将苹果定位为"有益于健康的方便零食"。很明显，美国苹果在日本市场的定位，目的在于创造新的市场需求，避免与现在日本苹果市场的直接竞争，从而消除日本苹果种植主的抵制。

▶ **分析提示**

因为日本苹果市场是个成熟而饱和的市场，如果美国苹果与日本苹果直接竞争，很难在短期内占领一定市场。然而，如果能够创造出一种新的市场需求，美国苹果在日本的销售潜力将大得多。

（资料来源：民营经济报，有删改）

名人名言

我们必须学会尊敬和理解别人，很多时候我们缺的不是钙，而是爱。

——马云

2. 商品和服务

人们在日常生活中需要各种商品(goods)来满足自己的各种需要和欲望。从广义上而言，任何能满足人们某种需要或欲望而进行交换的东西都是商品。

服务(service)则是一种无形产品，是将人力和机械的使用应用于人与物的结果。例如，保健医生的健康指导、儿童钢琴知识教育、汽车驾驶技能的培训等。

当购买者购买商品时，实际上是购买该商品所提供的利益和满意程度。例如，在具有相同的报时功能的手表中，为什么有的消费者偏爱价格高昂的劳力士手表？原因在于其除了基本的报时功能外，还是消费者成功身份的象征。这种由产品和特定图像、符号组合起来表达的承诺，能够帮助消费者对有形产品和无形产品做出购买判断。在很多情况下，符号和无形的产品使消费者感到更有形、更真实。由于人们并非为了商品的实体而购买商品，商品的实体是利益的外壳，因此，企业的任务是推销商品实体中所包含的内核——利益或服务，而不能仅限于描述商品的形貌，否则，目光就太短浅了。

3. 价值和满意

消费者通常面对大量能满足其某一需要的商品，并且在这些不同商品之间进行选择，消费者一般都是依据商品所能提供的最大价值而做出购买决定的。这里所谓的价值(value)就是消费者付出与消费者所得之间的比率。一般而言，消费者在获得利益的同时也需要承担成本。消费者所获得的利益包括功能利益和情感利益，而成本则包括金钱、时间、精力以及体力，因此，价值的表达公式如下：

$$价值=\frac{利益}{成本}=\frac{功能利益+情感利益}{金钱成本+时间成本+精力成本+体力成本}$$

企业可以通过以下几种方法来提高购买者所得价值：①增加利益；②降低成本；③增加利益同时降低成本；④利益增加幅度比成本增加幅度大；⑤成本降低幅度比利益降低幅度大。

一名顾客在对两件商品进行选择时，这两件商品的价值分别为 V1、V2，如果 V1 与 V2 相比价值大于 1，这名顾客会选择 V1；如果比值小于 1，他会选择 V2；如果比值等于 1，他会持中性态度，任选 V1 或 V2。

如果满意(satisfaction)解释为顾客通过对某商品可感知的效果与其价值期望相比较后所形成的愉悦或失望的感觉状态，则满意水平可表示为感知效果与价值期望之间的差异函数，即

$$满意水平=感知效果-价值期望$$

如果效果超过期望，顾客就会高度满意；如果效果与期望相等，顾客也会满意；但如果效果低于期望，顾客就会不满意。

应用案例1－3

为顾客提供更多的价值

在南方的一个小镇中，有一位年轻的米店商人，名叫华明。华明是镇上10位米商之一，由于他总是待在店内等候顾客，所以生意并不大好。

一天，华明认识到自己应该更多地为该镇居民着想，了解他们的需求和期望，而不是简单地为那些到店里来的顾客提供大米。首先，华明开始绕着城镇到处走，并且敲开每一位顾客的家门，询问家里有多少口人，每天需要煮多少碗米，家里的米罐有多大等。之后，他决定为每个家庭提供免费的送货服务，并且每隔固定时间自动将每个家庭的米罐补满。

通过建立的这些记录以及提供的全新服务，华明首先成功地与老年顾客沟通，进而与更多的其他居民建立起更广泛、更深入的关系。华明通过拜访居民、处理好与供应商及其所熟识的居民之间的关系，生意日益兴隆。

▶ 分析提示

要在竞争中取胜，就要提供给顾客更多的价值，使其感到物有所值，甚至物超所值。

（资料来源：http：//wenku. baidu. com/view/74dc16d4360cba1aa811daaa. html）

名人名言

诚信不是一种销售，不是一种高深空洞的理念，而是实实在在的言出必行，点点滴滴的细节，诚信不能拿来销售，不能拿来做概念。

——马云

4. 交换和交易

需要和欲望只是市场营销活动的序幕，只有通过交换，营销活动才真正发生。交换(exchange)是提供某种东西作为回报而与他人换取所需东西的行为，需要满足以下五个条件：

（1）至少要有两方。

（2）每一方都要有对方所需要的有价值的东西。

（3）每一方都要有沟通信息和传递信息的能力。

(4) 每一方都可以自由地接受或拒绝对方的交换条件。

(5) 每一方都认为同对方的交换是称心如意的。

如果存在上述条件，交换就有可能，市场营销的中心任务就是促成交换。交换的最后一个条件是非常重要的，是现代市场营销的一种境界，即通过创造性的市场营销，交换双方可以实现双赢。

交易(transaction)是交换的基本单元，是当事人双方的价值交换。如果交换成功，则达成交易。如何达成交易是营销界长期关注的焦点，各种各样的营销课题理论实际上都可还原为对这一问题的不同看法。

5. 市场和营销者

狭义市场是指买卖双方进行交换的场所。广义市场是指那些有特定需要或欲望，而且愿意并能够通过交换来满足这种需要或欲望的全部顾客。市场营销学的市场是广义市场，表达公式为

市场＝人口＋购买力＋购买欲望

上述因素相互制约、缺一不可。

企业的市场营销活动必须围绕市场展开，市场是买卖双方进行交换的场所。从市场营销学角度看，卖方组成行业，买方组成市场，行业和市场构成简单的市场营销系统，如图 1.2所示。

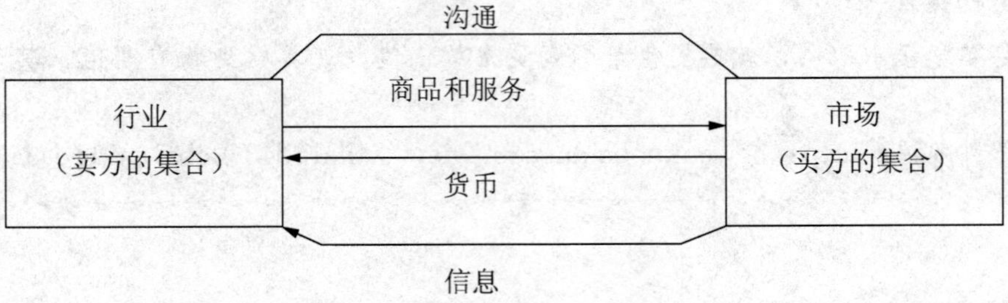

图 1.2　市场营销系统

根据购买者的身份不同，可将市场划分为消费者市场、生产者市场、中间商市场和政府市场。企业营销应按照特定的市场，制定市场营销策略。

根据产品或服务的具体用途不同，可将市场划分为生活资料市场、生产资料市场、技术服务市场、金融市场、房地产市场、旅游市场等。企业营销应依据不同类型的市场，制定特定的营销策略。

市场营销就是以满足人们各种需要和欲望为目的，通过市场变潜在交换为现实交换的活动。毫无疑问，这种活动是指与市场有关的人类活动。在这种交换活动中，对交换双方而言，如果一方比另一方更积极主动地寻求交换，则前者称为营销者，后者称为潜在顾客。具体而言，营销者就是指希望从他人那里得到资源，并愿以某种有价值的东西作为交换的人。很明显，营销者可以是卖方，也可以是买方。

1.3 市场营销学的研究对象和主要内容

1. 市场营销学的研究对象

市场营销学的研究对象为，以市场为导向的企业市场营销活动及其规律性。具体而言，市场营销学的全部研究都是以产品适销对路、扩大市场销售为中心而展开的，并为此提供理论、思路和方法。其核心思想是企业必须面向市场、面向消费者、适应不断变化的环境并及时作出正确的反应，企业必须发挥自身的优势，比竞争者更好地为消费者或用户提供令人满意的各种商品或服务，并且要用最少的费用、最快的速度将产品送达用户手中，企业应该而且只能在消费者或用户的满足之中实现自己的各项目标。

2. 市场营销学研究的主要内容

(1) 营销原理：由市场分析、营销观念、营销环境、消费者需要与购买行为、市场细分与目标市场选择等理论组成。

(2) 营销实务：由产品策略、定价策略、分销渠道策略、促销策略等组成。

(3) 营销管理：由营销战略、计划、组织和控制等组成。

总之，市场营销学的研究是以了解消费者的需求为起点，以满足消费者的需求为终点，通过研究，制定出营销活动战略、策略及方法技巧，以使企业在满足消费者需求的过程中实现利润目标，在激烈竞争的市场上求得生存和发展。

1.4 市场营销观念的演进

市场营销观念是企业开展市场营销工作的指导思想，即企业的经营思想。集中反映了企业以何种态度和思想方法去看待和处理组织(organization)、顾客(customer)和社会(society)三者之间的利益关系。市场营销工作的指导思想正确与否对企业经营的成败兴衰具有决定性的意义。

西方企业的市场营销观念经历了一个漫长的演变过程，可分为生产观念、产品观念、推销观念、市场营销观念和社会营销观念五种不同的观念。

1. 生产观念

生产观念又称生产中心论，是一种最古老的经营思想。这种指导思想认为，消费者或用户欢迎的是那些买得到而且买得起的产品。因此，企业应组织自身所有资源、集中一切力量提高生产效率和分销效率，扩大生产，降低成本以拓展市场。显然，生产观念是一种重生产、轻市场营销的企业经营思想。

2. 产品观念

产品观念认为，消费者会欢迎质量最优、性能最好、特点最多的产品，因此，企业应把精力集中在创造最优良的产品上，并不断精益求精。

产品观念是在这样的背景下产生的：相比于上一阶段，社会生活水平已有了较大幅度地提高，消费者已不再仅仅满足于产品的基本功能，而是开始追求产品在功能、质量和特点等方面的差异性。因此，如何比其他竞争对手在上述方面为消费者提供更优质的产品就成为企业的当务之急。在产品供给不太紧张或稍微宽裕的情况下，这种观念常常成为一些企业经营的指导思想。在 20 世纪 30 年代以前，不少西方企业广泛奉行这一观念。

应用案例 1－4

爱尔琴手表公司的衰落

自 1864 年创立以来，爱尔琴手表公司一直享有全美国最佳手表制造商的美誉。爱尔琴手表公司一直把重点放在保持其优质产品的形象方面，并通过由首饰店和百货公司组成的巨大分销网络进行推销，使销售量持续上升。但是到 1958 年以后，其销售量和市场份额开始走下坡路。是什么原因使爱尔琴手表公司的优势地位受到损害?

根本原因是，爱尔琴手表公司的管理当局太醉心于优质而式样陈旧的手表，以至于根本没有注意到手表消费市场上所发生的重大变化。许多消费者对手表必须走时十分精确、必须是名牌、必须保用一辈子的观念正在失去兴趣。他们期望的手表的特点是走时准确、造型优美、价格适中。越来越多的消费者追求方便性(各种自动手表)、耐用性(防水防震手表)和经济性(刻度指针表)。从销售渠道的结构看，大量的手表通过大众化分销点和折扣商店出售。不少美国人都想避开当地珠宝店的高盈利，而且，在看见便宜表时常会发生冲动性购买。从竞争者方面看，许多同行都在生产线中增设了低价手表，并开始通过大众化分销渠道出售手表。

▶ 分析提示

爱尔琴手表公司的问题就在于其将全部注意力都集中在产品上，而忽视了应随时掌握变化着的需求并对此做出相应的反应。

(资料来源：http：//doc. mbalib. com/view/6a53636aa9e6fe689 a7c14d2035465b1. html)

名人名言

在我看来，要成为好的管理者，首要的任务是自我管理，在变化万千的世界里，认识自己是谁，了解自己要成为什么模样，建立个人尊严。

—— 李嘉诚

3. 推销观念

推销观念是一种以推销为中心内容的经营指导思想，强调企业要将主要精力用于做好推销工作，企业只要努力推销，消费者或用户就会更多地购买。这一观念认为，消费者通常表现出一种购买惰性或者抵触心理，所以需要用好话去劝说他们多买一些，企业可以利用一系列有效的推销和促销工具去刺激他们大量购买。在这种观念指导下，企业十分注重运用推销术和广告术，大量雇佣推销人员，向现实和潜在买主大肆兜售产品，以期压倒竞争者，提高市场占有率，取得更多的利润。

4. 市场营销观念

市场营销观念又称需求中心论，与推销观念及其他传统的经营思想存在着根本的不同。这一观念认为，实现企业营销目标的关键在于正确地掌握市场的需求，然后调整整体市场营销组织，使公司能比竞争者更有效地满足消费者的需求。这种营销观念的具体表现是顾客需要什么，就卖什么，而不是企业自己能制造什么，就卖什么。

20 世纪 50 年代以后，资本主义发达国家的市场已经变成名副其实的供过于求、卖主间竞争激烈、买主处于主导地位的买方市场。同时，科学技术发展，社会生产力得到了迅速的提高，人们的收入水平和物质文化生活水平也在不断提高，消费者的需求向多样化发展并且变化频繁。在这种背景下，企业意识到传统的经营观念已不能有效地指导新形势下企业的营销管理工作，于是市场营销观念形成了。

在这种观念的指导下，“顾客至上”、“顾客是上帝”、“顾客永远是正确的”、“爱你的顾客而非产品”、“顾客才是企业的真正主人”等成为企业家的口号和座右铭。营销观念的形成，不仅从形式上，更从本质上改变了企业营销活动的指导原则，使企业经营指导思想从以产定销转变为以销定产，第一次摆正了企业与顾客的位置，所以成为市场观念的一次重大革命，其意义可与工业革命相提并论。营销观念与推销观念的本质区别如图 1.3 所示。

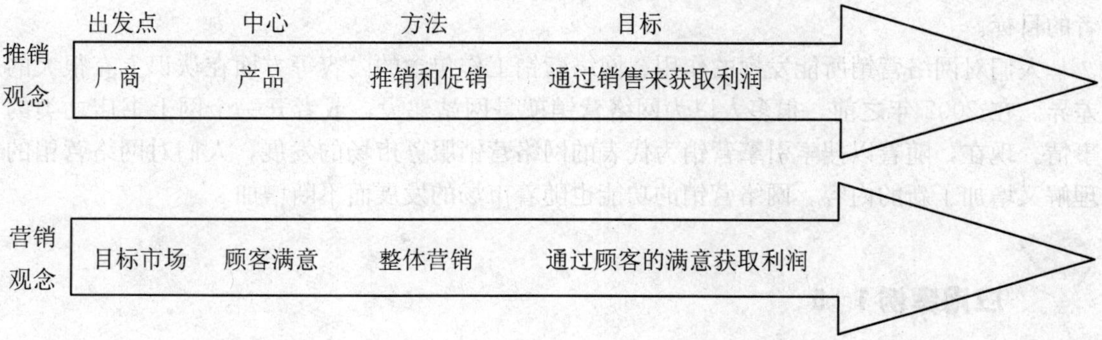

图 1.3 营销观念与推销观念的区别

5. 社会营销观念

社会营销观念又称社会中心论，是用来修正或取代市场营销观念的。这种观念认为企业的任务是确定目标市场的需要、欲望和利益，并且在保持或增进消费者和社会福利的情况下，比竞争者更有效地满足目标市场的需求。

社会营销观念只是市场营销观念的进一步扩展，在本质上并没有多大的突破。但是，许多企业主动采纳这种观念，主要原因是将其看做改善企业名声、提升品牌知名度、增加顾客忠诚度、提高企业产品销售额以及增加新闻报道的机会。企业认为，随着环境与资源保护、健康意识的深入人心，顾客将逐渐寻找在提供理性和情感利益上具有良好形象的企业。

1.5 市场营销新发展

1. 网络营销

进入21世纪，互联网受到各行各业和全社会的青睐。由于中国加入了世界贸易组织，全球经济一体化趋势日趋显著，企业网络化、信息化发展进程加速，因而企业网络营销也随之诞生与成熟。网络营销是企业借助于网络技术和信息技术来实现营销目标的一种新的营销方式。

从某种意义上而言，网络营销的发展可以说是源远流长。最早叫做电子营销(electronic marketing)，即通过一种或多种电子途径或媒介将产品或服务从销售者手中送到购买者手中。最早的媒介是19世纪时使用的电报。此后，随着电话、收音机、电视和电缆的大量出现和使用，电子媒介成为营销的主要力量。近年来，越来越多的企业采用网络作为营销工具。网络的独特之处在于其既是市场，又是媒介。这意味着网络一方面扮演着以计算机为媒介的市场的角色，通过这个市场购销双方可以相互接触；另一方面又起到媒介的作用，实施和实现如营销、销售和分销的功能等，从而使得网络具有多渠道的作用。

随着互联网的应用，电子营销开始被一个新概念所取代——网络营销(cyber marketing)。不过现在还有不同的叫法，如在线营销(on - line marketing)或互联网营销(Internet marketing)。最近网络营销开始让位于电子商务(e - Business)。网络营销被定义为通过网上活动来建立和维持顾客关系，以促进思想、产品和服务的交换，从而实现购买者和销售者的目标。

人们对网络营销所能发挥的作用、网络营销工作包含的内容等方面在认识上有很大的差异。在2002年之前，很多人以为网络营销就是网站建设，或者开一个网上书店之类的事情。现在，随着以搜索引擎营销为代表的网络营销服务市场的发展，人们对网络营销的理解又增加了新的内容。网络营销的功能也随着市场的发展而不断增加。

应用案例1-5

宝洁公司的网络美容公司

2000年11月，宝洁公司抓住电子商务和网络营销迅速发展的有利时机，推出了一个互动性的网络商务美容公司。在该网站上，宝洁公司大大增强了与消费者沟通的交互性，对消费者的意见和建议及时作出反应。公司还在介绍和推广自己的产品之外为客户提供其他多样化的服务。例如，公司作为发明者介绍了通过美国食品和药物管理局(Food and Drug Administration，FDA)检验的防治骨质疏松症的新药——Actonel。在与Aventis制药集团共同营销这一新药品的同时，公司还针对骨质疏松症提出了一系列的专门建议，为客户的选择提供了一定的依据。

▶ 分析提示

宝洁公司建立的网络美容公司，就像一个虚拟的产品加工基地，根据客户反馈的信息，有针对性的生产能满足其需求的产品。

(资料来源：环球品牌传播网，http：//www.siyubrand.com，有删改)

名人名言

做全国性市场，一定要先做一个试销市场，要一点点来，快不得；做成了，真到做全国市场时，要快半步，慢不得！

——史玉柱

2. 关系营销

关系营销并不高深，特别是在中国文化环境中，关系营销更是早已被人们实践着。因为东方文化讲“亲信”，由“亲”而“信”。情、理、法三者，动之以情，晓之以理，绳之以法，然而以“情”为首，“情”的维系，重于“理”的思考和“法”的约束。讲求“信”与“和”是不少人的经营观念，“诚信为本”，“和气生财”，“信”与“和”又是人们建立相互间良好关系的基本准则。传统营销思想的演进可按先后分为产品导向和市场导向两大阶段。由产品导向到市场导向的转化无疑是革命性的，但这两者都是以企业向消费者的提供物为中心的，无论是产品还是服务，强调的始终是企业能为消费者提供什么，着眼点在于交易的完成。关系营销另辟蹊径，把企业的重心转移到建立和维持与顾客的关系上来，把包括交易在内的与顾客的每一次接触视为维系企业和客户关系的一个步骤。

关系营销包括两个基本点：①在宏观上，认识到市场营销会对范围很广的一系列领域产生影响，包括顾客市场、劳动力市场、供应市场、内部市场及利益相关者的市场；②在微观上，认识到企业与顾客相互关系的性质正在不断改变，市场营销的核心从交易转到了关系。在这些观念的支持下，关系营销主张把客户关系作为企业营销的根本，其核心是建立和发展与公众的良好关系。

3. 绿色营销

绿色营销是随着现代企业经营环境的变化而产生的。新世纪的企业经营环境体现出两个明显特点，一是环境污染与资源紧缺，二是世界范围内的“绿色浪潮”冲击。如何适应这种经营环境是企业面临的重要难题。根据现代营销的基本原理，有新的需求，就有新的机会，“绿色浪潮”虽然给企业带来了压力和冲击，但同时也出现了众多的新机会，谁能率先发现并有效地利用机会，满足人们的绿色需求，谁就掌握了主动权。因此，现代企业必须树立新的经营观念，事实证明企业开展绿色营销是捕捉“绿色机会”的良好手段。传统营销的重点是放在企业、顾客与竞争者的三者关系上，也重视企业利益同消费者及社会长远利益的结合，但却并未重视社会的可持续发展。而绿色营销则考虑了企业营销活动同自然环境的关系，并突破了国家和地区的界限，关注全球环境，关注企业及社会的可持续发展。

绿色营销，是指企业以环境保护观念作为其经营哲学思想，以绿色文化为其价值观念，以消费者的绿色消费为中心和出发点，力求满足消费者绿色消费需求的营销策略。通过绿色营销活动，协调了企业利益、保护环境、社会发展三者的关系，使经济的发展既能满足当代人的需求，又不至于对后代生存和发展构成危害和威胁，即实现社会经济的可持续发展。绿色营销的主体归根到底是企业，绿色营销是企业的营销活动，绿色营销的策略主要由企业的一系列营销策略和方法构成。

绿色营销要求以“绿色”为核心，至少包括以下含义：市场营销的观念是绿色的，以节约能源、资源和保护生态环境为中心，强调污染防治，资源的充分利用、再生利用以及新资源的开发；绿色营销企业所属的行业是绿色的，或者说其生产经营的产品是绿色的，具有节约能源、资源，利用新型资源，或者促使资源再生利用等特点；绿色营销强调企业服务的不仅是顾客，而是整个社会，关注的不是近期而是长期；绿色营销不仅是要从大自然索取，更要加强对大自然的保护，在营销活动的全过程中时时注意对环境的影响。

4. 定制营销

消费行为个性化色彩浓烈的市场环境，是定制营销思想产生和发展的原因。近些年来，全球经济得到了迅猛的发展，市场经济的国际化使资源、商品能够在全世界范围内自由流动，卖方市场因此急剧膨胀，供应于市场上的商品越来越丰富，品种繁多到令人目不暇接的地步。消费者对商品的选择有了极大余地，因而不再只关心“数量的满足”，更希望获得“品质的享受”。这个时期最初的特点是“仿同”，即众人赶潮流，流行什么就买什么，唯恐落后。进入20世纪八九十年代后，各种媒体的现代化信息传动使消费价值取向进一步多变，消费者将目光转向“个性化”和“多元化”。商品的消费不光是给人以物质上的享受，更重要的是带来一种标新立异的精神满足感。在市场上找不到合意的商品后，消费者就希望能借助于企业为自己定制。

定制营销是定制与现代化规模生产相结合的产物。大规模生产是生产力发展的要求，如果要把定制营销搞成作坊式生产，那是生产力的倒退。以电脑、激光等为特征的高科技为解决定制的规模生产这一难题提供了极大帮助。著名美国学者、《第三次浪潮》的作者阿尔文·托夫勒设想将来采用这样的方式制衣：顾客打电话到工厂，报上自己要求的规格尺寸、式样款色等资料，或交给厂家一张自己的照片，由厂家对这些资料进行电脑处理，并指挥机器迅速生产出符合顾客要求的衣服。由于这样生产的自动化效率极高，所以可在一定时间内接受大批顾客的不同订单进行生产，形成规模定制。正如未来学家约翰·奈斯比特所说：定制营销这种超越大量生产同种产品的形式，是导致改变我们生活十大新方向之一的“从非此即彼的选择到多种多样的选择”的大趋势。

项 目 实 施

任务 1.1 掌握市场营销相关核心概念

1）任务组织

将学生分成若干小组，3～5 人一组，通过学生自荐或者推荐的方式选出各队队长，明确队长职责：负责本团队活动的组织、协调工作，带头示范，督促、帮助其他成员完成相应工作。教师及时检查学生的完成情况，提供指导与建议，组织学生进行交流，并针对共性问题在课堂上组织讨论和专门的讲解。

2）任务内容

以小组为单位，对地区内某一企业的市场营销行为进行调查，应用市场营销相关核心概念对其市场营销活动进行分析，感受市场营销概念的现实存在性。

3）任务总结

在调研和讨论的基础上，形成小组的分析报告，并制作 PPT 进行汇报，同学互评、教师点评，然后综合评定本次各学习小组的实训成绩。

任务 1.2 了解市场营销各职业岗位的主要工作任务

1）任务组织

将学生分成若干小组，3～5 人一组，通过学生自荐或者推荐的方式选出各队队长，明确队长职责：负责本团队活动的组织、协调工作，带头示范，督促、帮助其他成员完成相应工作。教师及时检查学生的完成情况，提供指导与建议，组织学生进行交流，并针对共性问题在课堂上组织讨论和专门的讲解。

2）任务内容

以小组为单位，通过互联网、实地调查等方式收集相关资料，了解市场营销各职业岗位的主要工作任务。

3）任务总结

在调研和讨论的基础上，形成小组的调查报告，并制作 PPT 进行汇报，同学互评、教师点评，然后综合评定本次各学习小组的实训成绩。

项 目 小 结

【知识要点】

市场营销不仅是销售，市场营销学包含了丰富的观念和工具。市场营销任务是通过不同的市场营销策略来解决不同的需求状况，即市场营销管理的本质是需求管理。营销者须学习和把握市场营销的主要概念、观念和基本理论，并能用其指导市场营销相关认知活动。

【实务重点】

市场营销的核心概念；市场营销观念的演变；新经济条件下的市场营销新发展。

职业能力训练

一、单选题

1. 营销策略的“4Ps”是(　　)提出的。

A. 德鲁克　B. 韦尔达　C. 麦卡锡　D. 科特勒

2. 市场营销学首先在(　　)从经济学中分离出来，逐渐成为一门独立的科学。

A. 美国　B. 英国　C. 法国　D. 德国

3. (　　)阶段称为市场营销学的变革时期。

A. 20 世纪初至 20 年代末　B. 20 世纪 20 年代至 40 年代末

C. 20 世纪 50 年代初至 70 年代初　D. 20 世纪 70 年代至今

4. (　　)是市场营销的核心。

A. 企业必须生产产品　B. 企业必须推销出产品

C. 企业必须满足顾客需求　D. 企业的市场营销活动

5. (　　)是指具有支付能力并且愿意购买某种物品的欲望。

A. 需要　B. 欲望　C. 需求　D. 营销

6. 市场营销学作为一门学科，形成于(　　)。

A. 20 世纪初　B. 20 世纪中叶

C. 20 世纪 80 年代　D. 20 世纪末

7. 市场营销学的研究对象是(　　)。

A. 市场营销活动　B. 市场促销活动

C. 企业外部环境　D. 企业内部环境

8. 市场营销学研究的核心内容是(　　)。

A. 满足顾客需要　B. 实现自身目标

C. 营销组合策略　D. 满足社会需要

9. 市场营销学产生与发展是与企业的(　　)紧密联系在一起的。

A. 市场营销活动　B. 市场营销理论

C. 生产运营活动　D. 产品研发活动

10. (　　)是指通过提供某种东西作为回报而与他人换取所需产品或服务的行为。

A. 交换　B. 交易　C. 营销　D. 促销

二、多选题

1. 从营销的角度看待市场，市场是由(　　)有机组成的总和。
A. 人口　　B. 购买力　　C. 购买欲望
D. 场所　　E. 供应

2. 下列营销策略中，(　　)是属于“4Ps”。
A. 产品策略　　B. 价格策略　　C. 分销策略
D. 促销策略　　E. 规划策略

3. (　　)是属于市场营销学的核心概念。
A. 需求　　B. 产品　　C. 市场
D. 经营　　E. 欲望

4. 市场营销学的发展大体经历了(　　)。
A. 创建时期　　B. 应用时期　　C. 变革时期
D. 发展时期　　E. 成熟时期

5. 市场营销与销售具有本质的区别，表现在(　　)。
A. 市场营销是企业系统管理过程，而销售仅是营销过程中的一个环节
B. 市场营销是以满足顾客需求为中心，而销售是以出售现有产品为中心
C. 市场营销的出发点是市场需求，而销售的出发点是企业产品
D. 市场营销采用的是整体营销手段，而销售主要采用人员推销、广告手段
E. 市场营销是通过满足客户需求来获取利润，而销售是通过增加销量来获取利润

6. 交换必须具备(　　)条件。
A. 至少要有交换双方
B. 每一方都要有对方所需要的有价值的标的
C. 每一方都要具有沟通信息和传送交换物的能力
D. 每一方都可以自由地接受或拒绝对方的交换条件
E. 每一方都认为与另一方进行交易是适当的或称心如意的

7. 菲利普·科特勒的“10Ps”，是在“6Ps”的基础上，又提出的战略性“4Ps”，即(　　)。
A. 市场研究——探索　　B. 市场划分
C. 优先——择优选择目标市场　　D. 产品定位
E. 市场分析

8. 营销活动范围十分广泛，包括(　　)等环节。
A. 市场　　B. 生产　　C. 交换
D. 分配　　E. 消费

9. 根据购买者的身份，可以把市场划分为(　　)。
A. 消费者市场　　B. 生产者市场　　C. 中间商市场
D. 政府市场　　E. 经营者市场

10. 根据产品或服务的具体用途，可以把市场划分为(　　)。

A. 生活资料市场　B. 生产资料市场　C. 技术市场

D. 金融市场　E. 房地产市场

三、判断题

1. 20世纪初，市场营销学首先在英国从经济学中分离出来，逐步成为一门独立的学科。(　　)

2. 1912年，哈佛大学教授赫杰特齐出版第一本销售学教科书《Marketing》。(　　)

3. 市场营销活动就是把已经生产出来的产品进行推销。(　　)

4. 市场营销学的研究对象是以企业为中心的市场营销活动及其发展规律。(　　)

5. 市场营销与推销或销售的本质基本相同。(　　)

6. 需求是指对具有支付能力并且愿意购买某种物品的欲望。(　　)

7. 市场营销就是提供产品实体中所包含的利益和服务，让消费者的需要得到更大的满足。(　　)

8. 一般而言，营销者是卖方。(　　)

9. 如果具备人口多、购买力强的条件，就可以形成大的市场。(　　)

10. 狭义的市场是指买卖双方进行交换的场所。(　　)

案例分析

一对一营销：按需定制

一、买彩电可吃“自助餐”

近来海尔集团与华联家电联手推出按需定制产销新模式，即最新研制开发的海尔彩电新品样机，2000年9月17日在华联家电下属10大连锁门店同时亮相，均由华联家电根据市场需求向海尔集团定制定购，消费者还可自行选择其外观、结构和功能设置等，预约登记定购。

以往的家电营销模式，一般是“厂方产什么，商家销什么，消费者就买什么”。而今启动的“按需定制、按需定购”的创新产销模式，其最大的新意就在于变消费者的被动“看菜下筷”为主动“上桌点菜”。实力、资金、营销网络网点均十分强劲的上海家电市场国有主营渠道龙头企业“华联家电”，这次与国内家电生产的龙头老大海尔集团签约定制的4种拉幕式“三新”(新科技、新功能、新型号)彩电新机种，从研制开发起就融入了销售方的“声音”。如产品设有的前置输入、前置耳机插孔、超强接收218频道等功能配置，甚至包括机种外壳的各种色彩样板的确定和机型型号的定名，均为华联家电根据对市场需求信息的搜集和反馈，向供货商提出一揽子定制定购要求清单目录后试生产的。

更有创意的还在于，样机悉数上柜后，供货商和销售商还联手向消费者提供一张详细介绍各类样机、设有所有配置功能的“菜单”。通过现场演示和技术讲解，客户可如同上桌点菜般根据自己的需求、喜好包括经济上的精打细算，随意打勾选定自己的“菜谱”。经销售商交由供货商下单“炒小锅菜”，定制定购的批量产品其销售权在一定期限内也由华联家电独家“买断”。行家将这种探索性的产销模式称之为以人为本的“个性化研制开发”和“个性化消费”。但仔细思索，其实将其视为是对商业系统优良传统经营风格的一种“回归”也许更为确切。卖方市场一旦失去以往奇货可居或坐拥可供出租的黄金市口、黄金铺面等诸多“时势造英雄”的优势，市场经济严峻的竞争甚至生存态势就必然迫使厂家商家在新品开发、进货选择、销售方式和售后服务上绞尽脑汁地刻意求变。

二、买房子可“代客加工”

新开楼盘一座又一座，新建楼房一栋接一栋，沪上楼市又开始出现令人激动的升温现象。然而市场是无情的。不少楼盘因为房型好、环境佳，而受到市场青睐，而另一些楼盘则“门前冷落车马稀”。从目前房产市场情况看，被冷落的大都是厅卧设置不合理、面积大而无窗的房型，或配套简陋、绿化稀少的小区。如何克服这种设计上的先天不足呢？如今，一种全新的独具个性魅力的“客户预介期”售楼方式开始进入房产销售市场。

坐落在长寿路上的新楼盘上青佳园因独特的销售方式而火爆。何为“客户预介期”销售？其实就是开发商打造楼房外形，客户预定房屋后，可对所购单元内空间进行个性化设计，或三房或四房，各取所需，开发商在符合主体结构规范的要求下，“代客加工”。这种令人耳目一新的“预介期”销售，充分体现了客户对住房的主人意识，也体现了开发商“以人为本”的设计理念。此举一出，市场反响十分强烈。

上青佳园位于商业旺区长寿路，楼盘鳞次栉比，竞争对手不少。要想立足不败，光靠“客户预介”这一法宝显然不行。如何确立自己的楼盘个性，市场定位、销售对象十分重要。上青佳园采取了不同于邻近几个楼盘的销售定位，将目光定准年龄在40岁左右、具有一定经济实力的人士。市场定位明确之后，楼盘所有的操作都围绕这一目标进行，楼盘的总体规划、园景设计、立面造型、功能设置和建筑材料都必须达到这一层次消费对象的要求。正因为有了这些个性化的“先行设计”，消费者的定向选择当然不会落空，有心而来，满意而归。所以，尽管目前没有在工地现场修建豪华售楼处，楼盘推出后的销售依然十分顺畅。一期结构尚未封顶，楼盘销售已经过半。

楼市行家认为，每个独特楼盘的个性化体现，是激活整个房产市场不可或缺的重要因素，只有独特的“这一个”，才会拥有长期旺盛的生命力。上青佳园出现的这种现象，说明时下的买房者已经十分成熟，他们厌弃千人一面的楼盘模式，相信自己的眼睛，钟情个性化的选择。一旦作出选择，哪怕“众里寻她千百度”，也会寻觅而去。

（资料来源：杨明刚．市场营销100个案与点析[M]．上海：华东理工大学出版社，2001）

▶ 思考分析

1. 华联家电与海尔为什么要采取按需定制的产销模式？你认为“上青佳园”的这种“预介期”销售有什么优点？

2. 美国Dell公司每台计算机都是根据客户的具体要求组装的，从来都没有库存存在。Dell公司的营销方式属于定制化营销吗？

职业与发展

一、岗位名称：房产置业顾问

1. 职位描述

(1) 收集信息，挖掘需求。

(2) 加快开拓房地产市场、做好产品营销。

(3) 建立良好信誉，推广公司形象。

2. 任职要求

(1) 学历、年龄、性别、经验不限；有成功的雄心，有毅力和耐力，乐于人际交往，服务意识强，沟通能力强，能吃苦耐劳，做事认真勤奋，热衷于业务工作，有良好的从业意识和服务心态。

(2) 有一年以上地产中介从业经验及良好的业绩记录者可应聘销售经理。

(3) 有上进心，善于与人沟通，有较好的团队合作意识，责任心强。

(4) 能承受工作压力，有强烈的成功欲望，勇于挑战高薪。

二、岗位名称：商场运营管理人员

1. 职位描述

(1) 全面负责商场相关日常运营工作。

(2) 反馈客户意见需求并进行解决；处理商场发生的事件，维护公司利益，确保顾客满意。

(3) 汇总项目信息，跟踪项目进度，协调项目资源。

(4) 负责商场活动推广、落地支持以及活动的效果分析。

2. 任职要求

(1) 大专以上学历。

(2) 一年以上商场管理经验。

(3) 思维敏捷，勤奋上进，能身体力行，具备良好的计算机操作能力。

(4) 善于与团队成员沟通，激发团队的工作热情，并勇于承受工作责任和压力。

模块二
价值识别篇

项目 2 市场营销环境分析

学习目标

【知识目标】

1. 了解市场营销环境分析的内容；
2. 理解企业应对营销环境影响的对策；
3. 掌握 SWOT 分析法。

【技能目标】

1. 具有全面分析市场营销环境的能力；
2. 具有对营销环境进行 SWOT 分析的能力；
3. 具有撰写市场分析报告的能力。

【实训目标】

1. 通过撰写市场环境分析报告，使学生具备运用市场宏观和微观知识进行市场分析的技能；
2. 通过撰写 SWOT 分析报告，使学生具备分析环境威胁与市场机会的能力。

案例引入

联想集团：海外拓展

联想集团在向海外发展的过程中，曾经成功地对其所处的环境进行了分析，从而制定出有针对性的营销战略，获得了快速发展。

一、宏观环境分析

(一) 技术背景

联想集团是由中国科学院计算技术研究所投资创办的，而香港联想公司是由中国科学院联想集团与香港企业合资创办的。中国科学院计算技术研究所拥有 1 800 多名各类计算机专业人才，技术实力雄厚，在计算机技术研究领域代表国家最高水平，被称为中国计算机技术的"发源地"。香港联想公司虽然没有很充裕的资金投入，却能以中国计算机专业的"最高学府"为技术后盾，有一大批优秀的内地科技人才直接或间接地在为公司服务。这种得天独厚的优势，是其能够从众多同行企业中脱颖而出的首要因素。

(二) 政策背景

香港联想公司的成立，是对外开放政策和科技体制改革的产物。中国科学院有100多个研究所，基本上是20世纪五六十年代按照前苏联模式建立起来的经院式的研究学府，偏重基础研究，忽视应用研究，科研工作与国民经济脱节。另外，由于过去实行对外封闭政策，我国的计算机技术研究与发达国家拉开了距离。1988年4月，在中国科学院领导的关心下，香港联想电脑有限公司成立。在开业仪式上，中国科学院周光召院长介绍了创办香港联想公司的意义，称她是中国科学院参加国际合作的一种方式，是走向海外市场的一种探索，希望得到香港各界的支持，并预祝其取得成功。

(三) 经济背景

走向欧美市场是内地和香港经济发展的共同需要。中国香港是国际贸易中心，商业经济发达，信息灵敏，渠道畅通，加上市场竞争机制和行之有效的企业管理方式，使香港在吸收消化最新技术、尽快取得经济效益方面具有突出的优势。但是相对而言，我国香港科研力量比较薄弱，高新技术人才缺乏，严重限制了企业的发展，影响了香港经济地位的稳定。而内地科技人才积压，智力资源得不到充分合理的开发。从这个角度看，吸引内地科技力量来港合作，共同走进欧美市场，可以实现共同利益。

二、行业环境分析

几年来，在国内市场的竞争中，通过技术服务产生增值的流通领域内的公司，可能会发迹一时，但实质上时刻会被危险的阴影所笼罩。鉴于以上情况，联想公司就用汉卡作为促销计算机的手段，努力建设销售网点并做好培训服务工作，使自己在计算机流通领域内站稳了脚跟。在联想公司的产品中，完全由自己开发并具有多种效益的产品，就是联想汉字系统。这部分产品占公司营业额的30%左右。公司的主营产品之一是计算机，尽管计算机占公司的营业额最大，但是计算机的硬件部分全部依靠进口。于是，公司按照国家政策，同时也为自己能继续发展下去，决心研制自己的计算机。

根据统计，国内计算机市场只占全世界市场的5%，进口部件则需要设法使用外汇去平衡。国内市场存在着众多不可测因素，无法分析竞争对手形势、市场变化的受控因素。因此，联想集团下决心走向海外，充分利用国内外的各种优势，形成有研究中心、有生产基地、有跨国销售网点的计算机产业集团。

三、企业内部环境分析

(一) 联想集团的产品历史

联想汉字系统曾于1988年荣获国家科技进步一等奖，自投放市场以来，已销售两万多套，创造了6 000多万元人民币的产值。经过不断开发完善，联想汉字系统现已形成6个硬件型号、10个软件版本的系列产品，广泛应用于办公自动化、CAD计算机辅助设计、计算机网络、电子排版等领域。现在，联想汉字系统广泛应用于全国交通系统、财政系统、公安系统、农牧渔业系统、国家土地局系统和一些工矿企业、机关、部队、院校中。随后，联想又推出了各型计算机、联想CAD超级汉字系统、联想“1+1教育电脑”等，并且还代理销售AST计算机、HP打印机等国外名牌产品。

（二）联想集团的管理体制

联想集团是有“拼命三郎”精神的创造型“大牌”科技专家集团。管理和高科技的带头人有机地结合，为以后联想形成技、工、贸一体化的企业结构奠定了基础。联想集团的管理体制是“大船结构”。这种结构是在联想公司发展过程中，于1988年产生的，为联想第一战略目标的实现起到巨大的作用。“大船结构”的特点是：按工作性质划分部门，分工协作；各“船舱”定位，统一指挥，统一号令；研究、开发、生产、销售、服务一体，海内外一体。大家密切配合，同步动作，互相促进，里外呼应，为着同一目标，接受同一个系统的指挥，做到了有效地集中财力、物力、人力，保证战略目标的实现。

（三）联想集团的销售组织与网络

总公司有业务部和企业部，地方有分公司和代理商、经销商，形成了一支经验丰富的销售队伍。有19家分公司，建立了遍布全国的销售网络，占据了国内市场。

（资料来源：上海震旦职业学院精品课程网，http：//www.aurora－college.cn/zdglx，有删改）

▶ **思考分析：**

1. 联想公司是如何对自己所处的环境进行分析的，你认为其成功之处主要在哪里？

2. 制定营销战略，进行产品开发、广告策划等市场营销活动，为什么要先分析企业的市场营销环境？

相关知识

2.1 市场营销环境

所谓市场营销环境，是指影响和制约企业营销活动的各种外部因素的总和。市场营销环境主要由两方面因素构成：一方面是构成市场营销活动的前提和背景的间接宏观环境因素，包括人口、经济、政治法律、社会文化、自然物质和科学技术等。这些因素是企业不可控制的，既可能给企业的营销活动提供机会，也可能对企业造成威胁；另一方面是指直接影响企业营销活动的微观环境因素，包括供应商、营销中介、顾客、公众、竞争对手、企业内部其他部门等。微观环境因素以更为直接的方式制约着企业的生产经营活动，并受企业营销活动的影响。其间的关系如图 2.1 所示。

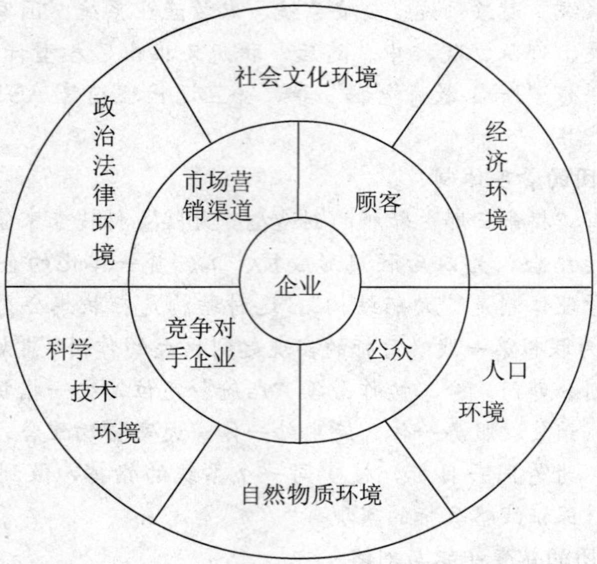

图 2.1　企业市场营销的宏观环境和微观环境的关系

2.2　宏观环境分析

宏观环境是指影响企业营销活动的社会性力量和因素，包括人口、经济、政治法律、社会文化、自然物质和科学技术等。例如，人口的老龄化，为老年用品的生产提供了广阔的市场。为此，企业营销活动必须全面、准确地分析这些因素。由于这些力量和因素从宏观角度间接作用(以微观营销环境为媒介)于企业的营销活动，因此，也可以把这些因素称为间接营销环境。

2.2.1　PESTEL 分析模型的定义

PESTEL 分析模型又称大环境分析，是分析宏观环境的有效工具，不仅能够分析外部环境，而且能够识别一切对组织有冲击作用的力量。PESTEL 分析模型是调查组织外部影响因素的方法，其中每一个字母代表一个因素，可以分为六大因素：

(1) 政治因素(political)。政治因素指对组织经营活动具有实际与潜在影响的政治力量和有关的政策、法律及法规等因素。

(2) 经济因素(economic)。经济因素指组织外部的经济结构、产业布局、资源状况、经济发展水平以及未来的经济走势等。

(3) 社会因素(social)。社会因素指组织所在社会中成员的历史发展、文化传统、价值观念、教育水平以及风俗习惯等因素。

(4) 技术因素(technological)。技术因素不仅仅包括那些引起革命性变化的发明，还包括与企业生产有关的新技术、新工艺、新材料的出现和发展趋势以及应用前景。

(5) 环境因素(environmental)。环境因素指一个组织的活动、产品或服务中能与环境发生相互作用的要素。

应用案例2-1

麦当劳的绿色营销

麦当劳通过使用可回收利用材料制成的包装物，使其每年产生的污染物减少60%。

所有麦当劳快餐店中使用的餐巾及杯子、盘子的衬垫均是纸制品，甚至包括其总部使用的所有文具也是纸制品。据报道，通过与制造商合作研究，使其饮料管减少塑料用量，减轻了其重量的20%，仅此一项，麦当劳每年便少制造几百万磅的塑料废弃物。目前，除了在其产品上运用绿色营销外，麦当劳还开始利用可回收利用材料改造和新建餐厅，并敦促其供应商使用可回收利用的成品及材料。成功地运用绿色营销，使麦当劳公司的关心人类共同环境的形象不仅得到了消费者的认同，也使其获得了额外的销售量。

▶ **分析提示**

作为营销者的营销活动，既受自然环境的制约与影响，也要对自然环境的变化负起责任。既要保证企业可获利发展，又要保护环境与资源，企业只有实施可持续发展战略，达成与社会、自然的协调才能做到。当前社会上流行的绿色产业、绿色消费乃至绿色营销以及生态营销的蓬勃发展，就是顺应时代要求而产生的。

(资料来源：浙江省普通高校省级精品课程网，http://jpkc.hutc.zj.cn/fsxy/scyx)

名人名言

三流的点子加一流的执行力，永远比一流的点子加三流的执行力更好。

—— 孙正义(日本软件银行集团董事长)

(6) 法律因素(legal)。法律因素指组织外部的法律、法规、司法状况和公民法律意识所组成的综合系统。

PESTEL是在PEST分析基础上加上环境因素(environmental)和法律因素(legal)形成的。在分析一个企业集团所处的背景时，通常是通过这六个因素来分析企业集团所面临的状况。

2.2.2 PESTEL分析模型的具体内容

PESTEL分析模型要分析的子因素较多，见表2-1。

表2-1 PESTEL分析模型的具体内容

因素	分析内容
政治	政府的管制和管制解除、政府采购规模和政策、特种关税、专利数量、国家间关系、财政和货币政策的变化、地方和行业规定、世界原油、货币和劳动力市场、进出口限制、政府预算
经济	经济转型、可支配收入水平、利率、规模经济、消费模式、劳动生产率水平、股票市场趋势、进出口因素、劳动力和资本输出、居民消费趋向、通货膨胀率、汇率、国民生产总值变化趋势、财政政策
社会	企业或行业的特殊利益集团、国家和企业市场人口的变化、生活方式、公众道德观念、对环境污染的态度、社会责任、收入差距、人均收入、价值观、审美观、对售后服务的态度、地区性趣味和偏好评价
技术	企业生产中使用的技术，这些技术对企业的重要程度如何，外购的原材料和零部件包括哪些技术，企业是否可以持续利用这些外部技术，这些技术最近的发展动向如何，哪些企业掌握最新的技术动态，这些技术在未来会发生哪些变化，企业的技术水平和竞争对手相比如何
环境	气候、生态环境、资源、能源、污染、环保、地形地貌、地理位置、交通状况等
法律	世界性公约、条款、基本法、劳动保护法、公司法和合同法、行业竞争法、环境保护法、消费者权益保护法、行业公约

2.3 微观环境分析

微观市场营销环境是指与企业紧密相连、直接影响企业营销能力和效率的各种力量和因素的总和，主要包括企业自身、供应商、营销中介、顾客、竞争者及公众。这些因素与企业有着双向的运作关系，在一定程度上，企业可以对其进行控制或施加影响。

2.3.1 企业自身

企业自身包括市场营销管理部门、其他职能部门和最高管理层。企业开展营销活动，必须依赖于各部门的配合和支持，即必须进行制造、采购、研究与开发、财务、市场营销等业务活动。市场营销部门一般由市场营销副总经理、销售经理、推销人员、广告经理、营销研究经理、营销计划经理、定价专家等组成。

2.3.2 供应商

供应商是指向企业及其竞争者提供生产经营所需资源的企业或个人。供应商所提供的资源主要包括原材料、零部件、设备、能源、劳务、资金及其他用品等。

2.3.3 营销中介

营销中介是指为企业融通资金、销售产品给最终购买者提供各种有利于营销服务的机构，包括中间商、实体分配公司、营销服务机构(调研公司、广告公司、咨询公司)、金融中介机构(银行、信托公司、保险公司)等。这些机构是企业进行营销活动不可缺少的中间环节，企业的营销活动需要其协助才能顺利进行，例如，生产集中和消费分散的矛盾需要中间商的分销予以解决，广告策划需要得到广告公司的合作等。

1. 中间商

中间商是协助企业寻找消费者或直接与消费者进行交易的商业企业，包括代理中间商和经销中间商。代理中间商不拥有商品所有权，专门介绍客户或与客户洽商签订合同，包括代理商、经纪人和生产商代表。经销中间商购买商品并拥有商品所有权，主要有批发商和零售商。

2. 实体分配公司

实体分配公司主要是指协助生产企业储存产品并将产品从原产地运往销售目的地的仓储物流公司。实体分配包括包装、运输、仓储、装卸、搬运、库存控制和订单处理等方面，基本功能是调节生产与消费之间的矛盾，弥合产销时空上的背离，提高商品的时间和空间效用，以利于适时、适地和适量地将商品提供给消费者。

3. 营销服务机构

营销服务机构主要是指为生产企业提供市场调研、市场定位、促销产品、营销咨询等方面的营销服务，包括市场调研公司、广告公司、传媒机构及市场营销咨询公司等。

4. 金融中介机构

金融中介机构主要包括银行、信贷公司、保险公司以及其他对货物购销提供融资或保险的各种金融机构。企业的营销活动因贷款成本的上升或信贷来源的限制而受到严重的影响。

2.3.4 顾客

顾客是企业服务的对象，也是营销活动的出发点和归宿，是企业最重要的环境因素。按照顾客的购买动机，可将顾客市场分为消费者市场、生产者市场、中间商市场、政府市场和国际市场五种类型。

应用案例 2-2

对价格敏感的客户

海尔、格力、长虹等优秀国产名牌的彩电、冰箱产品，尽管其性价比和品牌知名度占有明显优势，但在乡镇市场上却竞争不过杂牌产品，农村顾客的购买行为和城市顾客不同，他们对价格非常敏感，如一台千元级的家电产品，如果在名牌和杂牌之间存在几十元的价格差别，很多农村顾客会倾向于购买便宜货。因为在普通农村消费者心目中，名牌即意味着高价。

▶ 分析提示

城市消费者对品牌的认知和认同，是通过电视、报纸等传统的广告宣传模式产生的，广告攻势越猛的产品，越容易被城市消费者所认同。而在农村，传统的品牌宣传方式不起作用，甚至会起反作用，在农村，品牌认知大多时候通过品牌传播，如果不深入了解农村顾客的特点，采用城市市场营销模式，则可能会适得其反，难以打开市场。

（资料来源：郑方华．品牌策划——营销策划手册，有删改）

名人名言

所谓经验并不是你遇到的事情，而是你如何处理和反思这些事情。

—— 艾尔多斯·哈克思雷

2.3.5 竞争者

竞争者是指与企业存在利益争夺关系的其他经济主体。企业的营销活动常常受到各种竞争者的包围和制约，因此，企业必须识别各种不同的竞争者，并采取不同的竞争对策。

1. 愿望竞争者

愿望竞争者是指提供不同产品、满足不同消费欲望的竞争者。

2. 一般竞争者

一般竞争者的竞争是指满足同一消费欲望的不同产品之间的竞争，是消费者在决定需要的类型之后出现的次一级竞争，也称平行竞争。

3. 产品形式竞争者

产品形式竞争者的竞争是指满足同一消费欲望的同类产品不同产品形式之间的竞争。消费者在决定了需要的属类产品之后，还必须决定购买何种产品。

4. 品牌竞争者

品牌竞争者的竞争是指满足同一消费欲望的同种产品形式但不同品牌之间的竞争。

2.3.6 公众

公众是指对企业实现营销目标的能力有实际或潜在利害关系和影响力的团体或个人。企业所面临的公众主要有以下几种。

1. 融资公众

融资公众是指影响企业融资能力的金融机构，如银行、投资公司、证券经纪公司、保险公司等。

2. 媒介公众

媒介公众是指报纸、杂志社、广播电台、电视台等大众传播媒介，其对企业的形象及声誉的建立具有举足轻重的作用。

3. 政府公众

政府公众是指负责管理企业营销活动的有关政府机构。企业在制订营销计划时，应充分考虑政府的政策，研究政府颁布的有关法规和条例。

4. 社团公众

社团公众是指保护消费者权益的组织、环保组织及其他群众团体等。企业营销活动关系到社会各方面的切身利益，必须密切注意并及时处理来自社团公众的批评和意见。

5. 社区公众

社区公众是指企业所在地附近的居民和社区组织。

6. 一般公众

一般公众是指上述各种公众之外的社会公众。一般公众虽然不会有组织地对企业采取行动，但企业形象会影响其惠顾。

7. 内部公众

内部公众是指企业内部的公众，包括董事会、经理、企业职工。

所有这些公众，均对企业的营销活动有着直接或间接的影响，处理好与广大公众的关系，是企业营销管理的一项极其重要的任务。

2.4 市场营销环境的分析方法

市场营销环境分析的重点是市场机会和威胁的分析，需要明确主要的机会和威胁是什么，来自何方，对企业营销的影响程度有多大，并提出相应的对策。

2.4.1 SWOT 分析法

在市场营销环境分析中，运用较多的一种方法就是 SWOT 分析法。SWOT 分析是将宏观环境、市场需求、竞争状况、企业营销条件进行综合分析，分析出与企业营销活动相关的优势、劣势、机会和威胁。

(1) 优势。优势(strengths)是企业较之竞争对手在哪些方面具有不可匹敌、不可模仿的独特能力。

(2) 劣势。劣势(weakness)是企业较之竞争对手在哪些方面具有缺点与不足。

(3) 机会。机会(opportunities)是外部环境变化趋势中对本企业营销有吸引力的、积极的、正向的方面。

(4) 威胁。威胁(threats)是外部环境变化趋势中对本企业营销不利的、负面的方面。

一般而言，运用 SWOT 分析法研究企业营销决策时，强调寻找四个方面中与企业营销决策密切相关的主要因素，而不是把所有关于企业能力、薄弱点、外部机会与威胁逐项列出和汇集。

SWOT 分析基本步骤为：①分析企业的内部优势、劣势，既可是相对企业目标而言的，也可是相对竞争对手而言的。②分析企业面临的外部机会与威胁，可能来自于与竞争无关的外部环境因素的变化，也可能来自于竞争对手力量与因素的变化，或两者兼有，但关键性的外部机会与威胁应予以确认。③将外部机会和威胁与企业内部优势和劣势进行匹配，形成可行的备选战略。

SWOT 分析有四种不同类型的组合：优势——机会(SO)组合、劣势——机会(WO)组合、优势——威胁(ST)组合和劣势——威胁(WT)组合。

(1) 优势——机会(SO)战略。

优势——机会(SO)战略是一种发展企业内部优势与利用外部机会的战略，是一种理想的战略模式。当企业具有特定方面的优势，而外部环境又为发挥这种优势提供有利机会时，可以采取该战略。例如，良好的产品市场前景、供应商规模扩大和竞争对手有财务危机等外部条件，配以企业市场份额提高等内在优势可成为企业收购竞争对手、扩大生产规模的有利条件。

(2) 劣势——机会(WO)战略。

劣势——机会(WO)战略是利用外部机会来弥补内部劣势，使企业改变劣势而获取优势的战略。虽然存在外部机会，但由于企业存在一些内部劣势而妨碍其利用机会，则可采取措施先克服这些劣势。例如，若企业劣势是原材料供应不足和生产能力不够，从成本角度看，前者会导致开工不足、生产能力闲置、单位成本上升，而加班加点会导致一些附加费用。在产品市场前景看好的前提下，企业可利用供应商扩大规模、新技术设备降价、竞争对手财务危机等机会，实施纵向整合战略，重构企业价值链，以保证原材料供应。

(3) 优势——威胁(ST)战略。

优势——威胁(ST)战略是指企业利用自身优势，回避或减轻外部威胁所造成的影响。例如，竞争对手利用新技术大幅度降低成本，给企业很大成本压力；同时由于供应紧张，材料价格可能上涨；消费者要求大幅度提高产品质量；企业还要支付高额环保成本等，这些都会导致企业成本状况进一步恶化，使其在竞争中处于非常不利的地位。但若企业拥有充足的现金、熟练的技术工人和较强的产品开发能力，便可利用这些优势开发新工艺，简化生产工艺过程，提高原材料利用率，从而降低材料消耗和生产成本。

(4) 劣势——威胁(WT)战略。

劣势——威胁(WT)战略是一种旨在减少内部劣势、回避外部环境威胁的防御性战略。当企业处于内忧外患的情况时，往往面临生存危机，降低成本也许成为改变劣势的主要措施。当企业成本状况恶化，原材料供应不足，生产能力不足，无法实现规模效益，且设备老化，使企业在成本方面难以有大作为时，企业会采取目标聚集战略或差异化战略，以回避成本方面的劣势，并回避成本原因带来的威胁。

应用案例 2-3

“注射用甲硝唑”SWOT 分析

对“注射用甲硝唑”的 SWOT 分析，见表 2-2。

表 2-2 “注射用甲硝唑”SWOT 分析

优势 1. 零售价最便宜 2. 可制定灵活的销售政策 3. 现有销售渠道完善，信誉好 4. 通过 GMP 认证	机会 1. 同剂型药品的竞争小 2. 市场潜力大
劣势 1. 未列入医保目录 2. 知名度低 3. 局限于妇科用药，市场范围比口服药品窄	威胁 1. 未列入医保目录，可能导致无法进入某些医院 2. 临床用药仍以口服为主

▶ 分析提示

进行SWOT分析的时候必须对公司或者产品的优势与劣势有客观的认识，考虑全面，必须与竞争对手进行比较，保持SWOT分析法的简洁化，避免复杂化与过度分析。

（资料来源：上海震旦职业学院精品课程网，http：//www. aurora－college. cn/zdglx，有删改）

名人名言

差不多正确的消息和完全正确的消息之间的差别会很大——就像萤火虫和闪电。

——菲利普·科特勒

2.4.2 环境威胁分析与评价

营销者对环境威胁的分析主要结合两方面来考虑：一是环境威胁对企业的影响程度；二是环境威胁出现的概率大小，如图2.2所示。

图2.2 环境威胁分析矩阵图

图2.2的4个象限中，象限1是企业必须高度重视的，因为其危害程度高，出现的概率大，是企业必须严密监视和预测其变化发展趋势，并及时制定措施应对的环境因素；象限2和象限3也是企业应当密切关注其发展趋势的环境因素，因为象限2上的因素虽然出现概率低，一旦出现却会给企业营销带来极大的危害，象限3上的因素虽然对企业影响不大，但出现的概率却很大，因此也应当给予关注，随时准备应有的应对措施；象限4上的因素影响程度及出现概率均低，只需对其进行必要的追踪观察以监测其是否有向其他象限因素变化发展的可能。

2.4.3 市场机会分析与评价

有效地捕捉和利用市场机会，是企业营销成功和发展的前提。只要企业能够密切关注营销环境变化带来的市场机会，适时地做出恰当的评价，并结合企业自身的资源和能力，及时将市场机会转化为企业机会，就能够开拓市场、扩大销售，提高企业的市场占有率。

分析评价市场机会主要考虑两个方面：一是市场机会的潜在吸引力大小；二是市场机会带来的成功可能性大小，如图 2.3 所示。

图 2.3 中的 4 个象限中，象限 1 是企业特别应当重视的市场条件，因为其潜在吸引力与成功可能性都较大，是企业应当把握并全力发展的机会；象限 2、象限 3 同样也是企业不可忽视的市场条件，象限 2 的机会虽然成功可能性较低，一旦把握住却可以为企业带来巨大的潜在利益，象限 3 的机会虽然潜在利益不大，但出现的概率却很大，因此需要企业的充分关注，并制定相应的营销措施与对策；象限 4 的市场条件，潜在吸引力与成功可能性都较低，对企业而言，主要是密切观察其发展变化，积极改善自身条件，审慎地开展营销活动。

		成功可能性	
		大	小
潜在吸引力	大	1	2
	小	3	4

图 2.3　市场机会分析矩阵图

2.4.4　综合环境分析

在企业实际面临的客观环境中，单纯的威胁环境与机会环境是极少见的。一般情况下，营销环境都是机会与威胁并存、利益与风险并存的综合环境。综合上述两个分析矩阵，不同水平的环境威胁、市场机会与企业共同作用，又可产生四种情况，形成如图 2.4 所示的环境分析综合评价图。

		威胁水平	
		低	高
机会水平	大	1.理想环境	2.冒险环境
	小	3.成熟环境	4.困难环境

图 2.4　环境分析综合评价图

用上述市场机会与环境威胁矩阵法分析、评价营销环境，可得出四种不同的结果，即理想环境、冒险环境、成熟环境和困难环境，如图 2.4 所示。企业对这四种机会与威胁水平不等的营销业务，应采取不同的对策：理想环境——迅速行动；冒险环境——及时行动；成熟环境——正常进行；困难环境——改变或脱离环境。

项目实施

任务 2.1 讨论分析饮水杯生产企业的营销环境

1）任务组织

以小组为单位，小组规模一般是 3～5 人，每小组选举小组长以协调小组的各项工作，教师提供必要的指导和建议，组织学生进行经验交流，并针对共性的问题在课堂上组织讨论和专门讲解。

2）任务内容

以小组为单位进行讨论，讨论内容包括：利用 PESTEL 分析模型，试分析饮水杯生产企业面临的宏观环境对企业营销活动的影响；利用微观环境的分析方法，分析饮水杯生产企业面临的微观环境对其营销活动的影响；饮水杯生产企业如何开拓新的市场；新一代环保饮水杯，如何做到可以重复利用达到环保的目的，又方便携带。

3）任务总结

在充分讨论的基础上，形成小组的调研报告，并制作 PPT 进行汇报，同学互评、教师点评，然后综合评定本次各学习小组的实训成绩。

任务 2.2 分析果汁饮料企业的竞争对手

1）任务组织

以小组为单位，小组规模一般是 3～5 人，每小组选举小组长以协调小组的各项工作，教师提供必要的指导和建议，组织学生进行经验交流，并针对共性的问题在课堂上组织讨论和专门讲解。

2）任务内容

以小组为单位进行讨论，讨论内容包括：根据企业内外部环境分析，确定企业竞争对手名单及现状；分析竞争对手优劣势；分析企业可以采用的具体策略。

3）任务总结

在充分讨论的基础上，形成小组的调研报告，并制作 PPT 进行汇报，同学互评、教师点评，然后综合评定本次各学习小组的实训成绩。

任务 2.3 运用 SWOT 矩阵撰写企业分析报告

1）任务组织

以小组为单位，小组规模一般是 3～5 人，每小组选举小组长以协调小组的各项工作，教师提供必要的指导和建议，组织学生进行经验交流，并针对共性的问题在课堂上组织讨论和专门讲解。

2）任务内容

以小组为单位，选择当地一家企业，通过互联网和实地考察等方式收集企业相关资料，对企业进行 SWOT 分析。

3）任务总结

在充分讨论的基础上，形成小组的调研报告，并制作 PPT 进行汇报，同学互评、教师点评，然后综合评定本次各学习小组的实训成绩。

项 目 小 结

【知识要点】

市场营销环境分为宏观环境(也称间接环境)和微观环境(也称直接环境)两大类。宏观环境因素包括人口、经济、政治法律、社会文化、自然物质和科学技术等。微观环境因素包括企业自身、供应商、营销中介、顾客、竞争者及社会公众等。宏观环境影响和制约微观环境的各个因素，并通过对微观环境的作用，对企业的营销活动产生影响和制约。

【实务重点】

市场营销环境分析方法：SWOT 分析法。

职业能力训练

一、单选题

1. 代理中间商属于市场营销环境的(　　)因素。
   A. 内部环境　　B. 竞争
   C. 市场营销渠道企业　　D. 公众环境
2. 下列属于有限但可以更新的资源是(　　)。
   A. 水　　B. 森林　　C. 石油　　D. 煤
3. 市场营销环境中(　　)被称为是一种创造性的毁灭力量。
   A. 新技术　　B. 自然资源　　C. 社会文化　　D. 政治法律
4. 理想业务的特点是(　　)。
   A. 高机会高威胁　　B. 高机会低威胁
   C. 低机会低威胁　　D. 低机会高威胁
5. 购买商品和服务供自己消费的个人和家庭被称为(　　)。
   A. 生产者市场　　B. 消费者市场
   C. 转售市场　　D. 组织市场
6. (　　)是指企业所在地邻近的居民和社区组织。
   A. 社团公众　　B. 社区公众
   C. 内部公众　　D. 政府公众
7. 协助厂商储存并把货物运送至目的地的仓储公司是(　　)。
   A. 中间商　　B. 财务中介
   C. 营销服务机构　　D. 实体分配公司

8. 消费流行属于(　　)因素。
A. 社会文化环境　B. 人口环境　C. 地理环境　D. 顾客环境
9. (　　)是影响消费者需求变化的最活跃因素。
A. 人均国民生产总值　B. 个人收入
C. 个人可支配收入　D. 个人可任意支配收入
10. 与企业紧密相连直接影响企业营销能力的各种参与者，被称为(　　)。
A. 营销环境　B. 宏观营销环境
C. 微观营销环境　D. 营销组合

二、多选题

1. 下列属于市场营销微观环境的是(　　)。
A. 辅助商　B. 政府公众　C. 人口环境
D. 消费者收入　E. 国际市场
2. 人口环境主要包括(　　)。
A. 人口总量　B. 人口的年龄结构　C. 地理分布
D. 家庭组成　E. 人口性别
3. 影响消费者支出模式的因素有(　　)。
A. 经济环境　B. 消费者收入　C. 社会文化环境
D. 家庭生命周期　E. 消费者家庭所在地点
4. 以下属于宏观营销环境有(　　)。
A. 公众　B. 人口环境　C. 经济环境
D. 营销渠道企业　E. 政治法律环境
5. 营销中间商包括(　　)。
A. 中间商　B. 物流公司　C. 营销服务机构
D. 财务中介机构　E. 供应商
6. 企业面对的市场类型有(　　)。
A. 消费者市场　B. 生产者市场　C. 中间商市场
D. 国际市场　E. 政府市场
7. 企业面对的公众有(　　)。
A. 融资公众　B. 社区公众　C. 中间商公众
D. 企业内部公众　E. 消费者公众
8. 营销环境包括(　　)。
A. 宏观环境　B. 间接环境　C. 作业环境
D. 微观环境　E. 人口环境

三、简答题

1. 根据面临的市场机会与环境威胁的不同，企业业务可划分为哪几种类型？采取怎样的营销对策？

2. 简述世界人口环境发展的主要趋势?
3. 市场营销环境有哪些特点?

四、论述题

1. 企业在进行经济环境分析时，主要考虑哪些经济因素?
2. 分析市场营销环境对市场营销活动的意义。

案例分析

家乐福败走香港

继1997年底八佰伴及1998年中大丸百货公司在我国香港相继停业后，2000年9月18日，世界第二大超市集团“家乐福”位于香港的4所大型超市全部停业，撤离香港。

法资家乐福集团，在全球共有5200多家分店，遍布26个国家和地区，全球的年销售额达363亿美元，盈利达7.6亿美元，员工逾24万人。家乐福在我国台湾、深圳、北京、上海的大型连锁超市，生意均蒸蒸日上，为何独独兵败香港?家乐福声明其停业原因，是由于香港市场竞争激烈，又难以在香港觅得合适的地方开办大型超级市场，短期内难以争取到足够的市场占有率。家乐福倒闭的责任可以从两个方面来分析。

从自身来看：①家乐福的“一站式购物”不适合香港地窄人稠的购物环境。家乐福的购物理念建基于地方宽大，与香港寸土寸金的社会环境背道而驰，显然资源运用不当。这一点反映了家乐福在适应香港社会环境方面的不足和欠缺。②家乐福在香港没有物业，而本身需要数万乃至10万平方米的面积经营，背负庞大的租金包袱，同时受租约限制，形成声势时租约已满，竞争对手觊觎其铺位，会以更高的租金夺取。③家乐福在我国台湾有20家分店，能够形成配送规模，但在香港只有4家分店，直接导致其配送的成本相对高昂。

从外部来看：①家乐福在1996年进军香港时，正值香港历史上租金最贵时期，经营成本高昂，这对于以低价取胜的家乐福而言，是一个沉重的压力，并且在这期间又不幸遭遇亚洲金融危机，香港经济也大受打击，家乐福受这几年通货紧缩影响，一直无盈利。②由于香港本地超市集团百佳、惠康、华润、苹果速销等掀起的减价战，给家乐福的经营以重创。作为国际知名大超市集团，家乐福没有参加这场长达两年的减价大战，但几家本地超市集团的竞相削价，终于使家乐福难以承受，在进军香港的中途失败而归。

(资料来源：百度文库，http: //wenku. baidu. com/view/5912de25ccbff121dd3683b0. html，有删改)

▶ 思考分析

1. 你认为家乐福败走香港的真正原因何在？
2. 家乐福败走香港对中国内地零售业发展有何启示？

职业与发展

一、岗位名称：市场分析专员

1. 职位描述

(1) 研究客户网站，理解客户在线服务的目标与目的。提供与客户商业模式相关的广告。

(2) 为客户提供周、月度、季度等数据分析总结报告。

(3) 与技术团队合作，对客户网站实施有效的追踪与监控，建立完整的数据获取基础。

(4) 在发布或变更营销方案前与客户进行交流，做出符合客户推广需求与专业决策相结合的调整。

(5) 以数据分析结论为依据，对广告进行有效的优化调整。

(6) 独立带领 1～2 人助力 SMA 项目组，分工明确、高质量完成项目任务。

(7) 持续追踪搜索营销行业相关信息，并保持对这个领域的深刻理解。

(8) 建立与供应商的良好关系。

2. 任职要求

(1) 具备数据分析技巧和市场调研报告撰写经验者优先考虑。

(2) 很强的 excel、ppt 操作技巧。

(3) 良好的口头和书面沟通能力。

(4) 能够在快节奏以及高压环境下工作。

(5) 工作积极主动，有激情和创造力，有责任心。

(6) 英语水平达四级以上，有良好的英语听、说、写能力。

二、岗位名称：市场部销售助理

1. 职位描述

(1) 负责公司销售合同及其他营销文件资料的管理、归类、整理、建档和保管工作。

(2) 负责各类销售指标的月度、季度、年度统计报表和报告的制作、编写，并随时答复领导对销售动态情况的质询。

(3) 负责收集、整理、归纳市场行情、价格，以及新产品、替代品、客源等信息资料，提出分析报告，为部门业务人员、领导决策提供参考。

(4) 协助销售人员做好上门客户的接待和电话来访工作；在销售人员缺席时，及时转告客户信息，妥善处理。

(5) 负责客户、顾客的投诉记录，协助有关部门妥善处理。

(6) 协助市场部总监做好部内内务、各种部内会议的记录等工作。

(7) 逐步推广使用电脑信息系统处理营销资料，妥善保管电脑资料，不泄露销售秘密。

(8) 完成市场总监临时交办的其他任务。

2. 任职要求

(1) 市场营销或相关专业大专以上学历、受过市场营销、财务知识、合同管理等方面的培训、1年以上相关工作经验。

(2) 对市场营销工作有较深刻了解，了解统计软件的使用。

(3) 熟练操作办公软件和办公自动化设备。

(4) 坦诚、自信，有高度的工作热情。

(5) 有良好的团队合作精神，有敬业精神。

(6) 较强的观察力和应变能力，良好的判断力和沟通能力。

项目3 消费者行为分析

学习目标

【知识目标】

1. 描述消费者购买行为的特征和类型；
2. 把握影响消费者购买行为的内在和外在因素；
3. 理解消费者购买决策过程。

【技能目标】

1. 具有分析消费者行为的能力；
2. 具有撰写消费者分析报告的能力。

【实训目标】

1. 通过消费者购买动机和购买模式的学习，使学生具备制订和实施营销活动方案的技能；
2. 通过影响消费者购买因素的学习，使学生具备撰写消费者分析报告的技能。

案例引入

大宝护肤品：面对工薪阶层

大宝是原北京三露厂(今北京大宝化妆品有限公司)生产的护肤品，在国内化妆品市场竞争激烈的情况下，大宝不仅没有被击垮，而且逐渐发展成为国产名牌。据《人民日报》1997年市场调查，大宝获得护肤品市场占有率、受欢迎程度和知名度三项第一，获1996年全国市场产品竞争力调查美容化妆品类理想品牌、实际购买品牌和购物首选品牌三项桂冠。这些数据表明，只要定准了目标，消费者自然会选择你的产品。

在日益增长的国内化妆品市场上，大宝选择了普通工薪阶层作为销售对象。既然是面向工薪阶层，销售的产品就一定要与他们的消费习惯相吻合。一般而言，工薪阶层的收入不高，很少选择价格较高的化妆品，而他们对产品的质量也很看重，并喜欢固定使用一种品牌的产品。因此，大宝在注重质量的同时，坚持按普通工薪阶层能接受的价格定价。其主要产品“大宝SOD蜜”市场零售价不超过10元，日霜和晚霜也不过是20元。价格同市场上的同类化妆品相比占据了很大的优势，本身的质量也不错，再加上人们对国产品牌的信任，大宝很快争得了顾客。许多顾客不但自己使用，也带动家庭其他成员使用大宝产品。大宝还了解到，使用大宝护肤品的消费者年龄在35岁以上居多，这一类消费群性格成熟，接受一种产品后一般很少更换。这种群体向别人推荐时，又具有可信度，而化妆品的口碑好坏对销售起着重要作用。大宝正是靠着群众路线获得了市场。

在销售渠道上，大宝认为如果继续依赖商业部门的订货会和各省市的百货批发站，必然会使渠道越来越窄。于是，大宝采取主动出击，开辟新的销售网点的办法，在全国大中城市的有影响的百货商场设置专柜，直接销售自己的产品。到目前为止，大宝在全国共有102个产品销售专柜，并培训了众多的信息员、导购员和电脑测试员在专柜前从事销售工作。专柜的建立不仅扩大了销售，也为大宝做了广告宣传。此外，许多省市的零售商也直接到厂里提货，再批发到县乡一级。零售与批发同步进行，使大宝的销售覆盖面更加广泛，在许多偏僻的地区也能见到大宝的产品。

在广告宣传上，大宝是唯一可与外资化妆品广告攻势相抗衡的国产品牌。大宝强调广告媒体的选择一定要经济而且恰到好处。因而选择了中央电视台二套节目播出，理由是该台也向全国播出，且故事片多，许多消费者在闲暇时喜欢收看。更重要的是，中央二套的广告价格较中央一套便宜许多，还可以套播。大宝赞助了大宝国际影院和大宝剧场两个栏目。这样加起来，每日在电视上能见到七八次大宝的广告，如此高密度、轰炸式的广告，为大宝带来了较高的知名度。

广告的成功还在于广告定位与目标市场相吻合。大宝曾经选用体育明星、影视明星做广告，但效果不是很好。后来大宝一改化妆品广告的美女与明星形象，选用了戏剧演员、教师、工人、摄影记者等实实在在的普通工薪阶层，在日常生活的场景中，向人们讲述了生活和工作中所遇到的烦恼以及用了大宝护肤品后的感受。广告的诉求点是工薪阶层所期望解决的问题，于是，“大宝挺好的”、“要想皮肤好，早晚用大宝”、“大宝明天见，大宝天天见”等广告词深深植入了老百姓的心中。

（资料来源：http：//wenku. baidu. com/view/149ffa8884868762caaed5e2. html）

▶ 思考分析

1. 大宝化妆品成功的主要原因是什么？你得到哪些启示？
2. 试结合本案例谈谈企业如何根据顾客消费心理从事市场营销活动？

相关知识

3.1 消费者购买动机和购买类型

3.1.1 消费者购买动机

动机是推动人从事某种活动，并朝一个方向前进的内部动力，是为实现一定目的而行动的原因。动机是个体的内在过程，行为是这种内在过程的表现。消费者购买动机是直接驱使消费者实行某种购买活动的一种内部动力，反映了消费者在心理、精神和感情上的需求。常见的购买动机一般可归纳为下列五种。

1. 求实购买动机

求实购买动机是以追求商品的使用价值为主要目的的购买动机。具有这种购买动机的顾客特别注重商品的实际效用、功能和质量，讲求经济实惠和经济耐用，而不太注重商品的外观。这类购买动机在顾客群中最具普遍性和代表性。

2. 求新购买动机

求新购买动机以追求商品的新颖、奇特、时尚为主要购买动机。具有这种购买动机的顾客特别重视商品的款式、颜色、造型是否符合时尚或与众不同，而不太注重商品的使用程度和价格高低。

3. 求美购买动机

求美购买动机是以追求商品的艺术价值和欣赏价值为主要目标的购买动机。具有这种购买动机的顾客特别重视商品本身的色彩美、造型美、艺术美，以及对人体的美化作用，对环境的装饰作用，对人的精神生活的陶冶作用，而对商品本身的实用价值不太重视。

4. 求名购买动机

求名购买动机是以追求名牌商品、高档商品或仰慕某种传统商品的名望为主要购买目的的购买动机。具有这种购买动机的顾客特别注重商品的商标、品牌、档次及象征意义，而不太重视商品的使用价值。

5. 求廉购买动机

求廉购买动机是以追求商品价格低廉，希望以较少的货币支出获得较多物质利益为主要目的的购买动机。其核心是“经济”和“节俭”，这种购买动机的顾客大都“货比三家”，以求价格上的差异。具有这种购买动机的顾客特别注重商品的价格，对价格的变化反映格外敏感，对处理价、优惠价、特价、折扣价的商品特别感兴趣，求廉购买动机是一种较为普遍的购买动机。

消费者购买动机复杂多样，许多消费者不愿意表露自己的真实动机，甚至有时连他们自己都不清楚自己的购买动机。所有这些，都需要企业认真调查研究，在制定相关营销策略的时候切实掌握，方能稳操胜券。

应用案例3-1

航空公司的免费旅游

有一家航空公司抓住旅客最怕阴雨连绵天气的心理，做出规定：在团体旅游期间任何一个星期里，只要连续下三天雨，那么凡是参加该航空公司旅游团的人，都可以免费旅游。在实施这项规定以前，公司对游客进行了调查，发现游客通常具有三种心理：①“不下雨正好旅游，下雨还能免费”；②“见识一下新鲜事，那个航空公司一定很有特色”；③“到哪里旅游都要花钱，何不到这里来，说不好正好赶上三天雨呢！”总经理经过考虑后，决定采用这项策略，果然，很多旅游者闻风而来，这项规定使航空公司销售额大幅增加。

▶ **分析提示**

作为一名营销人员，需要在研究消费者的购买动机和心理后，再确定自己的营销方案。只要抓住了消费者的心理，营销策略就会产生无穷的魅力。

（资料来源：胡德华．市场营销理论与实务[M].2版．北京：电子工业出版社，2009）

名人名言

没有顾客的忠诚度，就没有生存权。只有得到全球用户的忠诚度，才能换取全球的美誉；只有拥有全球的美誉，才能参与新经济时代的竞争，否则事倍功半。

——沃尔玛创始人山姆·沃尔顿

3.1.2 消费者购买类型

消费者的购买条件与动机纷繁复杂，因而其购买行为也多种多样，可根据不同依据划分不同的购买类型。

1. 根据消费者的购买目标划分的购买类型

1）全确定型

全确定型指消费者在购买商品以前，已经有明确的购买目标，对商品的名称、型号、规格、颜色、式样、商标以至价格的幅度都有明确的要求。这类消费者进入商店以后，一般都是有目的地选择，主动地提出所要购买的商品，并对所要购买的商品提出具体要求，当商品能满足其需要时，则会毫不犹豫地买下商品。

2）半确定型

半确定型指消费者在购买商品以前，已有大致的购买目标，但具体要求还不够明确，最后购买需经过选择比较才能完成。例如，购买空调是原先计划好的，但购买什么牌子、规格、型号、式样等心中无数。这类消费者进入商店以后，一般要经过较长时间的分析、比较才能完成其购买行为。

3）不确定型

不确定型指消费者在购买商品以前，没有明确的或既定的购买目标。这类消费者进入商店主要是参观游览、休闲，漫无目的地观看商品或随便了解一些商品的销售情况，有时感到有兴趣或合适的商品会购买，有时则观后离开。

2. 根据消费者的购买态度划分的购买类型

1）习惯型

习惯型指消费者由于对某种商品或某家商店的信赖、偏爱而产生的经常、反复的购买。由于经常购买和使用，他们对这些商品十分熟悉，体验较深，再次购买时往往不再花费时间进行比较选择，注意力稳定、集中。

2）理智型

理智型指消费者在每次购买前对所购的商品，要进行较为仔细的研究比较。购买感情色彩较少，头脑冷静，行为慎重，主观性较强，不轻易相信广告、宣传、承诺、促销方式以及售货员的介绍，主要靠商品质量、款式。

3）经济型

经济型指消费者购买时特别重视价格，对于价格的反应特别灵敏。无论购买的是高档商品，还是中低档商品，首选的是价格，他们对“大甩卖”、“清仓”、“血本销售”等低价促销最感兴趣。一般而言，这类消费者的选择与自身的经济状况有关。

4）冲动型

冲动型指消费者容易受商品的外观、包装、商标或其他促销努力的刺激而产生的购买行为。购买一般都是以直观感觉为主，从个人的兴趣或情绪出发，喜欢新奇、新颖、时尚的产品，购买时不愿作反复的选择比较。

5）疑虑型

疑虑型指消费者具有内倾性的心理特征，购买时小心谨慎和疑虑重重。购买一般缓慢、费时多。常常是“三思而后行”，常常会犹豫不决而中断购买，购买后还会疑心是否上当受骗。

3.2 影响消费者购买行为的因素

3.2.1 影响消费者购买行为的内在因素

影响消费者购买行为的内在因素很多，主要有消费者的个体因素与心理因素。消费者的年龄、性别、经济收入、教育程度等因素会在很大程度上影响着消费者的购买行为。消费者心理是消费者在满足需要活动中的思想意识，支配着消费者的购买行为。影响消费者购买的心理因素有动机、感受、态度、学习。

1. 动机

动机与需要密切相关，需要是人们对于某种事物的要求或欲望。就消费者而言，需要表现为获取各种物质需要和精神需要。马斯洛的“需要五层次”理论，即生理需要、安全需要、社会需要、尊重需要和自我实现需要。需要产生动机，消费者购买动机是消费者内在需要与外界刺激相结合使主体产生一种动力而形成的。

2. 感受

消费者购买行为如何，还要看其对外界刺激物或情境的反映，这就是感受对消费者购买行为的影响。感受指的是人们的感觉和知觉。所谓感觉，就是人们通过感官对外界的刺激物或情境的反应或印象。随着感觉的深入，各种感觉到的信息在头脑中被联系起来进行初步的分析综合，形成对刺激物或情境的整体反映，就是知觉。知觉对消费者的购买决策、购买行为影响较大。在刺激物或情境相同的情况下，消费者的知觉不同，他们的购买决策、购买行为就截然不同。

分析感受对消费者购买影响的目的是要求企业营销掌握这一规律，充分利用企业营销策略，引起消费者的注意，加深消费者的记忆，正确理解广告，影响消费者购买。

3. 态度

态度通常指个人对事物所持有的喜欢与否的评价、情感上的感受和行动倾向。消费者态度对消费者的购买行为有着很大的影响，企业营销人员应该注重对消费者态度的研究。

1）信念

信念指人们认为确定和真实的事物。在实际生活中，消费者不是根据知识，而常常是根据见解和信任作为他们购买的依据。

2）情感

情感指商品和服务在消费者情绪上的反应，如对商品或广告喜欢还是厌恶。情感往往受消费者本人的心理特征与社会规范的影响。

3）意向

意向指消费者采取某种方式行动的倾向，是倾向于采取购买行动，还是倾向于拒绝购买。消费者态度最终落实在购买的意向上。

应用案例3-2

借助名人巧推销

据《战国策》记载，春秋时代有一个卖骏马的人，在集市上站了三天，谁也没有注意他的马。后来他去找名气很大的相马专家，对他说："我有一匹骏马想卖掉，三天也没有人问津，请你帮帮忙，在马身边转悠一下，看一看，走开后再回头瞧一瞧，这样就够了。"伯乐一看，确实是匹好马，因此，爽快答应照办了。顿时，这匹马就变为人们抢购的对象，价格也因此抬高了十倍。

▶ 分析提示

研究消费者态度的目的在于企业可以充分利用营销策略，让消费者了解企业的商品，帮助消费者建立对本企业的正确信念，培养对企业商品和服务的情感，让本企业的产品和服务尽可能适应消费者的意向，使消费者的态度向着企业的方面转变。

（资料来源：彭石普．市场营销教程[M]．大连：东北财经大学出版社，2010）

名人名言

做企业要敢为天下先，敢走前人没有走过的路，敢做前人没有做过的事情，做事情不能因循守旧，要有创新的态度、创新的思维和创新的举措，只有这样才能比别人走得快，走得远，才能使企业取得更大的成功。

——彼得·德鲁克

4．学习

学习是指由于经验引起的个人行为的改变，即消费者在购买和使用商品的实践中，逐步获得和积累经验，并根据经验调整自己购买行为的过程。学习是通过驱策力、刺激物、提示物、反应和强化的相互影响、相互作用而进行的。

3.2.2 影响消费者购买行为的外在因素

1．相关群体

相关群体是指影响人们的看法、意见、兴趣和观念的个人或集体。研究消费者行为可以把相关群体分为两类：参与群体与非所属群体。

1）参与群体

参与群体是指消费者置身于其中的群体，有两种分类：①主要群体是指个人经常性受其影响的非正式群体，如家庭、亲密朋友、同事、邻居等。②次要群体是指个人并不经常受到其影响的正式群体，如工会、职业协会等。

2）非所属群体

非所属群体是指消费者置身其外，但对购买有影响作用的群体。有两种情况，一种是期望群体，另一种是游离群体。期望群体是个人希望成为其中一员或与其交往的群体，游离群体是遭到个人拒绝或抵制，极力划清界限的群体。

企业营销应该重视相关群体对消费者购买行为的影响作用；利用相关群体的影响开展营销活动；还要注意不同的商品受相关群体影响的程度不同。商品能见度越强，受相关群体影响越大。商品越特殊、购买频率越低，受相关群体影响越大。对商品越缺乏知识，受相关群体影响越大。

2. 社会阶层

社会阶层是指一个社会按照其社会准则将其成员划分为相对稳定的不同层次。不同社会阶层的人，他们的经济状况、价值观念、兴趣爱好、生活方式、消费特点、闲暇活动、接受大众传播媒体等各不相同。这些都会直接影响他们对商品、品牌、商店的偏好，以及购买习惯和购买方式。

企业营销要关注本国的社会阶层划分情况，针对不同的社会阶层爱好要求，通过适当的信息传播方式，在适当的地点，运用适当的销售方式，提供适当的产品和服务。

3. 家庭状况

一家一户组成了购买单位，我国现有 24 400 万户左右的家庭，在企业营销中应关注家庭对购买行为的重要影响。研究家庭中不同购买角色的作用，可以利用有效的营销策略，使企业的促销措施引起购买发起者的注意，诱发主要决策者的兴趣，使决策者了解商品，解除顾虑，建立购买信心，使购买者购置方便。研究家庭生命周期对消费购买的影响，企业营销可以根据不同的家庭生命周期阶段的实践需要，开发产品和提供服务。

4. 社会文化状况

每个消费者都是社会的一员，其购买行为必然受到社会文化因素的影响，文化因素有时对消费者购买行为起着决定性的作用。企业营销必须予以充分的关注。

应用案例 3-3

名片是你的脸面

“名片是你的脸面。”

“名片在这里是必需的，是绝对必不可少的。”

“在日本一个没有名片的人是没有身份的。”

在一个社交礼节十分考究的国度里，名片的交换是一种最基本的社交礼节。它强化了人际接触，而人际接触对一个人的成功至关重要。交换名片折射出很深的社会寓意。一旦完成这样一种看似细小的礼节，双方都能了解对方在公司或政府机关的位置，从而较准确地把握彼此之间的交往尺度。两人彼此交换名片，这在美国是十分普遍、简单的活动，而在日本则是一种不可缺少的复杂社会交往。

▶ 分析提示

营销活动中注意各国或者各个地区的文化差异，可以有助于更快更好地实施营销活动。

（资料来源：[美]霍金斯．消费心理学[M]．北京：机械工业出版社，2000，有删改）

名人名言

21世纪的企业竞争将在一定程度上取决于文化力的较量，没有强有力的企业文化支撑的企业将会失去发展所必需的营养，企业发展就会面临困境。

——莱斯特

3.3 消费者购买过程

一个完整的购买行为过程一般包括五个阶段：引起需要；搜寻信息；比较评价；购买决策和购后评价，如图3.1所示。

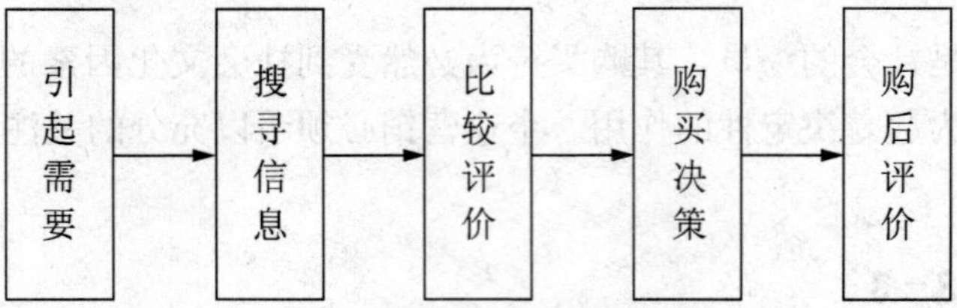

图3.1　消费者购买决策过程的一般模型

1．引起需要

当消费者意识到对某种商品有需要时，购买过程就开始了。消费者需要可以由内在因素引起，也可以由外在因素引起。此阶段企业必须通过市场调研，认定促使消费者认识到需要的具体因素，营销活动应致力于做好两项工作：①发掘消费驱策力；②规划刺激、强化需要。

应用案例3－4

住房广告

一对夫妇准备卖掉他们的住房，他们委托一位房地产经纪商承销，这家房地产经纪商请夫妇出钱在报纸上刊登了一则广告，广告内容很简单："出售住宅一套，有两个卧室，壁炉，车库，浴室一应俱全，交通十分便利。"

广告刊出一个月之后无人问津。老夫妇又登了一次广告，这次推销员亲自拟写广告词："住在这所房子里，我们感到非常幸福。只是由于两个卧室不够用，我们才决定搬家。如果您喜欢在春天呼吸湿润新鲜的空气；如果您喜欢夏天庭院里绿树成荫；如果您喜欢在秋天一边欣赏音乐一边透过宽敞的落地窗极目远望；如果您喜欢在冬天的傍晚全家人守着温暖的壁炉喝咖啡时的气氛，那么请您购买我们这所房子。我们也只想把房子卖给这样的人。"广告登出不到一个星期，他们就搬家了。

▶ **分析提示**

营销既是科学也是艺术，在营销活动中，营销人员如果能够巧用营销艺术，不仅可以刺激消费者的购买欲望，而且可以加速消费者将购买意图转化为购买行动。

（资料来源：胡德华．市场营销理论与实务[M].2版．北京：电子工业出版社，2009）

名人名言

挑选一个你认为真正能在这里做出独特贡献的领域，你将享受为它而工作的每一天，从小的事情开始。

——比尔·盖茨

2. 搜寻信息

在多数情况下，消费者还要考虑买什么牌号的商品，花多少钱，到哪里去买等问题，需要搜寻信息，了解商品信息。搜寻的信息一般有：产品质量、功能、价格、牌号、已经购买者的评价等。消费者的信息来源通常有以下四个方面：①商业来源；②个人来源；③大众来源；④经验来源。企业营销任务是设计适当的市场营销组合，尤其是产品品牌广告策略，宣传产品的质量、功能、价格等，以便使消费者最终选择本企业的品牌。

3. 比较评价

消费者进行比较评价的目的是能够识别哪一种牌号、类型的商品最适合自己的需要。

消费者对商品的比较评价，是根据收集的资料，对商品属性做出的价值判断。消费者对商品属性的评价因人因时因地而异，有的评价注重价格，有的注重质量，有的注重牌号或式样等。企业营销首先要注意了解并努力提高本企业产品的知名度，使其列入消费者比较评价的范围之内，才可能被选为购买目标。同时，还要调查研究人们比较评价某类商品时所考虑的主要方面，并突出进行这些方面宣传，以期对消费者购买选择产生最大影响。

4. 购买决策

消费者通过对可供选择的商品进行评价，并做出选择后，就形成购买意图。在正常情况下，消费者通常会购买他们最喜欢的品牌。但有时也会受两个因素的影响而改变购买决定，即他人态度和意外事件。消费者修改、推迟或取消某个购买决定，往往是受已察觉风险的影响。“察觉风险”的大小，由购买金额大小、产品性能优劣程度，以及购买者自信心强弱决定。企业营销应尽可能设法减少这种风险，以推动消费者购买。

5. 购后评价

消费者购买商品后，购买的决策过程还在继续，消费者要评价已购买的商品。企业营销必须给予充分的重视，因为这关系到产品今后的市场和企业的信誉。企业营销应密切注意消费者购后感受，并采取适当措施，消除不满，提高满意度。例如，经常征求顾客意见，加强售后服务和保证，改进市场营销工作，力求使消费者的不满降到最低。

上述购买决策过程的五个阶段说明，购买过程早在实际购买之前就已开始，其结束不是在实现购买之时，而是在实际购买之后仍会持续一段时间。因此，企业的营销活动应注重消费者购买决策的整个过程，而不是仅仅局限于购买决定。购买决策过程的五个阶段是一种基本行为模式，并不是所有的购买行为都需要经过五个完整的阶段。

项目实施

任务3.1　撰写《××商品消费者购买行为分析报告》

1）任务组织

以小组为单位，小组规模一般是3～5人，每小组选举小组长以协调小组的各项工作，教师提供必要的指导和建议，组织学生进行经验交流，并针对共性的问题在课堂上组织讨论和专门讲解。

2）任务内容

以小组为单位分别选择一种商品进行消费者购买行为分析实训。各组对所选商品的消费者购买行为从动机、感受、态度、学习等方面进行深入的调查与分析，根据分析结果，撰写《××商品消费者购买行为分析报告》。

3）任务总结

在充分讨论的基础上，形成小组的调研报告，并制作PPT进行汇报，同学互评、教师点评，然后综合评定本次各学习小组的实训成绩。

任务 3.2 模拟消费者购买过程

1）任务组织

以小组为单位，小组规模一般是 3～5 人，每小组选举小组长以协调小组的各项工作，教师提供必要的指导和建议，组织学生进行经验交流，并针对共性的问题在课堂上组织讨论和专门讲解。

2）任务内容

记录自己的一次购买消费活动：自己为什么要购买某一品牌的商品，是如何购买，如何消费的，有什么样的感受，从中找出决定购买最关键的因素；就最关键的因素与同学讨论，看有无共鸣；最后提出一个认为可行的促销方案。

3）任务总结

在充分讨论的基础上，形成体验记录和促销方案，并制作 PPT 进行汇报，同学互评、教师点评，然后综合评定本次各学习小组的实训成绩。

项 目 小 结

【知识要点】

需要是消费者行为的原动力。消费者行为分析是市场营销管理的核心内容，也是所有营销活动的起点，只有充分关注目标顾客，才能使顾客需要得到满足。因此，企业要从认识消费者的需要入手，研究消费者的购买决策过程和购买行为模式。

【实务重点】

消费者购买动机分析；消费者购买行为分析；消费者购买过程分析。

职业能力训练

一、单选题

1. 购买行为分析的重点是（　　）分析。

A. 刺激—反应　　B. 刺激—反映　　C. 动机—刺激　　D. 反应—刺激

2. 消费者购买商品时特别重视价格，对于价格的反应特别灵敏的购买行为，属于（　　）。

A. 习惯型购买　　B. 冲动型购买　　C. 经济型购买　　D. 疑虑型购买

3. 消费者容易受商品的外观、包装、商标或促销刺激而产生的购买行为，属于（　　）。

A. 习惯型购买　　B. 理智型购买　　C. 经济型购买　　D. 冲动型购买

4. “需要层次论”的首创者是（　）。

A. 西格蒙德·弗洛依德　　B. 亚伯拉罕·马斯洛

C. 宇野正雄　　D. 菲利普·科特勒

5. 在消费者市场，大多数购买行为属于（　　）。

A. 专家购买　　B. 非专家购买

C. 专家购买和非专家购买　　D. 都不是

6. 消费者在购买活动中表现出的求实、求廉的心理倾向，属于消费购买的(　　)。
A. 感情动机　B. 理智动机　C. 惠顾动机　D. 经济动机
7. 消费者在购买活动中表现出的求美、求新和求荣的心理倾向，属于消费购买的(　　)。
A. 时尚动机　B. 理智动机　C. 惠顾动机　D. 感情动机
8. 消费者购买受社会阶层、相关群体、家庭等因素影响，这是影响购买行为的(　　)。
A. 个人因素　B. 社会因素　C. 文化因素　D. 心理因素
9. 消费者购买决策过程是复杂的过程，购买决策的最后阶段应该是(　　)。
A. 引起需要　B. 评估选择　C. 购买决策　D. 购后评价
10. 企业采购部门为了满足生产活动的需要，按惯例进行订货的购买行为是属于(　　)。
A. 直接重购　B. 租赁采购　C. 修正重购　D. 全新采购

二、多选题

1. 企业要在市场竞争中能够驾驭市场，必须掌握消费者购买的基本特征，包括(　　)。
A. 购买者多而分散　B. 购买量少，多次购买
C. 购买的差异性小　D. 大多属于专家购买
E. 购买的流动性大
2. 购买行为根据消费者的购买态度划分的购买类型包括(　　)。
A. 习惯型　B. 理智型　C. 经济型
D. 冲动型　E. 疑虑型
3. 影响消费者行为的主要因素有(　　)。
A. 社会因素　B. 个体因素　C. 组织因素
D. 企业因素　E. 心理因素
4. 从消费者心理角度看，其购买行为受到(　　)几个因素的影响。
A. 动机　B. 年龄　C. 感受
D. 学习　E. 态度
5. 马斯洛的需要层次论除了生理需要外，还有(　　)。
A. 文化需要　B. 社交需要　C. 安全需要
D. 尊重需要　E. 自我实现的需要
6. 根据感情动机不同的侧重点，可以将其分为(　　)心理倾向。
A. 求新心理　B. 求实心理　C. 求美心理
D. 求廉心理　E. 求荣心理
7. 消费者的购买行为要受社会因素的影响，这一因素包括(　　)等内容。
A. 相关群体　B. 社会阶层　C. 教育程度
D. 经济收入　E. 家庭情况
8. 人们由于心理需要而产生的购买动机称为心理性购买动机，包括(　　)。
A. 感情动机　B. 需要动机　C. 理智动机
D. 经济动机　E. 惠顾动机
9. 由于企业采购的目标与需要不同，生产者的购买行为按其购买性质，大致可分为(　　)。
A. 直接重购　B. 租赁采购　C. 修正重购

D. 全新采购　　　　E. 招标重购

10. 影响生产者购买决策的因素可以归纳为(　　)。

A. 环境因素　　　　B. 组织因素　　　　C. 人际因素

D. 群体因素　　　　E. 个人因素

三、判断题

1. 影响消费者购买行为的内在因素很多，主要有消费者的个体因素与心理因素。(　　)

2. 顾客购买行为研究通常包括消费者购买行为分析和生产者购买行为分析。(　　)

3. 消费者受商品的外观、包装、商标或促销刺激而产生的购买行为，属于习惯型购买行为。(　　)

4. 具有文化同一性的“亚文化群”主要包括民族文化、宗教文化、种族文化和区域文化。(　　)

5. 惠顾动机是指消费者对特定商品或特定商店产生特殊的信任和偏好而形成的习惯重复光顾的购买动机。(　　)

6. 消费者由于对某种商品或某家商店的信赖、偏好而产生的经常、反复的购买行为，属于经济型购买动机。(　　)

7. 次要群体是指个人经常性受其影响的非正式群体，如家庭、亲密朋友、同事、邻居等，他们影响着一个人的情趣、爱好和消费习惯。(　　)

8. 一般而言，消费者的信息大多数来自于大众来源，即从广告、经销商、商店售货员、商品陈列、商品包装等途径得来的信息。(　　)

案例分析

海派和酒：飘香申城

“申城没有酒文化!”在几年以前，喜好喝酒的上海人都会这样认为，事实也是如此。“五粮液”、“茅台”的故乡在川黔，品牌啤酒的源头在青岛、广东，中国的“波尔多”在天津、烟台，而黄酒的“天下”在绍兴。上海，纵然有其独特的海派文化，但与“啤、黄、葡、白”中的精品难沾边，似乎华夏几千年的酒文化与上海没缘分。

沪上有巨大的消费市场，却不见自己的品牌酒，上海的酿酒业实在很难堪。引领申城酒业走出尴尬境地、打响品牌战的是老牌国企“冠生园上海华光”。5年前，“华光人”在第二次创业中，把高档“和酒”推进了精品酒的行列。“华光人”怎么也忘不掉，在产品严重老化、市场份额被挤占、企业濒临倒闭的困境中，他们靠科技创新树立品牌，凭借正确的市场定位，使企业突出重围焕发生机。

5年来，年轻的“和酒”创下一连串的销售佳绩：1998年，产量800吨，销售额882万元；1999年，销售额1 800多万元；2002年1～8月，产量4 000多吨，同比增长近200%，销售额达1.5亿元，在上海超市排行榜酒类市场占有率从18%

上升到20%以上，超过了绍兴名酒“古越龙山”，跻身全国4家利税超过千万的黄酒先进企业行列。

“和酒”与市场的一拍即合，5年竟“拍”出半壁江山，成功的经验就是正确的市场定位。在“和酒”将上市的时候，黄酒市场的竞争并不激烈，众多黄酒品牌处于一种自然销售状态，消费者对黄酒的概念相对老化，认为它陈旧、传统、落后。黄酒的消费者只集中在中、老年，老年人按照习惯来消费，认为黄酒有营养作用。其实，黄酒类市场已经成熟，并处于一种品牌分裂状态，但黄酒行业并不属于机会少、优势小的僵化行业，整个市场还有一些差异化的机会，同竞争激烈的啤酒市场相比，呈现出一个鲜明的反差。黄酒类市场正等待着一场创新的革命。首先，“华光人”进行市场调查，通过调查发现，消费者关心酒类产品的属性是酒的口味，口味是消费者选购产品的最重要的因素。然后又参照啤酒类市场发展的规律，对黄酒进行特殊的工艺加工，调试酒的口味，使“和酒”显得清醇、淡雅质清。其次，在突发性思维的影响下，与营养学家共同研究，开发营养黄酒，在传统的黄酒中加入了钙、枸杞子、蜂蜜、蛋白质等营养物质，既改变了“千酒一味”的口感，又满足了消费者追求营养的需求。最后又改进设计，设计了老宋体、红色方形外框作为“和酒”的标志符号，利用自然、古朴的牛皮纸作为标志的印刷载体，配上反映沟通文化“和为贵”的小诗，现代而不失高贵，有文化而不显得落伍。这样，“华光人”将“和酒”定位于新一代的消费群体，使“和酒”香飘申城，进入寻常百姓人家。一个黄酒业中的“弱小婴儿”，仅5年的时间，在竞争激烈的狭小空间脱颖而出，谱写出一曲“和酒”文化的美妙乐章。

（资料来源：李薇辉．市场营销学[M]．上海：华东理工大学出版社，2008）

▶ 思考分析

1. “华光人”是通过什么方式取得巨大成功的？
2. “和酒”的成功对企业的市场营销有什么启示？

职业与发展

一、岗位名称：销售代表

1. 职位描述

(1) 在本辖区内扩大公司产品覆盖率(每月1日出具到上月止本辖区的公司产品的市场占有率报告)。

(2) 每天收取客户信息不少于5条，并填写每日行程(每日17点前提交报表)。

(3) 对所管辖的区域进行产品宣传等工作(及时写出工作日报告)。

(4) 建立客户资料卡及客户档案，完成相关销售报表(每天20点前报销售报表)。

(5) 参加公司召开的销售会议或组织的培训(准时)。

(6) 与客户建立良好关系，以维护企业形象(及时写出工作日报告)。

2. 任职要求

(1) 年龄：22～35岁，性别：男性优先。

(2) 工作经验：1年以上销售经验，具备一定的法律知识。
(3) 能力要求：语言表达能力好；沟通能力强；较好的英语听、说、读、写能力。
(4) 知识要求：具有市场营销、财务管理、法律等相关专业知识。
(5) 其他要求：能承受较大的工作压力；有地区销售网络和销售关系。

二、岗位名称：销售主管

1. 职位描述

(1) 收集信息，了解客户需求及竞争对手情况。
(2) 进行信息处理、分析，确定市场目标。
(3) 与潜在客户联系。
(4) 跟踪客户需求，努力提高市场份额。
(5) 了解竞争对手情况。
(6) 了解客户产品信息。
(7) 了解行业动态、行业研发情况及现有市场的情况。
(8) 接受订单，交付销售内勤。
(9) 跟踪客户信息，制订投产计划。
(10) 监督生产，保证供货，每周制订发货计划，交销售内勤。
(11) 把发货信息输入电脑，向客户催款。

2. 任职要求

(1) 工作经验：1年以上销售工作经验。
(2) 专业背景要求：曾从事本行业销售工作2年以上。
(3) 学历要求：大专以上。
(4) 年龄要求：25岁以上。
(5) 个人素质：工作认真，责任心强，善于表达，积极热情。

三、岗位名称：销售经理

1. 职位描述

(1) 对外沟通、展演、讲演。
(2) 配合技术人员进行售前技术咨询。
(3) 作实施计划建议书。
(4) 进行商务谈判。
(5) 监督售后技术支持服务。
(6) 对销售部进行管理。

2. 任职要求

(1) 工作经验：2年以上相关行业销售经验。
(2) 专业背景要求：曾在其他企业销售部任经理2年以上。
(3) 学历要求：本科，大专需从事专业3年以上。
(4) 年龄要求：28岁以上。
(5) 个人素质：善于与人沟通，有良好的管理能力。

项目 4 市场调研

学习目标

【知识目标】

1. 了解市场调研的含义；
2. 理解市场调研的内容与类型；
3. 掌握市场调研的方法与程序。

【技能目标】

1. 通过市场调研方法和程序的学习，具备制订调研计划的技能；
2. 通过调研问卷设计方法与步骤的学习，具备设计调研问卷的技能；
3. 通过学习，使学生能够把调研问卷设计、调研方案实施过程及调研结果的整理、分析及思考运用于市场调研实践活动，具备撰写调研报告的技能。

【实训目标】

1. 通过市场调研流程的学习，使学生能运用市场调研方案拟定的流程、内容等知识，具备制订调研方案的能力；
2. 通过市场调研技术的学习，使学生具备设计调查问卷的能力；
3. 通过学习，使学生具备撰写市场调研报告的能力。

案例引入

新可口可乐一次不成功的市场调研

一、决策的背景

20 世纪 70 年代中期以前，可口可乐公司是美国饮料市场上的“number one”厂，可口可乐占据了全美 80%的市场份额，年销量增长速度高达 10%。

然而好景不长，20 世纪 70 年代中后期，百事可乐的迅速崛起令可口可乐公司不得不着手应付这个饮料业“后起之秀”的挑战。1975 年全美饮料业市场份额中，可口可乐领先百事可乐 7 个百分点；1984 年，市场份额中可口可乐领先百事可乐 3 个百分点，市场地位的逐渐势均力敌让可口可乐胆战心惊起来。

二、市场调研

为了着手应战并且得出为什么可口可乐发展不如百事可乐的原因，可口可乐公司推出了一项代号为“堪萨斯工程”的市场调研活动。

1982 年，可口可乐广泛地深入到 10 个主要城市中进行访问。通过调查了解口味因素是否是可口可乐市场份额下降的重要原因，同时征询顾客对新口味可乐的意见。于是，在问卷设计中，询问了例如“你想试一试新饮料吗?”“可口可乐味变得更柔和一些，您是否满意?”等问题。

调研最后结果表明，顾客愿意尝试新口味的可乐。这一结果更加坚定了可口可乐公司的决策者们的想法——秘不示人、长达 99 年的可口可乐配方已不再适合今天消费者的需要了。于是，满怀信心的可口可乐公司开始着手开发新口味的可乐。

可口可乐公司向世人展示了比老可乐口感更柔和、口味更甜、泡沫更少的新可口可乐样品。在新可乐推向市场之初，可口可乐公司又不惜血本进行了又一轮的口味测试。可口可乐公司倾资 400 万美元，在 13 个城市中，约 19.1 万人被邀请参加了对无标签的新、老可乐进行口味测试的活动。结果 60%的消费者认为新可乐比原来的好，52%的人认为新可乐比百事好。新可乐的受欢迎程度打消了可口可乐领导者原有的顾虑。于是，新可乐推向市场只是个时间问题。

在新可乐上市之初，可口可乐又大造了一番广告声势。1985 年 4 月 23 日，在纽约城的林肯中心举办了盛大的记者招待会，共有 200 多家报纸、杂志和电视台记者出席，依靠传媒的巨大力量，可口可乐公司的这一举措引起了轰动效应，终于使可口可乐公司进入了变革“时代”。

三、灾难性后果

起初，新可乐销路不错，有 1.5 亿人试用了新可乐。然而，新可口可乐配方并不是每个人都能接受的，而不接受的原因并非因为口味原因，而是这种“变化”受到了原可口可乐消费者的排挤。

开始，可口可乐公司已为可能的抵制活动做好了应付准备，但不料顾客的愤怒情绪犹如火山爆发般难以驾驭。

顾客之所以愤怒是认为 99 年秘不示人的可口可乐配方代表了一种传统的美国精神，而热爱传统配方的可口可乐就是美国精神的体现，放弃传统配方的可口可乐意味着一种背叛。

在西雅图，一群忠诚于传统可乐的人组成“美国老可乐饮者”组织，准备发起全国范围内的“抵制新可乐运动”。在洛杉矶，有的顾客威胁说：“如果推出新可乐，将再也不买可口可乐。”即使是新可乐推广策划经理的父亲，也开始批评起这项活动。

而当时，老口味的传统可口可乐则由于人们的预期会减少，而居为奇货，价格竟在不断上涨。每天，可口可乐公司都会收到来自愤怒的消费者的成袋信件和 1 500多个电话。

面临如此巨大的批评压力，公司决策者们不得不稍作动摇。在随后又一次推出的顾客意向调查中，30%的人表示喜欢新口味可口可乐，而60%的人却明确拒绝新口味可口可乐。故此，可口可乐公司又一次恢复了传统配方的可口可乐的生产，同时也保留了新可口可乐的生产线和生产能力。

在不到3个月的时间内，即1985年4～7月，尽管公司曾花费了400万美元，进行了长达2年的调查，但最终还是彻底失算了！百事可乐公司美国业务部总裁罗杰·恩里科说："可口可乐公司推出'新可乐'是个灾难性的错误，是80年代的'爱迪塞尔'。"

（资料来源：上海震旦职业学院精品课程网，http：//www.aurora－college.cn/zdglx，有删改）

▶ 思考分析

1. 为什么这是一次不成功的市场调研？
2. 在进行市场调研时要考虑哪些主要因素？
3. 如何理解市场调研的作用？

相关知识

4.1 市场调研的内容

市场调研的内容和调研重点因企业的性质、规模及行业等因素的不同而有所差异，正确选择调研内容可以提高市场调研的有效性和成功率，否则，会导致调研结果出现偏差，进而导致营销决策的失误。

4.1.1 营销环境调研

一切营销组织都处于营销环境当中，不可避免地要受其影响和制约。

1. 人口环境调研

人口环境调研主要调研人口数量及其增长、人口结构及其变化、人口年龄结构及性别比例、人口地理分布及人口流动等内容。

2. 政治法律环境调研

政治法律环境调研主要调研政府现行政策、法规、制度及政治形势的稳定性等内容。

3. 经济环境调研

经济环境调研主要调研经济发展状况、消费者收入、消费者储蓄和信贷情况、消费者支出结构、商品价格及供求因素等内容。

4. 文化环境调研

文化环境调研主要调研文化程度、职业、民族构成、宗教信仰、社会道德与审美意识等内容。

5. 技术环境调研

技术环境调研主要调研新技术、新工艺、技术发展等内容。

6. 自然环境调研

自然环境调研主要调研目标市场的地理环境、资源、交通、气候等内容。

4.1.2 市场需求调研

调研市场需求情况，主要目的在于掌握市场需求量的大小、消费结构的构成、消费者行为的特点等，解决如何运用有效的经营策略和手段的问题。

1. 消费需求量调研

消费需求量的调研主要调研消费者收入水平、人口数量、流行元素等内容。

2. 消费结构调研

消费结构调研主要调研人口构成、家庭规模、收入增长状况、商品供应状况及价格变化等内容。

3. 消费者行为调研

消费者行为调研主要调研消费者的心理、性格、个人爱好、消费习惯等内容。

4.1.3 营销组合因素调研

要制定有效的营销组合策略，关键在于市场调研所提供的信息和依据。

1. 产品调研

产品调研包括产品实体调研(功能、用途、实用性、安全性、美观性、装饰性等)、替代品调研、相关产品调研、服务调研(售前、售中、售后)、产品生命周期调研等。

2. 价格调研

价格调研包括价格的需求弹性调研、产品价格制定及价格调整效果调研、竞争产品价格变化情况调研等。

3. 销售渠道调研

销售渠道调研包括现有销售渠道调研(批发网络、零售网点、销售环节，仓储、运输、装卸等)，各类经销商的数量、规模、资信、销售能力调研等。

4. 促销方式调研

促销方式调研包括了解不同客体对广告及促销活动的反应，调查受众对广告及促销活动的效果评价，了解受众的媒介接触习惯、广告节目安排是否合理等。

4.1.4 竞争对手调研

竞争对手调研的关键是搜集到准确的竞争情报，而竞争情报是关于竞争环境、竞争对手和竞争策略的调查研究。竞争对手调研是市场竞争的客观需要，是信息作为一种战略资源的重要体现。竞争对手调研包括市场进入调研、投资收购调研、市场动态调研、标杆学习调研、人力资源调研、营销体系调研、生产研发调研、专利情报调研、仓储物流调研等。

4.2 市场调研的方法

市场调研方法的应用是为了获取一手资料和二手资料。一手资料是指从现场调查所搜集的资料，也称直接资料；二手资料是指从各种文献档案中搜集的资料，也称间接资料。市场调研中采用正确的调研方法非常重要，市场调研的方法主要有文案调研法和实地调研法。

4.2.1 文案调研法

1. 文案调研的含义

文案调研是指通过查看、阅读、检索、筛选、剪辑、购买、复制等手段收集二手资料的一种调查方法。

1）文案调研的主要优点

资料收集过程比较简易，组织工作简便，二手资料比较容易得到，相对而言费用较低，并能较快地获取，能够节省人力、调查经费和时间。

2）文案调研的主要缺点

二手资料是为原来的目的收集整理的，不一定能满足调研者研究特定市场问题的数据需求；二手资料主要是历史性的数据和相关资料，往往缺乏当前的数据和情况，存在时效性缺陷；二手资料的准确性、相关性也可能存在一些问题。

2. 文案调研的要求

(1) 注意针对性。

(2) 注意时效性。

(3) 注意全面性。

(4) 注意系统性。

(5) 注意准确性。

3. 文案调研的资料来源

1) 内部资料的来源

内部资料的来源主要包括统计资料、财务资料、业务资料、其他资料。

2) 外部资料的来源

外部资料的来源主要包括各级政府部门发布的有关资料，各级统计部门发布的有关统计资料，行业协会或行业管理机构发布的本行业的统计数据，各种信息中心和信息咨询公司提供的市场信息资料，各种公开出版物、电视广播提供的各类资料，各类研究机构的相关资料，参加各种博览会、展销会、交易会和订货会获取有关资料，建立公共关系网获取资料，各种国际组织、外国使馆、驻外使馆、办事处等提供的各种国际市场资料。

国际互联网和在线数据库也是企业搜集外部信息的重要渠道。对于市场调研者而言，通过国际互联网和在线数据库可收集存放在世界各地服务器上的数据、文章、报告和相关资料，对于特定的市场调研课题而言，可以获得重要的信息资源，包括总体环境、产业环境、竞争环境的资料；与调研课题有关的主体资料和相关资料；与调研课题有关的各类公司、组织机构的资料；同类研究课题的报告、案例分析、研究思路与参考性方案；与调研课题有关的产品知识、市场知识和相关知识。

应用案例 4-1

日本某公司的信息获取与利用

美国法律规定，本国商品的定义是“一件商品，美国制造的零件所含价值必须达到这件商品价值的50%以上”。日本一家公司通过查阅美国有关法律和规定获知了此条信息。这家公司根据这些信息，思谋出一条对策：进入美国公司的产品共有20种零件，在日本生产19种零件，从美国进口1种零件，这1种零件价值最高，其价值超过50%以上，在日本组装后再送到美国销售，便成为美国商品，就可以直接跟美国厂商竞争。

▶ 分析提示

在市场调查研究中，一般应从二手资料的搜集开始市场研究，只有当二手资料不够用、不好用、不全面、不系统时，或者必须需要当前数据和情况时，再考虑一手资料的收集，以便节省时间、人力和经费。

(资料来源：湖南商学院市场营销精品课程网，http：//jpkc. hnuc. edu. cn/sc-dcyyc，有删改)

名人名言

永远不要让你的眼睛离开目标。

——杰克·韦尔奇

4.2.2 实地调研法

实地调研是相对于文案调研而言的，是指对第一手资料的调研活动。当文案调研无法满足调研目的，需要适时进行实地调研来解决问题，取得一手资料。实地调研法主要包括询问法、观察法和实验法。

1. 询问法

询问法是最常用的一种实地调研法，是指将拟调研的事项，以当面或书面的形式向被调查者提出询问，以获得所需资料的调研方法。询问法可以在有调研问卷的情况下进行，也可以在没有调研问卷的情况下进行，主要包括面谈询问法、电话询问法、邮寄询问法、留置问卷法、网络询问法、深度访谈法和焦点小组座谈。

1）面谈询问法

面谈询问法是指调研者按照抽样方案中的要求抽取被访问者，再依照调查问卷或者调研提纲与被访者进行面对面的直接询问。面谈询问法可分为入户询问法、拦截询问法和座谈询问法。

应用案例4－2

华天大酒店的经营之道

华天大酒店坐落在南方某省会城市的繁华地段，是一家投资几千万元的新建大酒店，开业初期生意很不景气。公司经理为了寻找症结，分别从该市的大中型企业、大专院校、机关团体、街道居民中邀请了12名代表参加座谈会，并亲自走访东、西、南、北四区的部分居民及外地旅游者，调查后发现如下问题：本酒店没有停车站，顾客来往很不方便；居民及游客对本酒店的知晓率很低，更谈不上满意度；本酒店与其他酒店相比的经营特色，也并不被居民熟知。为此，酒店做出兴建停车场，在电视上作广告，开展公益及社区赞助活动，突出经营特色，开展多样化服务等决策。决策实施后，酒店的生意日渐红火。

▶ **分析提示**

华天大酒店运用询问法进行调研，及时纠偏，获得新的发展。

（资料来源：湖南商学院市场营销精品课程网，http：//jpkc.hnuc.edu.cn/sc-dcyyc，有删改）

名人名言

要管理好一个企业，必须管理它的未来，而管理未来就是管理信息。

——菲利普·科特勒

2）电话询问法

电话询问法指调查者通过查找电话号码簿，利用电话向被调查者进行访问，以搜集市场调查资料的一种方法。

3）邮寄询问法

邮寄询问法邮寄询问是指调查者将印制好的调查问卷或调查表格，通过邮政系统寄给选定的被调查者，由被调查者按要求填写后，按约定时间寄回的一种调查方法。

4）留置问卷法

留置问卷访问是调查者将调查问卷当面交给被调查者，说明调查目的和要求，由被调查者自行填写回答，按约定时间收回的一种方法。

5）网络询问法

网络询问法是指利用互联网技术进行调研的一种方法，大多应用于企业内部管理、产品销售、广告、业务推广等活动中。主要有E—mail法、视频会议法、OICQ网络寻呼法、BBS法、搜索引擎等。

6）深度访谈法

深度访谈法是一种无结构的、直接的、个人的访问，又称个别访问法，即调研者按照拟定的调查提纲或腹稿，对受访者进行个别询问，以获取有关信息。深度访谈法的主要优点是能深入地探索被访者的内心思想与看法；主要缺点是对调查员要求高、调查面受限。

应用案例4-3

香皂广告的成功推出

在研究洗澡用香皂的广告时，被调查者总是说好的香皂让他(她)们在浴后感到“又干净又清爽”。不过他们常常无法解释“干净清爽”到底意味着什么。广告研究者想要用一种新方式来谈论“清爽”，但从大量文献的研究中找不到有帮助的资料。因此，调研人员通过深度访谈刺探“又干净又清爽”对被访者到底意味着什么。调查员从有关干净清爽的所有方面来刺探：有这种感觉的次数、他们心目中的图像、与此相关的情绪和感觉、浮现什么音乐和色彩，甚至还有什么幻想等。从深度访谈中发现的一个主旋律是“从日常生活中逃脱出来”，即脱离拥挤的匆忙都市，自由地、放松地、无阻碍地被大自然所包围。由这个主旋律所激发出的词语和形象给广告创意提供了新的思路，制作出了与其他竞争对手完全不同的令人清爽的成功的广告作品。这个例子说明了深度访谈在揭示隐蔽的反应时所表现的价值。

▶ 分析提示

深度访谈主要用于获取对问题的理解和深层了解的探索性研究。

（资料来源：http：//www.docin.com/p—87219136.html）

名人名言

70%的精力用来了解消费者，20%的精力打造终端，10%的精力管理经销商。

——史玉柱

7）焦点小组座谈

焦点小组座谈是由一个经过训练的主持人以一种无结构的自然的形式与一个小组的被调查者交谈，主持人负责组织讨论。焦点小组座谈法的主要目的是通过倾听一组从调研者所要研究的目标市场中选择来的被调查者，从而获取对一些有关问题的深入了解。这种方法的价值在于常常可以从自由进行的小组讨论中得到一些意想不到的发现。

2. 观察法

观察法是指调查者到现场凭自己的视觉、听觉或借助摄录像器材，直接或间接观察和记录正在发生的市场行为或状况，以获取有关原始信息的一种实地调查法。按观察的形式不同分为直接观察法和间接观察法。

1）直接观察法

直接观察法是指调查者直接深入到调查现场，对正在发生的市场行为和状况进行观察和记录。

2）间接观察法

间接观察法是指对调查者采用各种间接观察的手段(痕迹观察、仪器观察等)进行观察，用以获取有关的信息。

观察法的主要优点是直观可靠，简便易行，可发现新情况新问题，可克服语言交流带来的干扰。主要缺点是时间长，费用高，受时间、空间和费用限制，只能观察表象资料、不能观察内在原因，对观察人员素质要求高。

3. 实验法

实验法又称实验调查法或实验观察法，是通过实验设计和观测实验结果而获取有关的信息，即从影响调查问题的许多可变因素中，选出一个或两个因素，将它们置于同一条件下进行小规模实验，然后对实验观察的数据进行处理和分析，确定研究结果是否值得大规模推广。实验法的优点是科学性强，缺点是实验时间长，成本高。

4.2.3 市场调研抽样技术

1. 抽样调查设计

抽样调查是指从局部的调查中得出有关整体的结论。局部调查的对象称为样本，从中抽取样本的整体叫做总体。通过对样本的调查，可以用样本的特性来推断总体的特性。抽样调查设计是采用抽样调查必须解决的一个重要技术。抽样调查设计是否科学合理，直接关系调查结果的准确性。抽样调查设计包括两项内容。

1）抽样对象设计

一个适当的抽样对象并不总是很明显的，需要调研人员认真做出选择。

2）样本大小设计

大样本提供的结果当然比小样本更可靠，但大样本的调查成本高，往往没有必要采用大样本。只要抽样方法正确，即使样本不足总体的1%，也同样能提供可靠的调查结果。确定样本大小时，既要考虑样本的足够代表性，又要考虑费用和时间的节约。

当总体特性差异不大时，样本数目可少一些；相反，当总体特性差异很大时，样本数量就要多一些，否则，误差会过大。调查结果的准确度、调查要求的准确度越高，所需样本数量就越多，反之，就可少一些。

2. 抽样方法设计

1）随机抽样

随机抽样指总体中每一个个体都有机会被选做样本。优点是能估计出样本的代表性程度，从而确定由样本调查结果推算总体特征时产生的误差大小。缺点是费时费钱，不太方便。

2）非随机抽样

非随机抽样指在总体中不是每一个个体都有机会被选做样本。非随机抽样是根据一定的标准来选取样本的。一般在对调查总体没有足够了解的情况下，或当总体太大时，可采用非随机抽样。优点是省钱省时，应用方便，在市场调查中常被应用。其不足是无法估计抽样误差，所以应用范围是受限制的。

4.3 市场调研的程序

要想取得市场调研的成功，及时、准确、经济地提供市场营销信息及其分析，必须遵守合理的调研程序。市场调研一般要经过五个步骤，市场调研程序如图4.1所示。

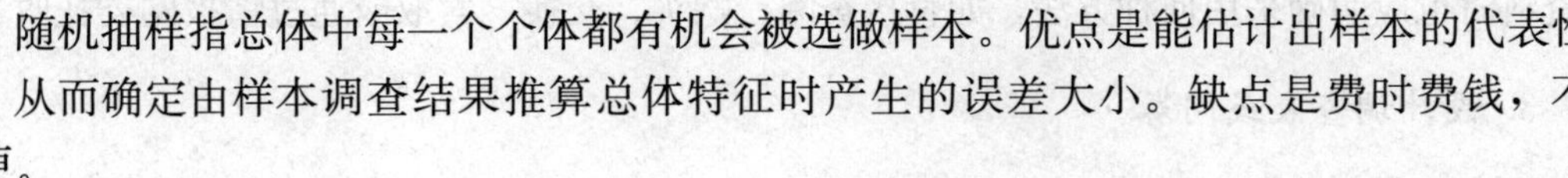

图4.1 市场调研程序

4.3.1 确定调研主题与调研目标

市场调研的问题很多，调研人员应从实际出发，进行全面分析，根据问题的轻重缓急，列出调研问题的层次，将企业经营中迫切需要解决的问题放在首位，作为调研要解决的问题。要求问题设计要适度，既不要太宽，也不要太窄。调研问题明确后，应确定具体的调研目标，因为调研目标决定了调研题目和内容，选择目标时还需考虑能否得到资金支持。

4.3.2 制订调研计划

调研计划是指导市场调研工作的总纲，一个有效的调研计划应包括以下几方面的内容：信息来源、调研方法、调研工具、调研方式、调研对象、费用预算、调研进度、培训安排等。

4.3.3 收集信息

1. 确定资料的来源

明确收集第一手资料的来源；明确收集第二手资料的来源。

2. 确定收集资料的方法

收集第一手资料应明确是采用访问法、观察法或实验法，还是多种方法并举。收集第二手资料时也应明确采用何种方法，如直接查阅、购买、交换、索取或通过情报网委托收集。

3. 设计调查表或问卷

收集第一手资料时，需要设计调查表或调查问卷以进行资料收集。

4. 抽样调查设计

资料收集普遍采用抽样调查，即从被调查的总体中选择部分作为样本进行调查，再用样本特性推断总体特性，必须设计出合适的抽样方法和样本容量。

5. 现场实地调研

采用各种方式到现场获取资料。必须由经过严格挑选并加以培训的调查人员按规定进度和方法收集所需资料。

4.3.4 分析信息

1. 整理审核

为了辨别资料的真假和发现误差，达到去伪存真的目的，对调查的资料要检查误差，审核情报资料是否可靠。

2. 分类编码

为了使资料便于查找和利用，将调查的资料按一定标准进行分类，再进行编号。

3. 统计制表

通过表格形式表示各种调查数据，反映各种信息的相关经济关系或因果关系。经过制表的资料针对性强，便于研究和分析，提高了资料的适用性。

4.3.5 提出调研结论

市场调研的最后步骤是对市场调研结果作出准确的解释和结论，形成调研报告。调研报告是对问题的集中分析和总结，也是调研成果的反映。

应用案例 4-4

关于国美大卖场竞争力的市场调研策划方案

一、调查主题

国美大卖场的竞争力(竞争力主要包括四方面：商品、价格、服务、环境)。

二、背景调查

在“顾客就是上帝”、“顾客是企业的生命之泉”为服务宗旨的今天，在杭州这样一个极具竞争力的城市，消费者的消费能力日趋提高，消费也渐渐变得多元化。为了争取更多的市场份额，各个商家使出浑身解数，力争在这竞争激烈的市场上占据一席之地。在电器大卖场的众多商家里，国美电器有限公司是比较出色的一家，成立于1987年1月1日，至今仍蓬勃发展。目前，国美电器已成为中国驰名商标，并已经发展成为中国最大的家电零售连锁企业。究竟是什么使国美在众多商家中脱颖而出？是什么企业理念和经营策略在推动国美的蓬勃发展？我们将对此做一番调查。

三、目标内容的确定

针对近期推广的产品进行调查，以平板电视、空调、数码产品为主，其他产品为辅，调查国美的四大核心竞争力——商品、价格、服务、环境的具体体现。

具体调查的内容包括：

(1) 商品。品种，品牌。

(2) 价格。与其他卖场的价格相比，促销力度的大小。

(3) 服务。商场营业人员的服务态度及专业知识，售后服务(送货服务、保养维修服务)。

(4) 环境。整体布局，品牌柜台的布局(商品摆放特色)，指示标志，装潢风格。

(5) 广告。公共媒体(报纸、杂志、网络、告示)，商场内的广告(海报、宣传单)。

(6) 顾客。国美在顾客中的知名度，顾客光顾国美频率，顾客对国美的整体满意度。

四、调查方法选择

调查方法采用如下几种：

(1) 观察法。观察商品的种类、价格；卖场的整体布局；广告宣传等。

(2) 文案调研法。调查商品的种类，广告宣传等。

(3) 询问法。分别从顾客、营业员、卖场的负责人的角度出发，了解国美的商品、价格、服务、环境、广告、顾客满意度。

五、调查对象确定

(1) 街头拦截访问、定点访问：样本数70人，其中国美卖场工作人员20人。

(2) 国美大卖场5家：国美华商店、国美文一店、国美黄龙店、国美西城点、国美北大街店。

(3) 竞争对手3家：苏宁北华店、五星红梅店、百思买中山店。

六、调查资料整理和分析方法

(1) 用Excel和人工对所得资料进行整理分析。

(2) 定量分析和定性分析相结合。

(3) 实地调查结果分析和二手资料研究相结合。

七、调查实施步骤和时间安排

调查实施步骤和时间安排见表4-1。

表4-1 调查实施步骤和时间安排

阶段序列	阶段名称	具体内容	持续时间
第一阶段	准备阶段	初步市场调查	2天
第二阶段	计划阶段	制订计划	2天
		确认计划	2天
		审定计划	1天
第三阶段	问卷阶段	问卷设计	2天
		问卷确认	2天
		问卷印刷	1天
第四阶段	实施阶段	访员培训	2天
		实施执行	8天
第五阶段	研究分析	数据处理	2天
		数据分析	2天
第六阶段	报告阶段	报告书写	2天
		报告打印	1天

调查实施自计划、问卷确认后第四天执行。

八、小组成员确定和工作安排

小组成员确定和工作安排见表4-2。

表4-2 小组成员确定和工作安排

小组成员	工作安排
朱琪、张玮	确定市场调查方案
邵果果、童国增	收集必需的二手资料
徐宏磊	统计调查资料
沈彬	撰写调查报告
所有成员	实地调查

九、调研实施方案

调研的步骤包括总体研究设计，准备工作，实地访问执行与管理，数据、资料的处理和分析，撰写报告等几个部分，其他各项的执行方案如下：

(1) 根据调研对象的不同，组建访员团队，每个访员团队安排一名项目组人员具体督导管理，执行此次调研项目。

(2) 在执行消费者拦访时，每天收发一次问卷，收到的问卷即时进行审核，对不合格的问卷要重新访问或作废，及时发现问题或处理违规者。

(3) 对于深度访谈则由调研项目组成员分工完成，尽可能了解实际情况。

十、经费预算(略)

▶ 分析提示

一份好的市场调研策划方案，可以让调研工作事半功倍。

（资料来源：http：//www.docin.com/p—57971076.html，有删改）

名人名言

营销本质不是“卖”而是“买”，买进来的是用户的意见，然后根据用户意见改进，达到用户的满意，最后才能得到用户的忠诚，企业也能获得成功。

——张瑞敏

4.4 市场调研问卷的设计

调研问卷或称调查表，是由向被调查者提问并征求意见的一组问题所组成。调研问卷是用于收集第一手资料的工具。调研问卷设计是根据调研目的，将所需调研的问题具体化，使调研者能顺利地获取必要的信息资料，并便于统计分析。问卷设计质量的高低，将直接影响问卷的回收率，影响资料的真实性和实用性。

4.4.1 问卷的结构

调研问卷的结构可分为三个部分：开头语、正文、结束语。

1. 开头语

开头语内容应该包括：调查的目的、意义、填写问卷的说明。开头语的语气要谦虚、诚恳、平易近人，文字要简明、通俗。开头语一般放在问卷第一页的上面，也可单独作为一封信放在问卷的前面。下面为一则开头语实例。

扶贫中国行全民公益心愿问卷调查是一次公益行动，感谢您在百忙之中参加本次心愿之旅，感谢您用笔表达您的心愿，帮助我们完善现代化公益管理服务平台(融通信技术、互联网技术、金融技术、传统服务等为一体)，促进中国公益事业向前发展，为帮助每个单位和个人实现扶贫公益心愿做出新贡献。

2. 正文

正文即问卷的问题部分。

3. 结束语

结束语内容包括被访问者的地址或单位(可以是编号)、访问员的姓名、访问开始的时间和结束的时间、访问完成情况、审核员的姓名和审核意见等。

4.4.2 问卷的类型

1. 封闭式问卷

封闭式问卷指提出的问题规定了备选答案，被调查者只是从已给定的答案中作出选择的问卷。优点和局限性如下：

(1) 优点。①答案标准化，便于归类整理；②可事先编码，有利于信息处理；③被调查者只需选择其中的答案，可以节省答卷时间。

(2) 局限性。①由于问题规定的答案有限，往往不能充分体现不同回答者的各种意见；②不同的人对同一问题的理解是不相同的，甚至会产生相反的理解，因而对问题的不正确理解难以识别。

2. 开放式问卷

开放式问卷指只提出问题，不提供任何备选答案，由被调查者自由回答的问卷。这种问卷所列的每个问题对被调查者而言都是一样的，但可根据自己的理解自由回答。优点和局限性如下：

(1) 优点。回答者可以充分发表自己的看法和意见，对某些答案过多的问题尤其适宜。

(2) 局限性。①问题答案多种多样，不规范，资料分散；②难以量化，编码困难；③对某些较复杂的问题，回答者要用较多的时间去思考，容易引起回答者的不快或拒绝回答。

3. 半封闭式问卷

半封闭式问卷指封闭式问卷和开放式问卷相结合的问卷。例如，在一个问题中，除给出一定的标准答案外，还列出“其他”等开放式答案以备被调查者在“其他”下选答。或在整个问卷中，一部分问题是封闭性的，一部分问题是开放性的。半封闭式问卷可以兼顾封闭式问卷和开放式问卷的优点，克服其局限性。

4.4.3 问卷设计应注意的问题

1. 问卷的开场白

问卷的开场白，必须慎重对待，要以亲切的口吻询问，措辞应精心琢磨，做到言简意赅，亲切诚恳，使被调查者自愿合作，认真填好问卷。

2. 问题的字眼(语言)

由于不同的字眼会对被调查者产生不同的影响，因此，往往看起来差不多相同的问题，会因所用字眼不同，而使应答者作不同的反应和不同的回答。故问题所用的字眼必须小心，以免影响答案的准确性。

3. 问题的选择及顺序

通常问卷的前几个问题可采用开放式问题，旨在使应答者多多讲话，多发表意见，使应答者感到十分自在，不受拘束，能充分发挥自己的见解。当应答者话题多，其与调查者之间的陌生距离自然缩短。不过要留意，最初安排的开放式问题必须较易回答，不可具有高敏感性，如困窘性问题。否则一开始就被拒绝回答的话，以后的问题就难继续了。因此，问题应是容易回答且具有趣味性，旨在提高应答者的兴趣。核心问题往往置于问卷中间部分，分类性问题如收入、职业、年龄通常置于问卷之末。

4.4.4 问卷设计的程序

1. 准备阶段

根据调查课题的范围和调查项目，将所需的资料项目全部列出，分析哪些是主要资料，哪些是次要资料，哪些是调查的必需资料，并分析哪些资料需要通过问卷来取得，需要向谁调查等，同时要分析调查对象的各种特征。

2. 初步设计

初步设计，确定问卷的结构及编排问题，具体如下：

(1) 应标明每项资料需要采用何种方式提问，并尽可能地列出各种问题。

(2) 对问题进行检查、筛选、编排，设计每个项目的问题。

(3) 对设计的每个问题，都要认真地考虑是否必要，是否能得到答案。还要考虑问卷是否需要编码，或是否需要向被调查者说明调查目的、要求、基本注意事项等。

3. 修改定稿

在小范围内进行试验性调查，以便弄清问卷在初稿中存在的问题，了解被调查者是否对所有问题都乐意回答或能够回答，哪些是多余的，还有哪些不完善或遗漏的地方。如果发现问题应修改，使问卷更加完善。问卷修改后即可制成正式问卷。

应用案例 4－5

关于隐形眼镜在大学生市场的前景调查问卷

首先感谢各位同学的协助。本调查的目的在于了解隐形眼镜在大学生中的使用情况，以期对这一市场的发展前景做出初步预测。耽误您宝贵的时间，再次向您致谢！

请您就以下问题在您认为合适的地方打“√”。

1. 请问您现在戴哪一种眼镜？

□ 框架眼镜 □隐形眼镜 □未配眼镜 □视力好，不需配

2. 假若您已经近视尚未配眼镜，您准备：

□配框架眼镜 □配隐形眼镜 □不配镜

3. 您选择框架眼镜是因为：

□价格适中 □方便 □一般近视者都戴 □其他

4. 您未配隐形眼镜是因为：

□价格过高 □怕伤眼睛 □未听说过 □其他

5. 戴眼镜给体育运动带来了一些不便，对此您持何种态度？

□无所谓 □无可奈何，不戴不行 □运动时少戴 □换成隐形眼镜

6. 长期戴框架眼镜，会使眼睛不同程度地变形，对此您持何种态度？

□无所谓 □无可奈何 □尽量少戴 □换成隐形眼镜

7. 您现有的眼镜价格大约是多少？

□框架眼镜价格 □隐形眼镜价格 □未配□价格____

8. 如果您想买隐形眼镜，请问您最高能接受以下哪一种价格?

□190 元左右(普通形) □255～320 元(精品形) □450 元左右(订做)

9. 您购买眼镜的经济需求，家里是否会予以满足?

□是 □否 □其他

10. 请您将所知道的隐形眼镜的品牌写下来:

(1)________(2)________(3)________

(4)________(5)________(6)________

11. 您对目前市场上的隐形眼镜在产品改进方面有哪些建议?

____

▶ 分析提示

一份好的调查问卷对于获取市场信息十分重要。

(资料来源：http：//www. docin. com)

名人名言

没有商品这样的东西。顾客真正想买的不是商品，而是解决问题的办法。

—— 特德·莱维特

4.5 市场调研报告的撰写

市场调研的最后一个步骤就是调研报告的撰写，即以报告的形式表示调研的结果，为企业管理层或者委托者的决策提供参考。

4.5.1 市场调研报告的意义

市场调研报告是指用书面表达的方式反映市场调研过程和调研结果的一种分析报告，是市场调研成果的集中体现。既可以书面方式向管理者或用户报告调研的结果，也可作为口头汇报和沟通调研结果的依据，亦可制作成多媒体演示课件，向决策者或用户进行演示、解说和沟通。

4.5.2 市场调研报告的格式

市场调研报告的格式不是千篇一律的，对于一些大型的市场调研项目而言，市场调研报告的写作要求较高，其格式一般由以下几个部分构成。

1. 扉页

扉页是调研报告的封皮，包括调研报告的标题、调研单位和提出报告的日期。扉页设计既要规范，又要体现艺术性。

2. 摘要

摘要部分简要说明调研的目的、调研对象、调研内容、时间、期限、调研范围、方式和方法，以及调研的主要结论。

3. 目录

如果调研报告的内容较多，为了方便读者阅读，应用目录的形式列出调研报告各部分各层次的标题(或标目)及所在的页码。

4. 序言

序言是调研报告的导语部分(开头)，主要提出市场调研的问题，简要说明调研的过程和得出的调研结论。

5. 正文

正文是调研报告的主体部分，正文通常按事理划分为几个大的层次(部分)，每个层次再划分为若干个自然段。大层次通常设置分部标题，自然段通常在段首列示小标题，并用序号表示。

6. 结论和建议

结论和建议是调研报告的结尾部分。主要针对正文得出的调研结果和提出的问题，引出调研报告的结尾部分，提出解决问题的建议。

7. 附件

附件主要包括调研方案、抽样技术方案、调研问卷、数据整理表格、数据分析表格和其他支持性材料。

需指出的是，对于一些小型的市场调研项目而言，市场调研报告的格式一般要简化一些，通常只需包括标题、序言、正文、结论和建议等几个部分。

4.5.3 市场调研报告的撰写要点

市场调研报告撰写要点包括：①写作应注意观点正确、材料恰当、论证充分；②要用分析数据和事实说话，用好用活数据；③明确中心，突出重点；④结构要合理，层次应分明，条理应清晰；⑤要用好叙述、说明、议论等表达方式，注意语言表述的精炼性和生动性，适当运用各种修辞手法；⑥要注意数据与文字相结合，定量分析与定性分析相结合，实事求是地分析问题和反映问题，切实提高市场调研报告的价值和水平。

项 目 实 施

任务 4.1 确定市场调研内容

1）任务组织

以小组为单位，小组规模一般是 3～5 人，每小组选举小组长以协调小组的各项工作，教师提供必要的指导和建议，组织学生进行经验交流，并针对共性的问题在课堂上组织讨论和专门讲解。

2）任务内容

以团队为单位，每个团队确立一个调研项目。例如，新产品上市调研、开店前期调研、新市场开发的前期调研等。每个团队为自身的调研项目进行项目可行性调研或者项目可行性调研中某一方面的调研，为此，需要先确定具体的调研内容。任务完成流程：确定调研项目——讨论确定调研主题——明确调研目的——明确调研内容。

3）任务总结

每个团队在讨论思考完成后，将结果填入表 4-3 中。

表 4-3 团队讨论结果表

讨论项目	讨论结果
调研主题	
调研目的	
调研内容	
活动感触	

填表人：

填表日期：　　年　　月　　日

任务 4.2 确定市场调研方法

1）任务组织

以小组为单位，小组规模一般是 3～5 人，每小组选举小组长以协调小组的各项工作，教师提供必要的指导和建议，组织学生进行经验交流，并针对共性的问题在课堂上组织讨论和专门讲解。

2）任务内容

每个团队根据任务 4.1 中讨论的结果先确定调查对象总体，再从调研规模上确定是采取普查、重点调查、典型调查还是抽样调查。明确一手资料和二手资料的获取分别采用什么调研方法。最后，确定调研的人员安排、时间安排及经费预算。

3）任务总结

每个团队在讨论思考完成后，将结果填入表 4-4 中。

表 4-4 市场调研计划表

计划项目	计划
调研主题	
调查对象	
调研方法	
抽样设计	
人员安排	
进度安排	
经费预算	
其他	

填表人：

填表日期：年　月　日

任务 4.3　设计市场调研问卷

1）任务组织

以小组为单位，小组规模一般是 3～5 人，每小组选举小组长以协调小组的各项工作，教师提供必要的指导和建议，组织学生进行经验交流，并针对共性的问题在课堂上组织讨论和专门讲解。

2）任务内容

以小组为单位，自选一家企业，为该企业某一款新产品上市调研设计一份调研问卷，以便了解目标消费者对新产品的总体评价、购买意愿、最感兴趣的卖点、购买方式等。

3）任务总结

在充分讨论的基础上，形成调研问卷，并制作 PPT 进行汇报，同学互评、教师点评，然后综合评定本次各学习小组的实训成绩。

4）参考问卷

《伴旅》杂志发刊前调查问卷

尊敬的先生/女士：

您好！

本公司正在筹划出版一种名叫《伴旅》的杂志，《伴旅》杂志作为一本面向中长途汽车乘客免费投放的杂志，为企业与乘客之间产品及信息的传递交流提供了一个绝佳的平台。

本问卷的目的旨在了解各企业对于在杂志上投放宣传本企业产品或信息的意愿。非常感谢您抽出时间填写这份调查问卷！我们郑重承诺对于您提供的信息保密！（请在符合情况的选项画√）

1. 贵公司所属行业是?

A. 制造业　　B. 房地产业

C. 批发和零售业　　D. 住宿、餐饮业

E. 文化、体育、娱乐业　　F. 教育

G. 其他

2. 贵公司目前的企业规模是?

A. 大型(营业收入 20 000 万以上)　　B. 中型(营业收入 500 万~20 000 万)

C. 小型(营业收入 50 万~500 万)　　D. 微型(营业收入 50 万以下)

3. 贵公司每年为产品或信息做宣传的费用大概是多少?

A. 10 万以下　　B. 10 万~50 万

C. 50 万~100 万　　D. 100 万以上

4. 贵公司目前产品宣传的主要媒介是?

A. 互联网　　B. 电视

C. 广播　　D. 杂志、报纸或宣传单

E. 户外　　F. 其他

5. 如果有一本杂志可以帮助贵公司有效的做产品或信息的宣传，您是否会感兴趣?

A. 有兴趣　　B. 一般　　C. 无所谓　　D. 没兴趣

6. 如果贵公司有新的产品或信息发布，《伴旅》杂志作为面向的受众主要以上班出差、旅游、探亲友、高校学生为主，会是您投放广告的必选吗?

A. 当然，这类受众我们是产品或信息的主要针对者

B. 会考虑，看看效果如何

C. 不是，请说明原因：(　　)

7. 您更喜欢选择杂志的哪个版面来做产品或信息的宣传?

A. 封面　　B. 目录旁

C. 内页中前五页　　D. 都可以

8. 您觉得现在比较好的杂志或刊物有：(　　)

再次感谢您的协助！同时祝贵公司事业蒸蒸日上！

《伴旅》杂志编辑部

2011 年 5 月

任务 4.4　撰写市场调研报告

1) 任务组织

以小组为单位，小组规模一般是 3~5 人，每小组选举小组长以协调小组的各项工作，教师提供必要的指导和建议，组织学生进行经验交流，并针对共性的问题在课堂上组织讨论和专门讲解。

2) 任务内容

以小组为单位，自选调研主题，先制定一份调研计划书，并实施调研，整理分析调研资料，最后撰写调研报告，设计好调研报告封面、正式打印装订。

3）任务总结

将调研报告制作成PPT进行汇报，同学互评、教师点评，然后综合评定本次各学习小组的实训成绩。

项 目 小 结

【知识要点】

市场调研就是运用科学的方法，有目的、有计划、有系统地收集、整理和分析研究有关市场营销方面的信息，并提出调研报告，以便帮助管理者了解营销环境，发现问题及机会，作为市场预测和营销决策的依据。

市场调研涉及营销活动的各个方面，主要有产品调研、顾客调研、销售调研、促销调研、竞争者调研等。确定调研对象通常有两种选择：全面调查和非全面调查。后者是营销调研中常用的方法。企业应根据调查的内容、目的和企业的实力，合理确定调查范围及调查样本和调查对象，主要有下列选择：抽样调查、重点调查、典型调查等。

搜集资料的方法主要有：文案调查法、观察法、询问法、访问法、实验法。

市场调研一般包括五个步骤：①确定调研主题与调研目标；②制订调研计划；③收集信息；④分析信息；⑤提出调研结论。

【实务重点】

市场调研的程序；调研方法的选择；调查问卷的设计；调研报告的撰写。

职业能力训练

一、单选题

1. 市场调研一般要经过五个步骤，其中第二阶段是(　　)。
   A. 确立调研目标　　B. 收集信息
   C. 分析信息　　D. 制订调研计划
2. 调查问卷可以使调查内容(　　)和系统化，便于资料的收集和处理。
   A. 标准化　　B. 具体化　　C. 有效化　　D. 便捷化
3. 人们可以依据收集到的过去和现在的资料推出将来的变化，这是指市场预测的(　　)。
   A. 连贯性　　B. 相关性　　C. 系统性　　D. 类推性
4. 把为当前特定的调查目的而亲手收集的资料，称为(　　)。
   A. 第一手资料　　B. 第二手资料
   C. 调查资料　　D. 收集资料
5. 把为其他特定的目的而收集的现存的资料，称为(　　)。
   A. 第一手资料　　B. 第二手资料
   C. 调查资料　　D. 收集资料

6. 询问法是指调查人员向(　　)发问或征求意见来收集所需市场信息的一种调查方法。

A. 消费者　B. 被调查者　C. 公众　D. 个人

7. 询问法的优点是信息(　　)来自于被调查者，消除调查人员主观因素的影响。

A. 直接　B. 间接　C. 通过媒体　D. 通过组织

8. 调查问卷是市场调查基本的、有效的调查工具，调查问卷主要用于(　　)的收集。

A. 第一手资料　B. 第二手资料　C. 内部资料　D. 外部资料

9. 问卷所提的问题没有事先确定答案，由被调查者自由回答，这是(　　)问卷。

A. 封闭型　B. 开放型　C. 直接式　D. 间接式

10. 市场调研要求对收集的市场信息进行整理分析，最后撰写书面的(　　)。

A. 总结报告　B. 调查报告　C. 工作报告　D. 鉴定报告

二、多选题

1. 市场信息的作用体现在(　　)。

A. 营销活动的起点　B. 营销决策的前提　C. 营销管理的基础

D. 营销沟通的工具　E. 营销管理的核心

2. 市场信息的主要特征为(　　)。

A. 时效性　B. 分散性　C. 可压缩性

D. 可存贮性　E. 系统性

3. 市场营销预测具有(　　)特点。

A. 连贯性　B. 系统性　C. 相关性

D. 展示性　E. 类推性

4. 实地调查的主要方法有(　　)。

A. 询问法　B. 测试法　C. 实验法

D. 观察法　E. 展示法

5. 询问法是通过向被调查者提出问题，以获得所需信息的调查方法，可分为(　　)。

A. 走访调查　B. 现场察看　C. 信函调查

D. 现场展销　E. 电话调查

6. 观察法一般采用(　　)方法。

A. 实际痕迹测量　B. 现场展销　C. 现场试销

D. 顾客动作观察　E. 店铺观察

三、判断题

1. 市场信息是营销决策的前提。(　　)

2. 封闭式问卷是指问卷内涉及的问题事先给了可供选择的答案或范围。(　　)

3. 市场信息类型有原始资料和第二手资料两种。(　　)

4. 询问法、观察法、实验法都属于资料调查法。(　　)

5. 实地调研法是针对第二手资料，进行资料的搜集和分析。(　　)

6. 市场调查需要运用抽样调查和调查问卷两项工具。(　　)

7. 市场调研是营销预测的基础，营销预测是营销决策的依据。(　　)

8. 抽样调查是在总体中抽取一定的样本进行调查，用总体特征推断样本状况的调查。（　）

9. 资料调研法有利于获得准确性较高的资料，但其周期往往较长，花费往往较大。（　）

10. 样本数量根据总体的差异程度来确定。总体的差异性小，样本数目可少些，反之亦然。（　）

四、论述题

1. 市场调研的基本程序包括哪些阶段？

2. 顾客群体的构成因素如何影响高档耐用消费品的需求？

3. 同一个汽车公司的两位销售经理，对下年度汽车的市场需求的估计各不相同，你认为这可能是由于哪些原因造成的？

案例分析

可口可乐为什么做不好茶饮

可口可乐茶研工坊加上之前可口可乐推出的天与地、岚风、阳光冰爽果茶等茶饮，先后遭遇失败。为何一个在饮料行业呼风唤雨的国际巨头，一个将可乐卖到全世界各地、有着一百多年品牌管理经验的品牌管家在中国茶饮市场却连连失手？从可口可乐于茶饮的失败中其他品牌又可以学习到什么经验？

一、背景文化的失去

可口可乐之所以能风靡全球，与身后的美国形象密切相关。如果做一个严谨的测试，调换包装后再将一瓶百事可乐或是非常可乐与可口可乐放在一起，不知道到底有多少人能从中挑出可口可乐来。可口可乐在全球各地的风靡，美国文化的背景有着不可忽略的作用。然而，这种强势的背景文化，在可口可乐进军茶饮时却失去了魔力，正如大家所知，茶文化根正苗红的出处在中国。

失去了背景文化依托的可口可乐，在茶饮料的比拼中，与各大竞争对手处在同一平台上，比拼的是对市场机会的捕捉能力与品牌的运作实力。所以，在茶饮料市场，可口可乐能否做好取决于两个因素，一个是竞争对手，一个是自身的市场运作。下面从这两个方面分析可口可乐在茶饮市场的遭遇。

二、熟谙中国市场的竞争对手

中国茶饮料市场的启蒙品牌应当是“旭日升”，遗憾的是由于企业自身管理等原因，这个市场的开荒者并没能成为持久的赢家。继旭日升之后，康师傅、统一、娃哈哈等相继进入茶饮料市场。

康师傅与统一熟谙品牌运作，在文化上与大陆文化本是一体，在茶文化上不存在市场认知陌生的障碍。康师傅与统一抓住市场契机，迅速在茶饮市场占据老大老二位置。从康师傅的茶饮料品牌运作看，从绿茶、红茶的细分到茉莉花茶、大麦茶的推出，谙合中国人以茶种类区分的茶文化认知，在适当的时候抢占了细分品类市场。其中，康师傅绿茶宣传的是绿色健康，红茶宣传的是口感，茉莉花茶宣传的清新淡雅，大麦茶宣传的是阳光洒脱，在这些细分品类的运作中，从代言人的选择到广告宣传的基调都能保持一种与茶的类别统一的形象，契合人们对不同茶种的固有认知。同时，康师傅与统一在品牌的年轻时尚意识维护上也是轻车熟路，并没有给对手留下从品牌形象上予以切入的空子。

三、自身的品牌运作失误

失误一：重概念轻产品。

茶饮料作为饮料产品，第一产品特性还是口感。20世纪90年代，在饮品健康意识还不是很强烈的时候，旭日升即率先推出冰茶饮料，凭借独特的口感，一茶风行。后因企业自身的失误，旭日升品牌渐渐退出市场。总体来讲，虽说茶饮料相对碳酸饮料予人健康的产品印象，但从茶饮料的重度消费群偏年轻来看，口感始终是茶饮料消费的很关键属性。遗憾的是，可口可乐在茶饮料的市场运作中，明显显示出重概念轻产品力的一面。茶研工坊入市时，茶饮料市场上的竞争已经很激烈，康师傅与统一已对市场精细耕耘。在这个时候入市的茶研工坊在产品口感上并没有选择差异化，与康师傅等绿茶饮品口感相差不大。由于产品同质化，先入为主的康师傅、统一等自然占有优势，在对手没有市场失误情况下，可口可乐想从对手手中抢过市场份额无疑是困难的事情。

失误二：概念没有吸引力。

从茶研工坊到原叶，可口可乐的概念始终游离在茶饮料市场之外，缺乏对中国茶文化的洞见。在旭日升凭借冰茶一种模糊笼统的茶概念激起中国茶饮料市场以来，茶饮料的产品概念呈现的是按照茶种的细分趋势：从笼统的茶饮料到红茶、绿茶、茉莉花茶、龙井茶、大麦茶等，这种细分正符合了国人的茶文化认知。茶研工坊主要诉求是绿茶加入了一些其他的草本成分，实际上仍然没有摆脱绿茶的概念，没有起到市场吸引作用。现在的原叶绿茶，宣称是百分百原叶泡制，显然是针对现在大多数绿茶是茶多酚粉兑出来的而言，但是就普通消费者而言，似乎对绿茶是茶叶泡制还是兑出来的并无多少认知，这么一来，原叶的概念很大程度就容易沦为企业的自娱自乐。

失误三：性价比没有竞争力。

作为快速消费品，可口可乐在推出的茶饮料缺乏品牌力与产品力的时候，与其他品牌竞争除概念之外，还有性价比的比拼。试想，同样的口感，都是知名品牌，品牌形象相差无几，这时消费者选购时难免就会在性价比上计较了。可口可乐前期推出的茶饮价位较高，错过了茶饮市场蓬勃发展的机会，后期茶研工坊的价位略高于其他几大品牌的绿茶，没有性价比上的竞争力；原叶绿茶价位略低，然而瓶型显小给人以容量少的感觉，拉低了性价比。

（资料来源：温州科技职业学院市场营销精品课程网，http：//www.t577.cn，有删改）

▶ 思考分析

1. 可口可乐公司在进行市场调研时存在哪些问题？

2. 中西方饮食文化有何差异？对一个国家或者地区的饮食文化进行调研应该从哪些方面着手？

职业与发展

一、岗位名称：市场调研专员

1. 职位描述

(1) 收集市场竞争对手信息。

(2) 确定组织产品/服务相对于竞争产品的进展及成功因素。

(3) 与营销经理合作，建立与相关产业、政府部门及研究机构的网络联系。

(4) 专科以上学历优先。

(5) 受过调查研究工具与方法、市场营销、产品知识、产业经济等方面的培训。

(6) 熟练掌握调研方法及熟练使用调研工具。

(7) 熟练掌握对调研结果进行分析所需方法及工具。

(8) 能独立完成市场调研分析工作最佳。

2. 任职要求

(1) 市场营销、企业管理或相关专业专科以上学历。

(2) 受过市场调查、市场营销、管理技能开发、统计分析与产品知识等方面的培训。

二、岗位名称：市场调研主管

1. 职位描述

(1) 制订市场调研计划，组织策划市场调研项目。

(2) 建立健全营销信息系统，为本部门和其他部门提供信息决策支持。

(3) 协助市场部经理制订各项市场营销计划。

(4) 组织进行宏观环境及行业状况调研，对企业内部营销环境、消费者及用户调研。

(5) 制作调研报告，并向管理层提供建议。

(6) 收集各类市场情报及相关行业政策与信息。

2. 任职要求

(1) 市场营销、企业管理或相关专业专科以上学历。

(2) 受过市场调查、市场营销、管理技能开发、统计分析与产品知识等方面的培训。

三、岗位名称：市场调研督导

1. 职位描述

(1) 负责具体项目的执行及组织管理，确保数据搜集保质保量按时完成。

(2) 项目实施的全程监控。包括项目通知、运作计划、项目培训、进度控制等。

(3) 在项目中对兼职人员的培训及管理；独立统筹多城市运作项目。

2. 任职要求

(1) 至少一年以上市场研究公司的督导经验，熟悉定量项目的操作。

(2) 有一定的领导和培训能力，能带领项目组成员高效高质完成项目。

(3) 能熟练使用PPT、EXCEL等工具；对数字有较强的敏感度。

(4) 有较强的管理组织能力、善于表达及演讲、具备团队协作能力，责任感强，适应加班工作，注重工作效率，能在压力下完成工作。

项目 5 市场细分与目标市场定位

学习目标

【知识目标】

1. 了解市场细分的含义与作用；
2. 了解目标市场的概念；
3. 掌握市场细分的标准、方法与步骤；
4. 掌握目标市场选择策略；
5. 掌握市场定位的操作步骤及策略。

【技能目标】

1. 具备进行有效市场细分的能力；
2. 具备选择目标市场的能力；
3. 具备确立产品市场定位的能力。

【实训目标】

1. 通过市场细分的学习，使学生具备进行有效市场细分的技能；
2. 通过目标市场选择的学习，使学生具备选择目标市场的技能；
3. 通过目标市场定位的学习，使学生具备为产品进行市场定位的技能。

案例引入

初元：蓝海市场的聚焦“赢销”

2008 年，保健品行业出现了几个现象：第一，行业业绩整体持续滑坡。除了上海焦点广告传播有限公司(以下简称焦点广告)全程策划的一线品牌脑白金、黄金搭档销量攀升外，老牌的金日、昂立、鹰牌等品牌都出现不同程度的销售滑坡。一个典型的表象就是：商超保健品的专柜品种少了，专柜小了，光顾的消费者少了。传统保健品“真正的冬天”似乎刚刚来临：在一个消费日趋理性的年代，“可有可无”的产品最终会被淘汰出局。第二，专柜化系列化的自用保健品悄悄兴起，一个专柜，一个品牌，一个导购，全系列产品，每天花费不到一元钱，预示着由理性主导转向的自用市场慢慢兴起。第三，全国大广告开战的新品稀缺，仅有江中集团的初元凭借成功的定位，快速切进了探病市场，短时间里完成了局部试点到全国推广的两级跳。

一、初元，专为病人设计

江中集团市场部和焦点广告根据定位理论和新产品上市研究模型，借助对中国礼品市场的深度解剖，寻找到一个空白的礼品市场——“看病人，送初元”！

二、定位——聚焦空白市场，抢占品类第一

上海焦点广告和江中集团携手十年，每年都负责为江中集团核心品牌健胃消食片、草珊瑚含片提供完整的市场诊断和品牌整合传播服务。作为江中集团核心战略合作伙伴，双方需要共同制定符合江中“基因”的战略，也需要在每一年寻找到突破现有格局的新业务，需要寻找新的产品进入市场。

2007年，一项针对探病市场的研究发现，消费者在给病人送礼过程中存在着几种需求：一是面子，二是对病人有帮助，三是安全。其中第一种需求已经获得了极大的满足，脑白金、黄金搭档、金日洋参、安利蛋白粉、深海鱼油等就是处于这个区间的品牌阵营；第二类帮助病人缓解病情、恢复身体的需求，也有阿胶、血尔等品牌；第三类安全的需求主要由各类食品占领，如核桃粉、蜂蜜等。

焦点广告在进一步的深访中发现，满足“安全的需求”对应的是一个价格低廉、品种繁多的竞争市场，价格区间为50～100元，食品居多，同质化严重，进入机会几乎没有；满足“面子的需求”市场，现有品牌众多，保健品居多，包装大、名气大、价格合理，进入的可能性也非常小；而满足“对病人有帮助的需求”则是一个相对的“空白”，其中一个原因是已有品牌不够强势，另一个原因是这些品牌在消费者头脑中和病人的对应度不高，进入的机会非常大。

能否把消费者头脑中已有的对病人有帮助的需求“亮”出来，用一个品牌、一个清晰的定位牢牢占领探病品类第一的位置？

营销和传播的一切都聚焦消费者重要的未满足的需求。营销的第一步是设计产品，一个好名字天生就是广告！焦点广告和江中集团市场部展开了多轮的“头脑风暴”，一个对病人康复有暗示和联想的名字在几百个名字中脱颖而出——初元。一个生病的人最想要的就是恢复元气，回到原来健康的样子。

取名的同时，江中集团开始了新产品的研发，针对病人手术伤口愈合以及衰弱病体康复推出了两款产品，而焦点广告也开始同步进行包装设计。

调研发现，探病送礼的单次购买价格在181～200元之间的占33%，其次141～160元占14%。探病礼品购买者年龄在25～35岁之间的占48%。这些消费者就是江中集团产品对话的人。这些花费相对高的人对礼品的追求除包装必须具备有档次、制作精美的特点外，还必须有适合病人的特性。焦点广告运用金、红作为送礼产品的主打色，术后为金，病后为红，初元醒目地位于包装正中，高档简洁的设计配合包装背面的图解，有效传递了初元的定位。

三、渠道——聚焦渠道空白，形成初元自己的旗舰店

围绕初元专为病人设计这一独特的定位，江中集团在进入渠道时发现，消费者在购买礼品尤其是购买相对贵重礼品时首选的渠道仍然是商超，探病礼品市场主要购买场所中大型超市占73%，其次才是药店和医院旁边的礼品店。如果初元的渠道策略按照消费者的购买习惯而言，一定会选择商超作为主战场，如果这样一定会面临一线保健品的拦截，也面临高昂的渠道成本。

定位非常聚焦，那么渠道的聚焦策略应该是什么？江中集团市场部通过和焦点广告的反复探讨论证，双方明确了一系列的渠道执行战术。在主要的商超和传统保健品推广方式形成区隔，只陈列不起堆，尤其是避开传统保健品的传统节庆日起堆推广。旗舰店应该设在离病人最近的地方，医院旁的礼品店成为初元的示范店，从内到外武装到牙齿，达到宣传初元、陈列初元、促销初元的多重目的。

第一轮的旗舰店执行方案进展顺利，针对医院渠道的特殊推广也同步试点展开。

在初元上市过程中，焦点广告发现品牌定位后进入营销的其他环节，如渠道、推广、促销、公关，如果没有一个清晰的聚焦意识，聚焦在自己的领域内，随时可能面临“失去经营核心”即失焦的危险(unfocusing)。因此，焦点广告对初元的执行策略确定了一个“空白原则”，进入传统保健品的空白地带，坚决不进入竞争激烈的主跑道，把聚焦的原则运用在产品设计、渠道推广、广告传播的各方面，真正实现从定位到占位的关键一跳。

四、传播——从定位到占位的关键一跳

定位是帮助品牌找到消费者头脑中已经存在，而其他竞争者尚未占据的位置。

定位之后能否成功占领这个位置，需要传播的聚焦，否则，执行中的错位或者失焦，都会导致无法成功占位或者需要花费更长的时间占位。

初元的实质是什么？是适合病人使用的产品。由于探病市场先天存在着送的人不吃，吃的人不送的现状，因此确定推广策略是从礼品突围。广告传播的第一个任务是抢占送病人的位置，因此，广告篇围绕适合病人展开送礼理由创意，从病人的不同需求出发，有的人需要伤口愈合，有的人需要补充营养，初元针对不同病人推出不同产品，帮助病人早日康复。因此，初元是专为病人设计的营养品。

要想快速占领探病礼品的位置，电视传播是最有效的媒体。第一条广告片投放后，江西、陕西试点良好，获得了预期的市场尝试率。2008年6月，初元拉开了全国推广战，中央台加上超过15个卫视联播形成的立体传播阵容，在短短半年内获得了巨大的市场反响。同年11月，初元的品牌跟踪研究显示其知名度达到50%，品牌指数也呈现良好上升态势。

第一波广告成功建立了送礼者的快速尝试，紧密的跟踪调查发现，重视病人的送礼者往往是和病人关系密切的亲人、亲友，他们对礼品选择的第一性是考虑对病人有好处，对价格的敏感不高。尝试的人群特点和焦点广告选择的初元代言人非常接近。初元的实质是适合病人康复的产品，因此专业的形象才是初元的本质形象，也是达成使用者再次使用的根本理由。焦点的深度研究发现，探病礼品和其他礼品最大的不同在于很少转送，因此传播的目的不仅仅是送，而且是需要病人服用，使病人相信初元对自己的康复有好处从而达成再次服用。因此围绕产品机理、服用方法、使用体验的深度宣传形成了对广告片的有效补充，系列专题片(实验篇、证言篇以及采访篇)的推出达成了收礼者对初元的信心和期待。

焦点广告相信，选择礼品进入病人市场只是一个推广策略。初元能否从礼品顺利延展到自用，是营销及推广是否成功的关键。围绕初元的品牌规划，聚焦传播的整合将是更为重要的工作。在一个空白的市场坚持用持续的策略，一定会获得长久的成功!

初元在每个市场都有很好的口碑，有两个市场真实的案例：一个是副市长生病住院，他一个人收到了16盒初元，身为副市长的病人对探望者的用心非常感动。另一个是一个放化疗的病友连续服用了64盒初元，他这样告诉江中市场部：我的小孩还小，我每次放化疗以后都希望自己能够快点好，能陪着小孩一起长大。喝了初元以后，我自己感觉有起色，状态、精神都好了，因此，我要买整箱的单瓶，不要盒子。

倾听了消费者的反馈，初元的自用市场还会远吗？一定会很近。

(资料来源：http：//wenku. baidu. com/view/1bbcb4a20029bd64783e2c6b. html)

▶ 思考分析

1. 初元产品的目标市场是如何进行细分的？其细分是否成功？请分析原因。
2. 初元产品采取了什么样的市场定位？请分析说明。

相关知识

5.1 市场细分

在营销环境分析的基础上，企业通过市场调研进一步掌握了市场需求和消费者的购买心理，接着是市场细分和目标市场选择。在买方市场的情况下，除了极个别的产品外，大多数产品对顾客而言，都有很多种选择。同时，任何企业也不可能满足一种产品的所有市场需求，而只能满足其中一部分消费者的需要。企业怎样把“这一部分顾客”筛选出来，确定为自己的主攻市场即目标市场，并充分利用企业资源，发挥企业优势，树立企业特色，制定出有针对性的市场营销策略？这就需要对市场进行细分。

所谓市场细分，是指营销者通过市场调研，依据消费者的需求特点、购买行为等方面的差异性，把消费者整体市场划分为具有类似性的若干个购买群体的过程。

5.1.1 市场细分的作用

1. 有利于企业发现新的营销机会

通过市场细分，企业易于发现未被满足的消费需求，寻找到市场的空白点。如果企业能够满足这些消费需求，就可以将其作为自己的目标市场，这就是市场细分给予企业的营销机会。日本钟表企业在美国钟表市场所发现的营销机会，就是通过市场细分，发现高档手表市场已被瑞士的名牌手表所占领，且竞争激烈；而中低档市场顾客需求并未得到很好满足，于是决定开发中低档手表，满足这一层次顾客的需求。实践证明这一决策是正确的。

2. 有利于企业巩固现有的市场

通过市场细分，企业可以了解现有市场各类顾客的不同消费需求和变化趋势，可以有针对性地开展营销活动，最大限度地满足市场需求，从而达到让现有顾客满意、巩固现有市场的效果。美国宝洁公司，通过市场细分，开发了去头屑的“海飞丝”、使头发柔顺的“飘柔”、营养发质的“潘婷”、超乎寻常呵护的“沙宣”，可以供不同顾客选择，使公司一直保持洗发水市场的领先地位。

3. 有利于企业正确制定营销策略

市场细分是企业制定营销战略和策略的前提条件。一个企业的营销战略和策略都是具体的，都是针对自己的目标市场而制定的。通过市场细分，企业可以正确地选择目标市场，采取相应的营销组合，制定正确的产品策略、价格策略、分销策略和促销策略，实现企业营销目标。

4. 有利于企业有效地利用营销资源

这一点对于中小企业特别重要。通过市场细分，可以抓住大企业留下的市场空缺，集中企业营销资源，选择最适合自己经营的细分市场，发挥营销优势和特色，在竞争激烈的市场中得以发展。

应用案例5-1

海尔小冰箱成功进入美国市场

海尔集团(简称海尔)在营销时发现，美国大学生租的房子很小，根据这样的市场情况，海尔在小冰箱上加了一个折叠台，将冰箱和电脑桌合二为一，创造了一款电脑桌冰箱。这款产品推出后，迅速风靡美国各大高校，并迅速占领美国市场50%

以上的份额。数年后，当这批大学生长大参军后，仍然钟情于海尔冰箱，甚至出现美国驻日本冲绳岛的军人点名购买海尔冰箱，这表明一个优秀的品牌被消费过后，就会被认可，就会创造出品牌的忠诚度。据不完全统计，截至2008年，全球有超过5 200万个家庭，大约超过2.6亿个用户正在使用海尔冰箱。海尔集团副总裁周云杰说，海尔产品在美国的市场份额在不断扩大。在200升以下的冰箱市场中，目前海尔产品已经占据美国市场约30%；如果加上其他产品，海尔占有的平均市场份额约为8%；和其他同类厂家相比，海尔的综合势力在美国和全球排名均为第四。

▶ 分析提示

在进入新的市场时，可以应用市场细分原理，对市场进行有效的细分，争做细分市场的领导品牌。

（资料来源：http：//blog. sina. com. cn/s/blog _ 4a6d983701008sr8. html）

名人名言

从本质上讲，营销是一门研究“买”和“卖”的科学和艺术——对消费者、渠道成员、公众以及相关群体的关注与研究，其根本目的仍旧是为了把自己的产品(服务)卖得更好。

——联纵智达咨询集团董事长、首席营销顾问　何慕

5.1.2 市场细分的原则和标准

1. 市场细分的原则

1）可衡量性

可衡量性指企业对细分市场的购买力、市场需求和市场规模能够进行数量化的准确评估，并可以获取有关顾客的具体资料。而有些细分标准企业不易获取，或令人捉摸不定，难以衡量和测算，则不能作为细分标准。

2）可进入性

可进入性指细分出来的市场是企业通过营销能力能够进入的市场。这些细分市场能使企业资源得到利用，生产的产品能够满足消费者需求；能将企业的产品送抵消费者；能把企业信息通过适当媒体传送给顾客。

3）可盈利性

可盈利性指细分出来的市场要有足够的市场容量，使企业能够获得目标利润。如果市场容量太小，分得过细，则产品销量和盈利都得不到保证，就不能作为细分标准。当然，市场容量不仅要考虑现实的购买力，还要考虑潜在的购买力，这样的细分市场才有发展前途。

4）相对稳定性

相对稳定性指细分出来的市场必须具有相对的稳定性，能保证企业有足够时间实施营销方案以进入市场、获取盈利。如果市场变化太快，企业还没来得及实施其营销方案，目标市场已面目全非，这样的市场细分就没有意义了。

2. 市场细分的标准

消费者市场细分的标准主要分为四大类：地理因素、人口因素、心理因素、行为因素，各类细分标准见表5-1。

表5-1 消费者市场细分标准

细分标准	具体变量
地理因素	国家、地区、城市、乡村、城市规模、人口密度、气候、地理地貌等
人口因素	年龄、性别、家庭规模、家庭收入、文化水平、职业、宗教信仰、国籍、民族、家庭生命周期等
心理因素	消费者的个性、购买动机、价值取向、生活方式、社会阶层等
行为因素	消费者的购买动机，购买状况，使用习惯，对品牌的忠诚度，对质量、广告和服务的信赖程度等

1）地理因素

不同地理环境下的消费者，由于气候、生活习惯、经济水平等不同，对同一类产品往往会有不同的需求和偏好，以至于对企业的产品、价格、销售渠道及广告等营销措施的反应也常常存在差别。例如，我国的茶叶市场，南方消费者喜欢红茶和绿茶，华北、华东地区消费者喜欢花茶，而少数民族地区的消费者喜欢砖茶。又如我国的食品市场，不同地区有不同的口味，所谓“东甜南辣西酸北咸”；南方以米饭为主食，北方以面粉为主食。我国的地形可分为山区、平原、丘陵；气温可分为热带、温带、寒带；湿度可分为干旱地区、多雨地区。自然条件不同，消费者的市场需求也就不同，如风扇市场，热带地区一室多扇，而寒带地区则可以常年不需风扇；在洗衣机市场中，由于多雨地区湿度大，所以顾客喜欢有脱水、烘干的功能。

2）人口因素

不同年龄、性别、收入、职业、教育水平、宗教、种族或国籍的消费者，会有不同的价值观念、生活情趣、审美观念和消费方式，因而对同一类产品，必定会产生不同的消费需求。人们在不同的年龄阶段，由于生理、心理等因素的不同，对商品的需求和欲望有着很大的区别。收入水平不同的顾客，在购买时对商品的要求也不同，高收入的顾客，对产品比较注重“质”的需求，选择的购物场所一般为百货公司和专卖店；低收入的顾客，则侧重“量”的需求，通常喜欢到廉价的货仓商场、超市及普通商店。但若以收入作为细分标准，不应忽视低收入群体由于“补偿”心理或自身水平有限，也会购买高质量、高价格的产品。文化程度不同，人们的价值观、信念、习惯等也存在较大的差异；职业特点不同，人们的购买特点也存在差异。例如，工人、农民、教师、艺术家、干部、学生，对报纸、书刊的消费有明显的不同。

3）心理因素

以上地理因素、人口因素相同或相近的顾客，对同一产品的爱好和态度也会截然不同，这主要是心理因素的影响。生活方式是人们生活的格局和格调，表现人们对活动、兴趣和思想的见解，人们形成的生活方式不同，消费倾向也不同。例如，妇女服装可根据顾客的不同生活方式，分别设计出“朴素型”、“时髦型”、“新潮型”、“保守型”、“有男子气型”等。购买动机是指顾客购买行为的直接原因。有些人为实用而购买，有些人为价格便宜而购买，有些人为追赶时髦而购买。不同性格的顾客对产品的要求不同。例如，对产品的色彩，内向的人比较喜欢冷色调，外向的人却喜欢暖色调；对产品的款式，追求独特的人喜欢标新立异，依赖的人却爱跟随众人。

4）行为因素

行为因素是按照顾客购买过程中对产品的认知、态度、使用来进行细分。例如，旅行社可为每年的几个公众长假提供专门的旅游线路和种类，为中小学生每年的寒暑假提供专门的旅游服务。顾客对产品的购买所追求的不同利益是细分市场的一种有效的依据。例如，钟表市场上，购买手表的消费者追求的利益大致可以分为三类：一是追求价格低廉；二是侧重耐用性和产品的质量；三是注重产品品牌的声望。因此，生产钟表的企业，如果用追求的利益来细分市场，就必须了解消费者在购买某种产品时所寻求的主要利益是什么；了解寻求某种利益的消费者主要是哪些人；还要了解市场上满足这种利益的有哪些品牌；哪种利益还没有得到满足。然后确定自己的产品应突出哪种特性，以最大限度地吸引某一个消费者群。美国学者 Haley 曾运用利益对牙膏市场进行细分而获得成功。他把牙膏需求者寻求的利益分为经济实惠、防治牙病、洁齿美容、口味清爽四种。

5.1.3 市场细分的方法和步骤

1. 市场细分的方法

按照选择市场细分标准的多少，市场细分可以有以下三种方法。

1）单一变数法

单一变数法是指只选择一个细分标准进行细分市场的方法。例如，玩具市场，不同年龄的消费者对玩具的需求不同，可按年龄标准将市场细分为：1～3 岁玩具市场，4～5 岁玩具市场，6～7 岁玩具市场，8～12 岁玩具市场，12 岁以上玩具市场等几个细分市场。1～3岁的玩具应该具有启蒙功能，而 12 岁以上的玩具应具有益智或科技功能。

2）综合变数法

综合变数法是指只选择两个以上(少数几个)的细分标准进行细分市场的方法。例如，某公司对家具市场的细分采用了三个标准见表 5－2。

表 5－2　某公司对家具市场的细分

户主年龄	65 岁以上、50～64 岁、35～49 岁、18～34 岁
家庭人口	1～2 人、3～4 人、5 人以上
月收入水平	1 000 以下、1 000～3 000、3 000 以上

3）系列变数法

系列变数法(完全细分法)是指根据企业经营的需要，选择多个细分标准，由大到小、由粗到细进行系列细分市场的方法。例如，某服装公司选择多标准对服装市场进行细分，如图 5.1 所示。

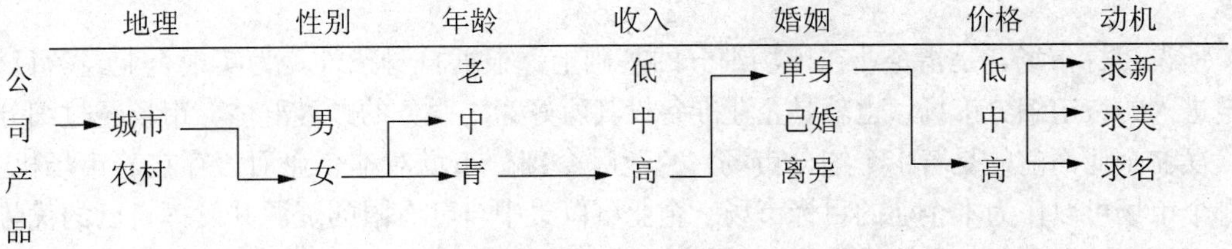

图 5.1　某服装公司对服装市场的市场细分

2. 市场细分的步骤

市场细分作为一个比较、分类、选择的过程，应该按照一定的程序来进行，通常有这样几个步骤。

(1) 正确选择市场范围。

企业根据自身的经营条件和经营能力确定进入市场的范围，如进入什么行业，生产什么产品，提供什么服务。

(2) 列出市场范围内所有潜在顾客的需求情况。

根据细分标准，比较全面地列出潜在顾客的基本需求，作为以后深入研究的基本资料和依据。

(3) 分析潜在顾客的不同需求，初步划分市场。

企业将所列出的各种需求通过抽样调查进一步搜集有关市场信息与顾客背景资料，然后初步划分出一些差异最大的细分市场，至少从中选出三个分市场。

(4) 筛选。

根据有效市场细分的条件，对所有细分市场进行分析研究，剔除不合要求、无用的细分市场。

(5) 为细分市场定名。

为便于操作，可结合各细分市场上顾客的特点，用形象化、直观化的方法为细分市场定名，如将某旅游细分市场分别定名为商人型、舒适型、好奇型、冒险型、享受型、经常外出型等。

(6) 复核。

进一步对细分后选择的子市场进行调查研究，充分认识各细分市场的特点，本企业所开发的细分市场的规模、潜在需求，还需要对哪些特点进一步分析研究等。

(7) 决定细分市场规模，选定目标市场。

企业在各子市场中选择与本企业经营优势和特色相一致的子市场，作为目标市场。没有这一步，就没有达到细分市场的目的。

经过以上七个步骤，企业便完成了市场细分的工作，就可以根据自身的实际情况确定目标市场并采取相应的目标市场策略了。

5.2 选择目标市场

5.2.1 目标市场分析

所谓目标市场，是指企业在市场细分的基础上，根据自身条件，为实现企业经营目标，决定进入的特定细分市场，也就是企业准备投其所好为之服务的顾客群体。市场经过细分之后，摆在企业面前的是若干个细分市场，究竟哪个细分市场对本企业而言存在着市场机会？即哪个市场可以作为本企业的目标市场？企业可以集中自己有限的资源并发挥自己的优势为目标市场的消费者服务，同时也取得相应的经济回报。因此，企业确定目标市场之前，要对细分市场进行分析评估。分析评估细分市场应从三方面考虑：一是各细分市场的规模和潜力；二是各细分市场的吸引力；三是企业本身的目标和资源。图 5.2 为企业确定目标市场的步骤。

细分市场 → 评价细分市场 → 确定目标市场 → 制定目标市场策略

图 5.2　确定目标市场的步骤

5.2.2 选择目标市场策略

企业对目标市场的选择还需要考虑其市场策略问题，即决定采取何种市场营销策略进入目标市场，直至占领该目标市场。一般而言，企业可以根据具体条件选择以下三种目标市场策略。

1. 无差异性市场策略

无差异性市场策略是指企业面对整个市场，只提供一种产品，采用统一的市场策略吸引所有的顾客。采用此策略的企业把整个市场看做一个整体，不需要进行市场细分。

无差异性市场策略的最大优点是成本的经济性。大批量的生产必然降低单位产品成本，能节省大量的调研、产品开发、广告宣传、管理等费用，从而取得较佳的经济效益。缺点是市场适应性较差。市场环境是在变化的，随着消费者经济收入的提高，一种产品能长时间被所有消费者接受的情况是极少的。

应用案例 5-2

可口可乐的早期目标市场策略

在相当长的一段时间内，可口可乐公司因拥有世界性的专利，仅生产一种口味、一种规格和形状的瓶装可口可乐，连广告词也只有一种。它所实施的就是无差异性市场策略，期望凭借一种可乐来满足所有消费者对饮料的需求。

▶ **分析提示**

无差异性市场策略的实施需要企业产品具有独特的地方。

（资料来源：http：//wenku. baidu. com/view/152f1463caaedd3383c4d3ae. html）

名人名言

如果想法改变，态度就会改变；如果态度改变，行为就会改变；如果行为改变，习惯就会改变；如果习惯改变，人格就会改变；如果人格改变，命运就会改变；如果命运改变，人生就会改变。只要决心成功，失败永远不会把我击垮！

——奥格·曼狄诺

2. 差异性市场策略

差异性市场策略是指企业对整体市场进行细分，根据企业的资源与营销实力，选择不同数目的细分市场作为自己的目标市场，为所选择的各目标市场设计不同的产品，采取不同的营销组合策略，满足不同目标顾客的需要。

差异性市场策略的最大优点是市场适应性强。能够有针对性地满足不同顾客群体的消费需求，扩大市场范围，提高产品的竞争能力，提高市场经营抗风险能力。最大不足是在推动销售额上升的同时，也在推动成本的增加，企业的效益并无保证。

3. 集中性市场策略

集中性市场策略是指在市场细分的基础上，选择一个或少数几个细分市场作为企业的目标市场，经营一类产品，实施一套营销策略，集中企业的资源和实力为之服务，争取更大的市场份额。

集中性市场策略一般适用于中小企业，或企业发展的初期。这一策略的优点是能够发挥企业的资源优势，集中资源在小市场获得营销成功；不足是经营风险较大。一旦市场发生突然变化，会使企业陷入困境。

以上三种目标市场策略见表5-3。

表5-3 选择目标市场策略

市场策略名称	图示
无差异性市场策略	市场营销组合 → 整体市场
差异性市场策略	细分市场Ⅰ → 市场营销组合Ⅰ 细分市场Ⅱ → 市场营销组合Ⅱ 细分市场Ⅲ → 市场营销组合Ⅲ
集中性市场策略	某一细分市场 → 市场营销组合

5.2.3 影响目标市场策略选择的因素

实践说明，企业在选择自己的目标市场策略时要综合考虑如下五个方面的主要因素。

1. 企业资源

如果企业资源雄厚，可以考虑实行差异性市场策略；否则，最好实行无差异性市场策略或集中性市场策略。

2. 产品同质性

产品同质性是指产品在性能、特点等方面的差异性的大小。对于同质产品或需求上共性较大的产品，一般应实行无差异性市场策略；反之，对于异质产品，则实行差异性市场策略或集中性市场策略。

3. 市场同质性

如果市场上所有顾客在同一时期偏好相同，购买的数量相同，并且对市场策略刺激的反应相同，则可看成同质市场，可实行无差异性市场策略；反之，如果市场需求的差异较大，则为异质市场，应采用差异性市场策略或集中性市场策略。

4. 产品生命周期阶段

处在介绍期和成长期的新产品，市场策略重点是启发和巩固消费者的偏好，最好实行无差异性市场策略或针对某一特定子市场实行集中性市场策略；当产品进入成熟期时，市场竞争激烈，消费者需求日益多样化，可改用差异性市场策略来开拓新市场。

5. 竞争对手的战略

如果强大的竞争对手实行的是无差异性市场策略，企业则应实行集中性市场策略或更深一层的差异性市场策略；如果企业面临的是较弱的竞争者，必要时可采取与之相同的策略，凭借实力击败竞争对手。

5.3 市场定位

5.3.1 市场定位的含义和作用

1. 市场定位的含义

市场定位又称产品定位或者竞争定位，是美国营销学家杰克·特劳特提出的，其含义是企业根据目标市场上同类产品竞争状况，针对顾客对该类产品某些特征或属性的重视程度，为本企业产品塑造强有力的、与众不同的鲜明个性，并将其形象生动地传递给顾客，求得顾客认同。市场定位的实质是使本企业与其他企业严格区分开来，使顾客明显感觉和认识到这种差别，从而在顾客心目中占有特殊的位置，如图 5.3 所示。

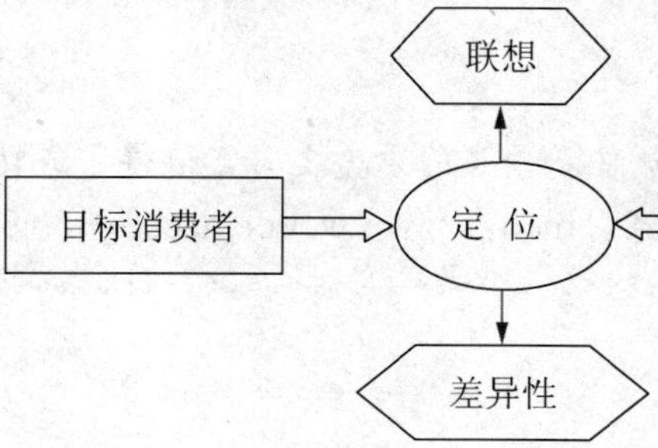

图 5.3 定位概念图

2. 市场定位的作用

首先，市场定位有利于建立企业及产品的市场特色，是参与现代市场竞争的有力武器。在现代社会中，许多市场都存在严重的供大于求的现象，众多生产同类产品的厂家争夺有限的顾客，市场竞争异常激烈。为了使自己生产经营的产品获得稳定销路，防止被其他厂家的产品所替代，企业必须在各方面树立起一定的市场形象，以期在顾客心目中形成一定的偏爱。例如，美国摩托罗拉公司在世界电信设备市场上，成功地塑造了质量领先的形象，从而在激烈的市场竞争中居于领先地位。在不到十年的时间内，由一家小公司上升到世界十大“名牌”公司之一。

其次，市场定位决策是企业制定市场营销组合策略的基础。企业的市场营销组合要受到企业市场定位的制约。例如，假设某企业决定生产销售优质低价的产品，那么这种定位就决定了：产品的质量要高；价格要定得低；广告宣传的内容要突出强调企业产品质优价廉的特点，要让目标顾客相信货真价实，低价也能买到好产品；分销储运效率要高，保证低价出售仍能获利。也就是说，企业的市场定位决定了企业必须设计和发展与之相适应的市场营销组合。

应用案例 5-3

力士香皂的市场定位

力士是国际上风行的老品牌，70 多年来在世界 79 个国家用统一策略进行广告宣传，并始终维护其定位的一致性、持续性，因而确定了自己国际知名品牌的形象。力士香皂的定位不是清洁、杀菌，而是美容。相较清洁和杀菌，美容是更高层次的需求和心理满足，这一定位巧妙抓住人们的爱美之心。如何表现这一定位，从而与消费者进行沟通？力士打的是明星牌。通过国际影星推荐，力士很快获得全球的认知。同时，用影星来说“美容”，把握了人们偶像崇拜以及希望像心中偶像那样被人喜爱的微妙心理。

▶ **分析提示**

力士香皂的市场定位很好地抓住了顾客的爱美之心，取得了成功。

（资料来源：http：//www.docin.com/p－57771037.html）

名人名言

我拼命工作不是三餐。人生就是一连串面临克服挑战的过程，克服了一个挑战，再面临另一个新的挑战，再去克服它，在这连续不断克服挑战的过程中，我获得人生最大的快乐！

—— 原一平

5.3.2 市场定位的策略和方法

1. 市场定位的策略

市场定位策略的核心问题，是本企业(企业产品)与其他竞争对手的关系问题，显示的是一种产品或一家企业与类似产品或企业之间的竞争关系。

(1) 避强定位策略。

企业力图避免与实力最强或较强的其他企业直接发生竞争，将自己的产品定位在与竞争对手不同的市场区域内，使自己的产品在某些特征或属性方面与最强或较强的对手有显著的差异。这种方式的优点是：能够迅速地在市场上站稳脚跟，并能在消费者或用户心目中迅速树立起一种形象。由于这种定位方法的市场风险较小，成功率较高，常常为多数企业所采用。

(2) 对抗性定位策略。

企业根据自身的实力，为占据较佳的市场位置，不惜与市场上占支配地位的、实力最强或较强的竞争者发生正面竞争，从而使自己的产品进入与对手相同的市场位置。这种定位的方式有时会产生激烈的市场竞争，有较大的市场风险，但不少企业认为由于竞争者强大，能够激励自己奋发上进，一旦成功就会取得巨大的市场优势，且在竞争过程中往往能产生轰动效应，可以让消费者很快了解企业及其产品，企业易于树立市场形象。例如，可口可乐与百事可乐之间持续不断的争斗，“肯德基”与“麦当劳”的对抗等。实行对抗性定位，必须知己知彼，应清醒估计自己的实力，不一定要压垮对方，只要能够平分秋色就是巨大的成功。

(3) 跟随定位策略。

跟随定位是指企业将产品定位在某一个竞争者的同一位置上，与现有竞争者和平共处。对于竞争者而言，如果有足够的市场份额而且既得利益没有受到多大损失，它们一般不在乎身边多一个竞争对手的，因为激烈的对抗常常会两败俱伤。很多实力不是太雄厚的企业经常采用这种定位战略。实行跟随定位策略必须注意不要试图压垮对方，只要能够平分秋色已是巨大的成功。

(4) 重新定位策略。

重新定位是指随着企业的发展、技术的进步、市场环境的变化，企业对过去的定位作修正，以使企业拥有比过去更多的适应性和竞争力。一般而言，主要有以下几种情况：①企业的经营战略和营销目标发生了变化；②企业面临激烈的市场竞争；③企业为适应目标顾客的新需求。企业的市场定位应该是一个动态战略过程，需要针对新的环境、新的需求、新的企业战略而不断调整。

应用案例5-4

万宝路香烟的重新定位

万宝路香烟刚进入市场时，是以女性作为目标市场，其口味也特意为女性消费者而设计：淡而柔和。它推出的口号是：像五月的天气一样温和。从产品的包装设计到广告宣传，万宝路香烟都致力于目标消费者——女性烟民。然而，尽管当时美国吸烟人数年年都在上升，万宝路香烟的销路却始终平平。20世纪40年代初，菲利浦莫理斯公司被迫停止生产万宝路香烟。后来，广告大师李奥·贝纳为其做广告策划时，做出一个重大的决定，万宝路的命运也发生了转折。李奥·贝纳决定沿用万宝路品牌名对其进行重新定位。他将万宝路重新定位为男子汉香烟，并将它与最具男子汉气概的西部牛仔形象联系起来，吸引所有喜爱、欣赏和追求这种气概的消费者。通过这一重新定位，万宝路树立了自由、野性与冒险的形象，在众多的香烟品牌中脱颖而出。从20世纪80年代中期到现在，万宝路一直居世界各品牌香烟销量首位，成为全球香烟市场的领导品牌。

▶ **分析提示**

万宝路在进行了重新定位后获得了巨大的成功，但是重新定位存在风险，做决策时需要谨慎为之。

(资料来源：http：//hi.baidu.com/hydecong/blog/item/881ced082f6b033de92488f0.html，有删改)

名人名言

我们未来的富有不在于财富的积累，而在于观念的更新。

—— 彼得·德鲁克

2. 市场定位的方法

各个企业经营的产品不同，面对的顾客不同，所处的竞争环境也不同，因而市场定位所依据的方法也不同。总的来讲，市场定位的方法有如下几种。

(1) 根据产品特点定位。

构成产品内在特色的许多因素都可以作为市场定位所依据的方法，如所含成分、材料、质量、价格等。例如，“七喜”汽水的定位是“非可乐”，强调它是不含咖啡因的饮料，与可乐类饮料不同。“泰宁诺”止痛药的定位是“非阿斯匹林的止痛药”，显示药物成分与以往的止痛药有本质的差异。一件仿皮皮衣与一件真正的水貂皮衣的市场定位自然不会一样，同样，不锈钢餐具若与纯银餐具定位相同，也是令人难以置信的。

(2) 根据特定的使用场合及用途定位。

为老产品找到一种新用途，是为该产品创造新的市场定位的好方法。例如，小苏打曾一度被广泛地用做家庭的刷牙剂、除臭剂和烘焙配料，现在已有不少新产品代替了小苏打上述的一些功能。有家公司将小苏打定位为冰箱除臭剂，另外还有家公司将其当做调味汁和肉卤的配料，更有一家公司将小苏打作为冬季流行性感冒患者的饮料。我国曾有一家生产“曲奇饼干”的厂家最初将其产品定位为家庭休闲食品，后来又发现很多顾客购买目的是馈赠，所以又将其定位为礼品。

(3) 根据顾客得到的利益定位。

产品提供给顾客的利益是顾客最能切实体验到的，也可以用做定位的依据。例如，1975 年，美国米勒酿酒公司推出了一种低热量的“Lite”牌啤酒，将其定位为喝了不会发胖的啤酒，迎合了那些经常饮用啤酒而又担心发胖的人的需要。世界上各大汽车巨头的定位也各有特色，劳斯莱斯车豪华气派、丰田车物美价廉、沃尔沃车则结实耐用。

应用案例 5-5

劳斯莱斯的高质高价定位

劳斯莱斯汽车是富豪生活的象征。其昂贵的车价近 40 万美元。据说该车的许多部件都是手工制作，精益求精。出厂前要经过上万公里无故障测试。拥有这种车的顾客都具有以下特征：2/3 的人拥有自己的公司，或者是公司的合伙人；几乎每个人都有几处房产；每个人都拥有一辆以上的高级汽车；50%的人有艺术收藏，40%的人拥有游艇；平均年龄在 50 岁以上。可见，这些人买车并不是在买一种交通工具，而是在买一种豪华的标志。

▶ **分析提示**

为客户提供超出同类产品的最大化的利益和价值，顾客愿意为此付出更多的货币。

（资料来源：广东工业大学市场营销精品课程网，有删改）

名人名言

具体的问题成千上万，不过绝大多数可以归结为如下一句话：怎样才能赢?

——杰克·韦尔奇

(4) 根据使用者类型定位。

企业常常试图将其产品指向某一类特定的使用者，以便根据这些顾客的看法塑造恰当的形象。这种定位方式能在一定程度上满足顾客的心理需求，促进顾客对企业产生信任感。例如，劳力士手表定位于事业有成的高层人士；羽西化妆品定位于亚洲女性；法国名牌香水也都有不同的定位，如豪华贵妇、时髦女郎、职业妇女、青春少女。

事实上，许多企业进行市场定位的方法往往不止一个，而是多个方法同时使用。因为要体现企业及其产品的形象，市场定位必须是多维度的、多侧面的。与此同时企业的市场定位不是一成不变的，当企业外部环境及内部条件发生变化时，需要重新进行市场定位。

5.3.3 市场定位的步骤

企业的市场定位工作一般包括三个步骤：①调查研究影响市场定位的因素，确认目标市场的竞争优势所在；②选择企业核心优势定位；③传播企业的定位观念。

1. 调查研究影响市场定位的因素

1) 竞争者的定位状况

要了解竞争者正在提供何种产品，在顾客心中的形象如何，并估测其产品成本和经营情况。在市场上顾客一般最关心的是产品本身的属性(质量、性质、花色、规格等)和价格。

2) 目标顾客对产品的评价标准

要了解购买者对其所要购买产品的最大偏好和愿望，以及他们对产品优劣的评价标准是什么。例如，在服装市场，目标顾客最关心的是式样、颜色，还是质地、价格。企业应把握住顾客最关心的问题，作为定位决策的依据。

3) 目标市场潜在的竞争优势

企业要确认目标市场的潜在竞争优势是什么，然后才能准确地选择竞争优势。竞争优势有两种基本类型：①在同样条件下比竞争者定价低；②提供更多的特色产品满足顾客的特定需要，从而抵消高价格的不利影响。

2. 企业核心优势定位

企业通过竞争者在产品、促销、成本、服务等方面的对比分析，了解自己的长处和短处，从而认定自己的竞争优势，进行恰当的市场定位。

3. 传播企业的定位观念

企业在做出市场定位决策后，还必须大力开展广告宣传，把企业的定位观念准确地传播给潜在购买者，要避免因宣传不当在公众心目中造成误解。

项 目 实 施

任务5.1 产品市场细分实训

1）任务组织

以小组为单位，小组规模一般是3～5人，每小组选举小组长以协调小组的各项工作，教师提供必要的指导和建议，组织学生进行经验交流，并针对共性的问题在课堂上组织讨论和专门讲解。

2）任务内容

每组任选一熟悉的产品，开展调查，获取数据。各组运用适当的市场细分标准对所调查的产品进行细分，制作市场细分表，撰写《××产品市场细分分析报告》

3）任务总结

将分析报告制作成PPT进行汇报，同学互评、教师点评，然后综合评定本次各学习小组的实训成绩。

任务5.2 产品市场定位实训

1）任务组织

以小组为单位，小组规模一般是3～5人，每小组选举小组长以协调小组的各项工作，教师提供必要的指导和建议，组织学生进行经验交流，并针对共性的问题在课堂上组织讨论和专门讲解。

2）任务内容

以小组为单位，以任务5.1中所选产品为例，在市场细分、选择的目标市场的前提下，对该产品进行适当的市场定位，撰写《××产品市场定位分析报告》

3）任务总结

将分析报告制作成PPT进行汇报，同学互评、教师点评，然后综合评定本次各学习小组的实训成绩。

项 目 小 结

【知识要点】

市场细分是企业营销策略的第一步，根据细分标准对市场进行科学的划分，有利于企业开拓市场，捕捉商机。每个企业根据其自身的条件，选择那些能发挥自己优势的市场作为经营和服务的对象，这种抉择就是进行“目标市场营销”，已成为现代营销的核心战略。

市场定位是企业对目标消费者或者说目标消费市场的选择，是根据竞争者现有产品在市场上所处的地位和消费者或用户对产品某一特征或属性的重视程度，努力塑造出本企业产品与众不同的、给人印象鲜明的个性或形象，并把这种形象和个性特征生动有利地传递给目标顾客，使该产品在市场上确定强有力的竞争位置。

【实务重点】

市场细分的标准；市场细分的方法；目标市场策略；市场定位的策略。

职业能力训练

一、单选题

1. 市场细分的依据是(　　)。

A. 消费需求差异　B. 企业资源差异　C. 社会环境差异　D. 生活方式差异

2. 有效的市场细分必须具备以下条件(　　)。

A. 市场要有同质性、应变性、市场范围相对性

B. 市场要有可进入性、可变性、垄断性、同质性

C. 市场具有可测量性、需求大量性、效益性、应变性

D. 市场要有可衡量性、可进入性、可盈利性、相对稳定性

3. 以下的(　　)是指按照人口变量的因素来细分市场的标准。

A. 地理标准　B. 行为标准　C. 心理标准　D. 人口标准

4. 童鞋厂只生产儿童鞋，满足小孩穿鞋需求的目标市场模式称为(　　)。

A. 市场集中化　B. 产品专业化　C. 市场专业化　D. 选择专业化

5. 电脑生产商只生产电脑产品，可以同时向家庭、机关、学校、银行、企业等各类用户销售的目标市场模式称为(　　)。

A. 市场集中化　B. 产品专业化　C. 市场专业化　D. 选择专业化

6. 某工程机械公司专门向建筑业用户供应推土机、打桩机、起重机、水泥搅拌机等建筑工程中所需要的机械设备的目标市场模式称为(　　)。

A. 市场集中化　B. 市场全面化　C. 市场专业化　D. 选择专业化

7. 丰田汽车公司在全球汽车市场和索尼公司在全球电子产品市场上，均采取(　　)的目标市场模式。

A. 市场集中化　B. 市场全面化　C. 市场专业化　D. 选择专业化

8. 上海自来水公司的水供应给千家万户，应该采用(　　)。

A. 无差异性策略　B. 差异性策略　C. 集中性策略　D. 相关性策略

9. 某企业生产一种自行车，专供女学生上学与女青年上班之需，应该采用(　　)。

A. 无差异性策略　B. 差异性策略　C. 集中性策略　D. 相关性策略

10. 宝洁公司生产多种洗发水，如海飞丝、沙宣、飘柔等，满足不同市场的需求，它是采用(　　)。

A. 无差异性策略　B. 差异性策略　C. 集中性策略　D. 相关性策略

11. 如果企业资源有限，实力较弱，难以开拓整个市场，宜采取（　　）。
A. 无差异性策略 B. 差异性策略 C. 集中性策略 D. 相关性策略

12. 如果产品处在导入期、成长期时，企业宜采取（　）。
A. 无差异性策略 B. 差异性策略 C. 集中性策略 D. 相关性策略

13. 无差异性市场策略的最大优点是（　　）。
A. 成本的不经济性 B. 成本的经济性 C. 市场适应性强 D. 市场适应性差

14. 国内的酒类生产厂家根据消费者的需求特点，生产出不同档次、不同包装、不同价格、不同酒精度的产品，并采用不同的营销策略，取得了良好的效益。这是（　　）的具体运用。
A. 无差异性策略 B. 差异性策略 C. 集中性策略 D. 相关性策略

15. 对于同质产品，一般宜实行（　　）。
A. 无差异性策略 B. 差异性策略 C. 集中性策略 D. 相关性策略

二、多选题

1. 目标市场策略分析的内容包括（　　）。
A. 市场细分 B. 目标市场选择 C. 市场定位
D. 营销策略组合 E. 经济决策

2. 地理细分标准的变数有（　　）。
A. 地形 B. 气候 C. 城乡
D. 环境 E. 经济

3. 若强大的竞争对手实行的是无差异性市场策略，企业则应实行（　　）。
A. 大量市场战略 B. 多样化市场战略 C. 集中性市场策略
D. 无差异性市场策略 E. 差异性市场策略

4. 消费者市场细分标准通常可以分为（　　）。
A. 地理标准 B. 人口标准 C. 心理标准
D. 行为标准 E. 时间标准

5. 用购买行为作为细分市场的标准，通常可以考虑（　）等因素。
A. 购买时机 B. 寻求利益 C. 使用状况
D. 使用频率 E. 品牌忠诚度

6. 在选择目标市场时，可供考虑的市场覆盖模式有（　　）。
A. 市场集中化 B. 产品专业化 C. 市场专业化
D. 选择专业化 E. 市场全面化

7. 影响企业目标市场策略选择的因素有（　　）。
A. 企业资源 B. 产品特点 C. 市场特征
D. 产品生命周期 E. 竞争对手策略

8. 细分市场的评估一般从（　　）等方面来考虑。
A. 市场规模 B. 消费者收入 C. 增长潜力
D. 企业目标和资源 E. 市场的吸引力

9. 决定一个市场或细分市场是否具有长期盈利潜力的因素有(　　)。

A. 供应商　　B. 购买者　　C. 替代产品

D. 潜在的竞争者　　E. 现实的竞争者

10. 市场定位策略主要有(　　)。

A. 并列定位策略　　B. 对抗定位策略　　C. 填补定位策略

D. 积极定位策略　　E. 重新定位策略

11. 人口标准是指按照人口变量的因素来细分市场的标准。人口标准主要包括(　　)。

A. 经济收入　　B. 年龄　　C. 性别

D. 职业　　E. 教育程度

12. 心理标准是指按照消费者的心理特征来细分市场的标准。心理标准主要表现在(　　)等方面。

A. 经济收入　　B. 生活方式　　C. 消费个性

D. 购买动机　　E. 购买态度

13. 生产者市场有其独特的细分标准，主要包括(　　)等变量。

A. 人口　　B. 经营　　C. 采购方法

D. 情况因素　　E. 个性特征

14. 根据经营的产品不同，面对的顾客不同，所处的竞争环境不同，市场定位方法也不同，一般有(　　)。

A. 根据具体的产品属性定位

B. 根据具体的产品特色定位

C. 根据所提供的利益和解决问题的方法定位

D. 根据使用者的类型定位

E. 根据竞争者的需要定位

15. 一般而言，企业可以根据具体条件选择的目标市场策略有(　　)。

A. 无差异性策略　　B. 差异性策略　　C. 集中性策略

D. 相关性策略　　E. 个性化战略

三、判断题

1. 划分为城镇市场和农村市场，其划分标志是人口因素。(　　)

2. 人口标准易于统计且直接与市场规模相关，因此人口是市场细分最常用、最主要的标准。(　　)

3. 市场细分的可衡量性指企业对细分市场的购买力、市场需求和市场规模能够进行数量化的准确评估。(　　)

4. 实行无差异性市场策略的企业，面对整个市场，只提供一种产品，采用统一的营销策略吸引所有的顾客。(　　)

5. 市场专业化是指企业只选取一个细分市场，只生产一类产品，供应给一类顾客群，进行集中营销。(　　)

6. 某公司宣称为所有的男同胞提供各种各样的鞋子，这是市场集中化策略。(　　)

7. 小花园鞋店专门为成年女性提供布鞋，而不提供皮鞋、胶鞋，这是产品专业化。（ ）

8. 某制鞋总公司宣称能为所有的人提供各种各样的鞋，这是市场专业化。（ ）

9. 产品具有同性质，需求弹性较小的产品，宜取无差异性市场策略。（ ）

10. 消费者需求爱好相似，购买行为基本一致，宜取差异性市场策略。（ ）

11. 主要的目标市场定位策略有四种：填补定位、并列定位、对抗定位和聚焦定位。（ ）

12. “百事可乐，年轻一代的选择”是根据竞争的需要定位，而非根据饮用者的不同定位。（ ）

13. 产品处于投入期或成长期时，可采用差异性市场策略，以扩大市场规模，提高市场占有率。（ ）

14. 对于小企业而言，无差异性市场策略是最好的选择。（ ）

15. 如果企业能力有限，无力兼顾整个市场，则宜选择无差异性市场策略。（ ）

案例分析

中国移动通信：动感地带

中国移动通信集团公司作为国内专注于移动通信发展的通信运营公司，曾成功推出了“全球通”、“神州行”两大子品牌，成为中国移动通信领域的市场霸主。但市场的进一步饱和、联通的反击、小灵通的搅局，使中国移动通信市场弥漫着价格战的狼烟，如何吸引更多的客户资源、提升客户品牌忠诚度、充分挖掘客户的价值，成为运营商成功突围的关键。

麦肯锡对中国移动用户的调查资料表明，中国将超过美国成为世界上最大的无线市场，从用户绝对数量上说，到2005年中国的无线电话用户数量将达到1.5亿～2.5亿个，其中将有4 000万～5 000万用户使用无线互联网服务。资料还表明，25岁以下的年轻新一代消费群体将成为未来移动通信市场最大的增值群体。

中国移动通信敏锐地捕捉到这一信息，将以业务为导向的市场策略率先转向了以细分的客户群体为导向的品牌策略，在众多的消费群体中锁住15～25岁年龄段的学生、白领，产生新的增值市场。锁定这一消费群体作为自己新品牌的客户，是中国移动“动感地带”成功的基础。

1. 从目前的市场状况看

从目前的市场状况看，抓住新增主流消费群体。15～25岁年龄段的目标人群正是目前预付费用户的重要组成部分，而预付费用户已经越来越成为中国移动新增用户的主流，中国移动每月新增的预付卡用户都是当月新增签约用户的10倍左右，抓住这部分年轻客户，也就抓住了目前移动通信市场大多数的新增用户。

2. 从长期的市场战略看

从长期的市场战略看，培育明日高端客户。以大学生和公司白领为主的年轻用户，对移动数据业务的潜在需求大，且购买力会不断增长，有效锁住此部分消费群体，3～5 年以后将从低端客户慢慢变成高端客户，企业便为在未来竞争中占有优势埋下了伏笔，逐步培育市场。

3. 从移动的品牌策略看

从移动的品牌策略看，形成市场全面覆盖。全球通定位高端市场，针对商务、成功人士，提供针对性的移动办公、商务服务功能；神州行满足中低市场普通客户通话需要；"动感地带"有效锁住大学生和公司白领为主的时尚用户，推出语音与数据套餐服务，全面出击移动通信市场，牵制住了竞争对手，形成预置性威胁。

选定了目标市场，接下来就是如何建立符合目标消费群体特征的品牌策略并进行传播。因此，品牌名称、品牌个性、广告用语等都应吻合年轻人的心理特征和需求。中国移动通信采取如下做法：

(1) 动感的品牌名称。"动感地带"突破了传统品牌名称的正、稳，以奇、特彰显，充满现代的冲击感、亲和力，同时整套 VI(visual identity，视觉识别系统)系统简洁有力，易传播，易记忆，富有冲击力。

(2) 独特的品牌个性。"动感地带"被赋予"时尚、好玩、探索"的品牌个性，同时提供消费群以娱乐、休闲、交流为主的内容及灵活多变的资费形式。

(3) 炫酷的品牌语言。富有叛逆的广告标语"我的地盘，听我的"，及"用新奇宣泄快乐"、"动感地带(M－ZONE)，年轻人的通讯自治区！"等流行时尚语言配合创意的广告形象，将追求独立、个性、更酷的目标消费群体的心理感受描绘得淋漓尽致，与目标消费群体产生情感共鸣。

(4) 犀利的明星代言。代言人周杰伦，以阳光、健康的形象，同时有点放荡不羁的行为，成为流行中的"酷"明星，在年轻一族中极具号召力和影响力，与动感地带"时尚、好玩、探索"的品牌特性非常契合，可以更好地回应和传达动感地带的品牌内涵，从而形成年轻人特有的品牌文化。

(5) 整合的营销传播。选择目标群体关注的报刊媒体、电视、网络、户外、杂志、活动等，进行立体传播轰炸，在所有的营销传播活动中，都让目标消费群体参与进来，产生情感共鸣，特别是全国"街舞"挑战赛，在体验之中将品牌潜移默化地植入消费者的心智，起到了良好的营销效果。

"动感地带"凭借其市场细分和品牌策略，将中国电信市场从资源竞争带入了营销竞争时代。目前，"动感地带"的用户已远远超出一千万，并成为移动通信中预付费用户的主流。

(资料来源：http：//210.35.104.5/marketing/download/cases_8_7.pdf)

▶ 思考分析

1. 市场细分的主要变量是什么？中国移动通信是怎样进行市场细分的？

2. 选择目标市场时要考虑哪些因素？中国移动通信为什么把目标市场锁定在15～25岁的年龄段的学生、白领？

3. 动感地带的品牌策略有何特点？是如何传播的？

职业与发展

一、岗位名称：市场策划专员

1. 职位描述

(1) 针对企业和产品的实际情况，进行市场战略目标体系的策划。

(2) 研究市场的宏观方面的信息，包括市场动态、技术发展动态、国家与地方政策变化及趋势等，并收集产品与市场信息。

(3) 制定、规划公司品牌策略，包括新产品的定位、营销方案及整体设计，提升品牌销量。

(4) 负责企业形象、品牌形象、商业化包装的策划与管理，组织、编制大型市场规划、设计方案，指导制作各种宣传材料、产品说明书、销售支持材料等。

2. 任职要求

(1) 具备市场营销、广告、传播或相关专业专科以上学历，能够独立组织制订市场规划、市场销售策略、产品拓展等工作。

(2) 有较强的市场感知能力，敏锐地把握市场动态、市场方向的能力；具备大型活动的现场管理能力，有较强的表达、理解与公关能力以及团队合作精神。

(3) 有上进心，善于与人沟通，有较好的团队合作意识，责任心强。

(4) 能承受工作压力，有强烈的成功欲望，勇于挑战高薪。

二、企业市场部工作职责介绍

1. 市场推广

(1) 建立与业内专家良好的沟通平台。

(2) 有效执行市场部的管理策略。

(3) 制订企业年度学术支持计划和学术活动，更新和维护专家体系和目标客户。

(4) 产品信息的传播，包括制作产品数据表，手册，网站、Flash 演示、展会演示等。

(5) 市场调研，了解客户的需求，确立产品所处的行业环境以及在竞争中处的战略位置。

(6) 指定产品运营计划，及时反映客户使用本公司产品的相关信息、市场动态，积极根据市场变化做出预测，预先完成产品变更，并做充分的准备。

(7) 开展产品推广活动，汇总各区域推广活动的执行效果，重点在于区域推广活动对短期业务支持情况以及产品策略的匹配情况的分析，如有需要，根据目前市场情况及时做出调整。

(8) 统一安排各产品组市场信息收集工作，并进行必要的数据整合和分析，反馈信息。

(9) 协助完成产品立项，制订项目计划，根据计划跟踪项目进展，必要时争取追加投入，向主管报告项目进展状况。

2. 市场资讯的收集与分析

(1) 收集、分析政府产业政策、经济环境、行业动态等行业宏观资讯，并定期提出分析报告。

(2) 定期进行消费者调研，提出调研报告。

(3) 定期进行区域市场情况调查，并形成分析报告。

(4) 定期进行内部销售数据分析，形成分析报告。

(5) 收集分析竞品资讯。

3. 市场趋势及市场远程目标的研究及规划

(1) 分析研究市场趋势，并提出市场趋势报告及建议。

(2) 根据公司战略及市场趋势报告，研究及提出市场远程目标。

(3) 根据市场远程目标编制实施计划。

4. 品牌发展及品牌传播的管理

(1) 进行品牌定位，创造品牌个性，建立品牌识别系统。

(2) 根据公司发展需要，协助人力资源部组织对公司员工进行品牌知识培训。

(3) 制定品牌传播策略及计划，包括提出并实施品牌传播年度预算。

(4) 监控品牌传播的实施。

5. 促销管理

(1) 按年、月、市场、产品、促销类型等编制并执行促销预算。

(2) 制定并执行短、中、长期消费者促销、通路促销、广告、公关方案及计划。

(3) 执行促销方案，办理有关促销活动的公证手续，选择现场活动的场地并进行布置，准备宣传器材，联系参加现场活动宣传的外协团体和人员，对促销活动实况进行影像记录及保存归档，并于促销活动结束后评估促销效果。

(4) 研究促销理论，发展、创新促销技术。

(5) 对驻外机构组织的现场活动进行业务指导。

6. 新闻宣传

(1) 根据营销方案，研究、掌握公司发展形势和市场营销传播的需求，在此基础上制订新闻宣传和软新闻传播计划。

(2) 撰写并向新闻媒体发布新闻宣传稿件，对宣传内容进行审查、把关。

(3) 与各新闻媒体保持联系。

(4) 组写和发布有关企业产品宣传的稿件。

7. 广告方案设计与执行

(1) 设计、执行公司广告方案。

(2) 掌握、沟通和选择媒介信息。

(3) 办理相关广告发布的工商审查。

(4) 购买、发布具体广告段位。

(5) 签订和管理广告合同。

(6) 跟踪监控广告发布效果。

(7) 编制广告投放实况及预算执行情况的月报和年度报告。

8. 形象设计与制作

(1) 进行公司形象识别系统的创意设计。

(2) 进行公司影视广告的创意和制作。

(3) 研究、实施市场营销的创意设计和制作方案。

(4) 设计促销品的形象和传播方案。

(5) 研究、实施现场活动的形象设计方案和宣传器材设计与制作方案。

(6) 研究、实施公司包装物品、商标的创意设计方案。

(7) 监督公司所属各系统对形象识别的使用情况。

9. 促销品采购

(1) 根据营销方案采购促销品。

(2) 联系与促销品相关的行业，掌握有关信息。

(3) 选择促销品样式，确定采购渠道。

(4) 就促销品购买价格进行谈判。

(5) 办理所购促销品的入库手续。

(6) 处理所购促销品的质量纠纷。

(7) 编制促销品采购月报和年度报告。

10. 产品管理

(1) 产品结构管理，研究、设立合理的产品结构。

(2) 管理产品包装、定价等属性。

(3) 新产品开发。新产品概念的提出及新产品的开发。

模块三

价值创造篇

项目 6 制定产品策略

学习目标

【知识目标】

1. 理解产品的层次；
2. 了解产品的生命周期；
3. 掌握新产品开发的程序；
4. 了解包装的设计原则；
5. 理解品牌的含义。

【能力目标】

1. 具备撰写产品生命周期营销策略方案的能力；
2. 具备撰写企业新产品开发方案的能力；
3. 具备设计企业品牌塑造方案的能力。

【技能目标】

1. 通过产品生命周期的学习，具备延长产品生命周期的技能；
2. 通过新产品内容的学习，具备为企业选择恰当的新产品开发策略的技能；
3. 通过品牌策略的学习，具备为企业塑造品牌的技能。

案例引入

宝洁公司的品牌策略

宝洁公司于1836年在美国合资成立，是经历了170多年的风雨磨砺而建立起来的世界最大的日用品消费公司，拥有众多深受消费者信赖的优质、领先品牌。2006年财政年度，宝洁公司全年销售额达682亿美元，在全球“财富五百强”中排名81位，利润额达86.8亿，总品牌约有300个，涉及类型有美容美发、居家护理、家庭健康用品、健康护理、食品及饮料。

1988年，宝洁公司在广州成立第一家合资企业——广州宝洁有限公司，产品渐渐蔓延全国，并深受广大消费者的信赖，宝洁公司采用了多品牌、多个性的品牌策略，近几年在国内市场上投放产品品牌颇多：美容美发——海飞丝、飘柔、潘婷、玉兰油、沙宣、伊卡璐、SK－Ⅱ；家庭健康用品——帮宝适、佳洁士、欧乐—B、护舒宝、舒肤佳；居家护理——碧浪、汰渍、品客；剃须刀——吉列、金霸王、博朗、锋速。

与此同时，宝洁公司在中国的两大强劲对手联合利华集团、强生公司也同样采用了“一品多牌”的品牌策略，但宝洁公司运用此策略尤为突出，成为世界最大的日用品垄断企业。

一、品牌差异化定位

宝洁公司的多品牌策略是指追求同类产品不同品牌之间的差异，包括功能、包装、宣传等方面，从而形成每个品牌的鲜明个性，宝洁采用的品牌策略使每个品牌都有了自己的发展空间，市场就不会重叠，也不会导致市场中消费者对其品牌的混淆。以洗发水为例，宝洁公司在中国市场上推广的洗发水有6种：海飞丝、潘婷、伊卡璐、玉兰油、飘柔、沙宣。他们认为，不同的顾客希望从产品中获得不同的利益组合。有些人的发质偏油或干、中性，选择的洗发水应依发质的特性需求；有些人的发质易断、毛燥，选择洗发修复要求高；有些人的发质易出头皮屑，选择洗发去屑滋养的；还有一些人发质很好，却需要洗发有香味芬芳、柔和的。于是宝洁公司就利用了洗发水的6个细分市场，设计了适合中国人的6种不同的品牌。

二、制造“卖点”

“卖点”是由美国广告大师罗瑟·瑞夫斯提出的营销理论，其内容核心是：广告要根据产品的特点向消费者提出独一无二的说辞，并让消费者相信这一特点是别人没有的，或是别人没有说过，且这些特点能为消费者带来实实在在的利益。例如，“沙宣”的个性在于专业美发，“玉兰油”的个性在于对头发呵护滋养，而“伊卡璐”的个性则在于它独特的芬芳味道。在中国市场上推出的产品广告也更是出手不凡：“沙宣”洗发水，紫红色的包装，首先让人联想到老练、成熟、专业化，带给人一种稳妥安全之感；“玉兰油”洗发水，则给人以包装简单明了的温和呵护之感，给广大的消费群树立了呵护的信念；“伊卡璐”洗发水，包装则以透明、果色为主色调，上面图案是花草，透露着百草扑香的独特芬芳，吸引着众人的眼球。

宝洁公司多品牌策略的成功之处，不仅在于善于在一般认为没有缝隙的产品市场上寻找差异，生产出个性鲜明的商品，更值得称道的是能成功地运用营销组合的理论，将这种差异推销给消费者，并取得大众的认同。

三、一品多牌，独特之道

通常，多品牌策略是很难成功的，而单一的品牌延伸策略便于管理形象的统一，减少营销成本，易于被顾客接受。但单一的品牌延伸策略并非万全之策，因为一种品牌树立之后，容易在消费者心中形成固定的形象，从而产生顾客的心理定势，不利于产品的延伸。尤其像宝洁公司这样的横跨多种行业、拥有多种产品的企业更是如此。舒洁牌卫生纸原本是美国卫生纸市场的佼佼者，但是随着舒洁牌餐巾、面巾纸、纸尿布的问世，其公司在顾客心目中的形象出现混乱。最后，舒洁牌卫生纸的头把交椅很快被宝洁公司的 CHARMIN 卫生纸所取代。从这个事例中，宝洁公司吸取了教训，采用了一品多牌的品牌策略，使公司得到了很快的发展，树立了宝洁公司的新形象。

很多人认为，多品牌策略会造成企业产品相互残杀的局面，宝洁公司则认为，最好的策略就是自己不断攻击自己，这是因为市场经济是竞争经济，与其让对手开发出新产品去瓜分自己的市场，不如自己向自己挑战，战胜自己，让自己的产品品牌分别占领不同的市场，以巩固自己的领导地位。

(1) 从防御的角度看，宝洁公司这种多品牌的策略是打击对手、保护自己的最锐利的武器。

从顾客方面讲，宝洁公司利用多品牌策略频频出击，使公司在顾客心目中树立起实力雄厚的形象；利用一个产品多品牌从功能、价格、包装等各方面划分出多个市场，能满足不同层次、不同细分市场的需求，从而培养出消费者对本企业产品的品牌偏好，提高其忠诚度。

(2) 对竞争对手而言，宝洁公司的多品牌策略，尤其是像洗衣粉、洗发水这种“一品多牌”的市场，宝洁公司的产品摆满了货架，就等于从销售渠道减少了对手进攻的可能。从价格、功能等方面对市场的细分，更是令竞争者难以插足。这种高进入障碍无疑大大提高了对手的进攻成本，对自己而言就是一块抵御对手的盾牌。

通过宝洁公司的多品牌策略得出结论，这种策略固然有诸多好处，但还要注意在经营实践方面的几个问题：

(1) 经营多种品牌的企业要有相应的实力，品牌的延伸绝非朝夕之功。从市场调查，到产品推出，再到广告宣传，每一项工作都要耗费企业大量的人力、物力。

(2) 在具体操作中，一定要通过缜密的调查，寻找到产品的差异。

(3) 要根据企业所处行业的具体情况以进行选择，如宝洁公司所处的日用消费品行业，运用多品牌策略就易于成功。而一些生产资料的生产厂家则没有必要选择这种策略。

（资料来源：www.hu1982.com，有删改）

▶ 思考分析

1. 宝洁公司在经营中，采用了什么样的产品策略，使之成为世界上最大的日用品垄断企业？

2. 宝洁公司采用了哪些品牌经营策略？

3. 借鉴宝洁公司的多品牌策略时，在经营实践中应注意哪几个方面？

相关知识

6.1 产品及产品生命周期

6.1.1 产品

1. 产品的概念

市场营销学的产品概念有两方面的特点：①对消费者而言，产品不仅是指物质实体，而且还包括能满足人们某种需要的服务；②对企业而言，产品不仅指物质实体，而且还包括随同物质实体出售时所提供的系列服务。

2. 产品整体概念

从市场营销学的角度出发，产品的概念是一个整体概念。产品的整体概念包含核心产品、形式产品、期望产品、附加产品和潜在产品5个层次，如图6.1所示。

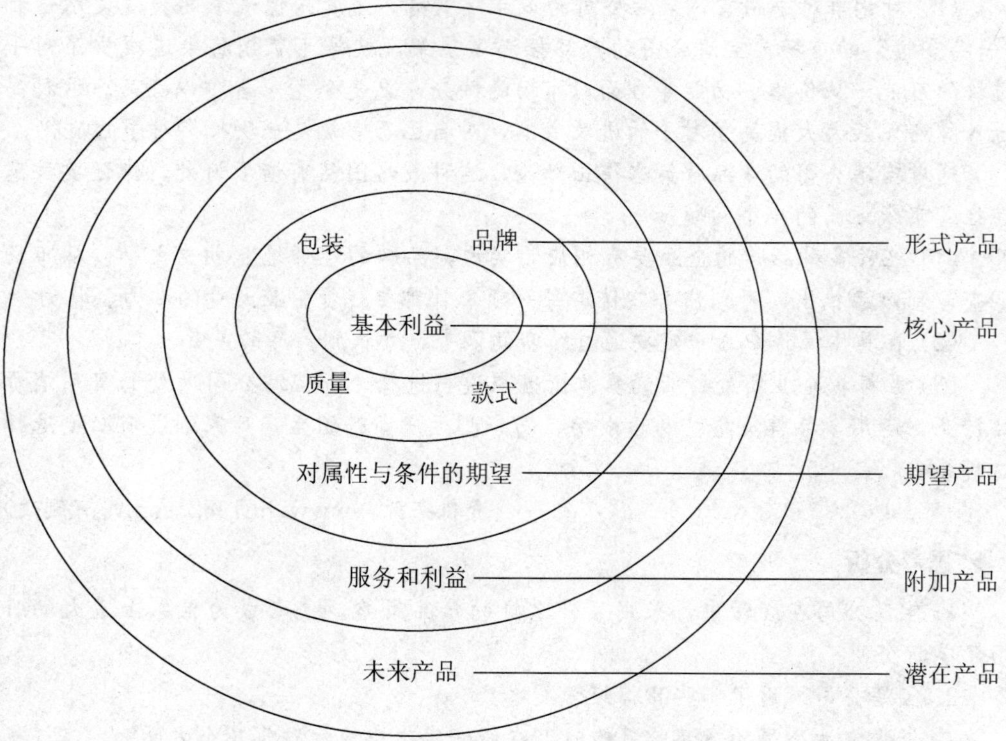

图6.1 整体产品概念图

1）核心产品

核心产品又称实质产品，是指产品能给消费者带来的基本利益和效用，即产品的使用价值，它构成了产品最本质的核心部分。消费者购买某种产品，并不是为了占有这个产品本身，而是通过对产品的消费来满足某种需要。例如，人们购买化妆品，是想通过化妆品的使用，让自己更年轻、更漂亮。

2）形式产品

形式产品是指消费者需要的产品实体的具体外观，是核心产品的表现形式。产品的基本效用必须通过形式产品才能有效地体现出来，才能为消费者所识别。形式产品通常包括品牌、特点、质量、包装、款式等。例如，电话机的核心功能是通话，还要配以一定的外观设计、颜色、形状、款式等，消费者才会满意。

3）期望产品

期望产品是指消费者在购买该产品时期望得到的与产品密切相关的一套属性和条件。例如，住宾馆的客人希望得到整洁的床铺、干净的毛巾等。

4）附加产品

附加产品是指消费者在购买产品时能得到的附加服务和利益。例如，产品的知识介绍、安装、技术指导、送货上门、修理服务等。不同企业提供的同类产品在核心产品、形式产品和期望产品层次上越来越接近，企业要赢得竞争优势，应着眼于比竞争对手提供更多的附加利益。

5）潜在产品

潜在产品是指现有产品包括附加产品在内的可能发展成为未来最终产品的潜在状态的产品。例如，彩电可以发展为多媒体终端。

产品的5个层次清晰地体现了以消费者为中心的现代营销理念。产品的整体概念从消费者的实际需要出发，以满足消费者的消费需求为目的，向消费者提供某种效用和利益，同时通过附加利益或服务，增加产品的价值，使消费者的需求得到最大满足。

应用案例6-1

麦当劳提供的整体产品

世界快餐的“航空母舰”——麦当劳成功的秘诀在于它所提供的产品具有整合概念，概括起来可用以下7个“F”说明。

新鲜(fresh)：美国人很重视食品的新鲜——豆子要碧绿，生菜要鲜嫩，鱼肉要洁白，油炸食品要酥脆。因此，优良的冷冻和通风设备必不可少，清洁的就餐环境至关重要。

饱(filling)：快餐要给人以物美价廉之感。为此，麦当劳在炸鸡上多撒些面包屑，把面包卷做得更厚，每份炸马铃薯片和生菜沙拉都更容易让人吃饱。同时，还注意各种食品中的营养搭配。

快(fast)：由于人们吃快餐的目的就是为了节省时间，因此，食品必须是速食品。为节约时间，柜台上设有多台付款机，以减少人们排队付款时间。麦当劳公司还在高速公路两旁建立了快餐店，司机们足不出车就可以拿到几分钟前所预订的食品。

油炸(fried)：美国人喜欢吃酥脆的油炸食品，但又不愿在家中做，因为会有讨厌的油炸气味和大量渣滓。麦当劳提供的油炸食品恰好又快捷又易携带。

家庭式(family)：忙碌的人们不常在家做饭，却想在外面找个家庭式的地方就餐，即餐厅符合家庭要求，包括食品对于孩子而言不能太腻且价格相对便宜，餐厅清洁卫生、通风明亮，一般不供应酒类。

浪漫感(fantasy)：在家庭氛围之余，还应让人感到就餐是一种享受，因此，麦当劳公司对有的店铺进行了怀古装饰，特别是运用了古老西部的装饰，以及西班牙殖民地时期的装饰。

福特主义(fordism)：通过采用自动化设备代替手工操作，精密分工，统一食品标准，来节省时间、降低成本，同时，可以保证人们在不同地方吃到的麦当劳食品都是一个口味。

▶ 分析提示

整体产品的概念决定了一个企业的成败，而不是核心产品，企业可以把核心产品做得很好，但是不见得能取得成功。

(资料来源：李航．有效管理者：产品战略[M]．北京：中国对外经济贸易出版社，1998)

名人名言

现代竞争并不在于各家公司在其工厂中生产什么，而在于它们能为其产品增加些什么内容，诸如包装、服务、广告、客户咨询、融资、送货、仓储，以及人们所重视的其他价值。

—— 李维特

6.1.2 产品生命周期

产品生命周期是指一种产品从投放市场开始一直到被市场淘汰为止的整个阶段，即该产品从上市到退出市场的时间间隔。

1. 产品生命周期的划分

任何一种产品，从进入市场开始到退出市场为止，都要经历一个产生、发展、成熟和衰落的过程。这一全过程一般可分为四个时期，即导入期、成长期、成熟期和衰退期。这一过程的形式，可用产品生命周期曲线图来表示，如图 6.2 所示。

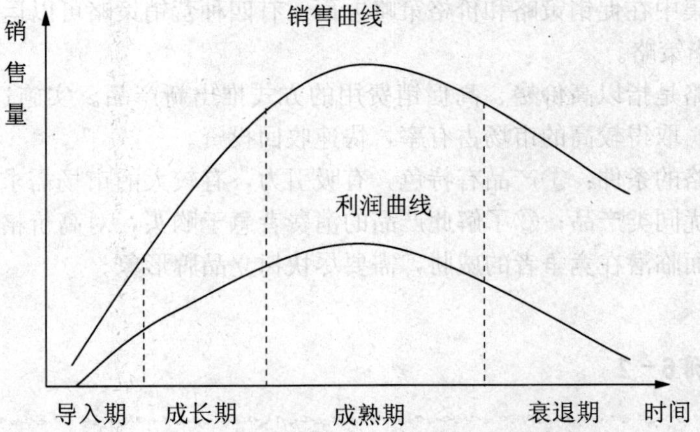

图6.2 产品生命周期曲线图

(1) 导入期：是指产品初次进入市场的时期。这一时期往往是产品销售呈现缓慢增长状态的阶段。

(2) 成长期：是指产品逐渐被了解，并被市场接受，且销售量迅速增加，企业进入规模化的生产时期。

(3) 成熟期：是指产品在市场上被大多数消费者所接受，市场销售额增长缓慢或呈现下降趋势的阶段。

(4) 衰退期：是指产品销售量迅速下降，利润也下降较快的时期。这一阶段，产品逐渐老化，呈现更新换代的趋势。

2. 产品生命周期的特征

在产品生命周期的不同阶段，由于需求水平、利润水平的不同，往往会呈现出各自不同的特征，见表6-1。

表6-1 产品生命周期各阶段的特征

特征	导入期	成长期	成熟期	衰退期
销售	销售量低	销售快速上升	销售高峰	销售下降
成　本	制造成本高	生产成本大幅下降	生产成本稳定	低成本
利　润	微小或亏损	利润上升	高利润	低利润或亏损
消费者	创新者	早期使用者	大众消费者	落后者
竞争者	甚微	逐渐增加	数量稳定	数量减少

3. 产品生命周期的策略

对于企业经营者而言，根据产品所处的不同阶段，制定不同的营销策略来适应市场是十分重要的。

1) 导入期的营销策略

这一阶段由于新产品刚投入市场，销售量少，企业基本无利可图或者获利甚微，企业营销的重点主要集中在促销策略和价格策略方面。有四种营销策略可以运用。

（1）快速撇脂策略。

快速撇脂策略是指以高价格、高促销费用的方式推出新产品。实施这一策略的目的：迅速扩大销售量，取得较高的市场占有率，快速收回投资。

采用这种策略的条件：①产品有特色，有吸引力，有较大的市场需求潜力；②市场上无替代产品或更优同类产品；③了解此产品的消费者急于购买，对高价格乐于接受。值得指出的是，企业面临潜在竞争者的威胁，需要尽快树立品牌形象。

应用案例6-2

索尼公司实行市场告知策略

20世纪70年代，日本索尼公司抓住青年人急需一种微型放音机满足欣赏音乐的需求，不失时机地推出Walkman(随身听)。新品入市后，公司运用大量的广告、公关宣传来增强青年对产品的了解，引起消费者的兴趣，增加购买的冲动性。索尼公司抓住市场需求，充分实行市场告知策略，不久Walkman就成为年轻人追求的时尚。

▶ **分析提示**

索尼公司采用快速撇脂策略，迅速占领市场，扩大销售量。

（资料来源：http：//wiki. mbalib. com）

名人名言

每个人都应该学会认真做事，大度做人。

——马云

（2）缓慢撇脂策略。

缓慢撇脂策略是指以高价格、低促销费用的方式推出新产品。实施这一策略的目的：以尽可能低的费用支出获得更高的利润。

采用这种策略的条件：①市场规模很小，竞争不激烈；②该产品具有一定的知名度；③大部分消费者已熟悉该产品，愿意支付高价。

（3）快速渗透策略。

快速渗透策略是指以低价格、高促销费用的方式推出新产品。实施这一策略的目的：先发制人，以最快的速度打入市场，尽可能取得较大的市场占有率。

采用这种策略的条件：①产品的市场规模较大；②潜在的消费者对产品不了解，但对价格十分敏感；③潜在竞争较为激烈。

(4) 缓慢渗透策略。

缓慢渗透策略是指以低价格、低促销费用的方式推出新产品。实施这一策略的目的：低价可扩大销售，低促销费用可降低营业成本，增加利润。

采用这种策略的条件：①产品的市场容量很大；②市场上该产品的知名度较高；③存在某些潜在的竞争对手，但威胁不大。

2) 成长期的营销策略

这一阶段的新产品已经被消费者所接受，批量生产能力形成，生产成本降低，企业的销售量和利润大幅度上升，大批竞争者纷纷加入，竞争加剧。因此，企业营销的重点在于维持销售增长率，在竞争中取胜。有四种营销策略可以运用。

(1) 产品策略。

企业可以通过对产品的质量、性能、式样、包装等方面加以改进，形成特色，增强产品的竞争能力，提高产品的市场占有率。

(2) 价格策略。

分析市场价格趋势，研究竞争者的价格策略，在适当的时机，可以采取降价策略，激发对价格比较敏感的消费者的购买动机。

(3) 渠道策略。

开辟新渠道，建立新的分销网点，扩大销售途径，方便消费者购买，赢得更多的消费者。

(4) 促销策略。

加强产品的品牌宣传，企业广告的重点要从介绍产品转到建立产品形象上来，树立产品品牌，维系老消费者，吸引新消费者。

应用案例6-3

脑白金的品牌宣传策略

在市场启动期，脑白金的宣传基本以报媒为主，选择某城市的1～2家报纸，以每周1～2次的大块新闻软文，集中火力展开猛烈攻势，一个月后就收到了效果，市场反响强烈，报媒为产品开道，大大唤醒了消费者的需求，刺激引导了购买欲望。脑白金在成长期，媒体重心则向电视广告转移。电视广告每天滚动播出，不断强化产品形象，广大中老年人有更多的机会接触电视，接受产品信息。适时而变，顺时而推，整合不同时期，力争做得更好，这就是脑白金的品牌宣传策略。

▶ **分析提示**

脑白金在成长期的广告宣传强化了产品的形象，使销售量和利润大幅度上升。

(资料来源：http：//chenweiqiang81. blog. 163. com)

名人名言

所谓人才，就是你交给他一件事情，他做成了，你再交给他一件事情，他又做成了。

——史玉柱

3）成熟期的营销策略

成熟期阶段比较长，是产品获利的黄金时期，也是竞争激烈的阶段。因此，企业营销的重点是集中力量，延长产品的生命周期，扩大市场，增加销售量。同时，还要考虑新产品的开发。有三种营销策略可以运用。

(1) 市场调整。

开发新市场、发现产品的新用途、寻找新用户，使产品的销售量扩大。

(2) 产品调整。

通过产品自身的调整来满足消费者不同的需求，扩大产品的销售量。例如，改进产品的质量、特色、款式和服务等。

(3) 市场营销组合的调整。

通过对产品、定价、渠道、促销四个组合因素的调整，刺激销售量的回升。例如，降价、提高促销水平、扩展分销渠道和提高服务质量等。

应用案例 6-4

摩托罗拉 V998 手机的营销策略

摩托罗拉 V998 手机步入成熟期以后，为增强公司及其产品在市场上的竞争力，稳定公司在市场上的地位，在 V998 手机基础上进一步根据亚洲消费者的审美偏好，设计出功能更全、外观更具特色的新款手机 V8088，同样以高价面市。这使得 V998 手机在走向成熟，满足广大消费者需求，获得消费者普遍喜爱的同时，公司能以新款 V8088 手机有效地拓展新的细分市场——成功人士和追求时尚的消费者市场。两款手机各有其明确的细分市场，分别有效地满足了不同层次消费者的需求。企业的实践很好地体现了企业在市场营销中必须充分重视产品的研制、开发和产品的更新换代。随着其他公司新产品的推出，产品竞争更加剧烈，公司进一步采取降价措施，有效地刺激需求，并把手机定位于中低档，有效地拓展了手机的大众市场，通过稳定的质量和完善的服务取胜，随着市场的发展和新产品的层出不穷，这两款手机必将为其他新款手机所代替，完成其历史使命，退出市场。

▶ **分析提示**

摩托罗拉公司通过有效地拓展新的细分市场，延长了产品的使用寿命和产品的更新换代。

（资料来源：http：//wenwen. soso. com/z/q199306828. html）

名人名言

丧失谦逊，会危害我们的判断力；自以为是，可以让我们前进时栽跟斗。

——李奥·贝纳

4）衰退期的营销策略

这一阶段的产品销售量急剧下降，消费者的兴趣已发生改变；企业从产品中获得的利润很低甚至为零；多数企业纷纷退出市场。因此，企业在衰退期应该采用以下策略。

(1) 自然淘汰策略。

企业继续沿用过去的策略，按照原来的细分市场，使用相同的分销渠道、定价及促销方式，直到该产品完全退出市场。如果企业在市场中有绝对支配地位，当竞争者从市场退出后，该市场仍会有一定的潜力。

(2) 集中策略。

把企业的能力和资源集中在最有利的细分市场和分销渠道上，从中获取利润。这样有利于缩短产品退出市场的时间。

(3) 收缩策略。

抛弃无希望的消费者，降低促销水平，减少促销费用，增加目前产品的利润。这样可能导致产品在市场上衰退的加速，但也能从忠实于这种产品的消费者中得到利润。

(4) 放弃策略。

企业对于衰退比较快的产品，当机立断，放弃经营。可以采取完全放弃的形式，把产品转移出去或立即停止生产；也可以采取逐步放弃的方式，使其所占有的资源逐步转向其他产品。

应用案例6-5

联通公司小灵通业务衰退期市场营销战略研究

小灵通业务是我国电信业发展的一个奇迹，市场需求使其冲破诸多限制，一度呈现出不可抑制的强劲发展势头。但在经历一段高速发展之后，移动电信市场日趋成熟，移动资费日益降低，特别是各家电信运营商业务的陆续开通，对小灵通的持续发展带来了巨大的威胁和挑战，急需对处于生命周期衰退期的小灵通业务进行思考和探索。联通公司小灵通业务衰退期的新市场定位，建议以采取防御性战略为主，着重规避劣势因素和威胁因素，打造业务组合和融合、增值业务、特定用户群三个长尾市场，尽量延长小灵通业务的生命周期，并对具体的市场营销战略进行勾勒和描述，最后，提出了战略的执行和保障措施。

▶ 分析提示

小灵通业务衰退期的市场营销战略，以采取防御性战略为主，着重规避劣势因素和威胁因素，打造各种组合，以延长生命周期。

（资料来源：http：//www.m448.com/info/docview_206110.html）

名人名言

成功的秘诀在于能将自己的脚放进他人的鞋里，以及能从他人的观点来考虑事物。

——亨利·福特

6.2 产品组合

企业为了满足消费者的需求，扩大销售，增加利润，分散风险，往往生产经营多种产品。但是，究竟生产经营多少种产品才算合理，这些产品应当如何搭配，这就需要对产品组合进行认真的研究和选择，从而确定最佳的产品组合。

6.2.1 产品组合概述

1. 产品组合的概念

产品组合又称品种配合，是指一个企业生产经营的所有产品线和产品品种的组合方式，即全部产品的结构。产品组合通常由产品线和产品项目构成。产品线是指在功能和结构上密切相关，能满足同类需求的一组产品。产品项目是指产品线中不同品种、规格、型号、质量和价格的特定产品，见表6-2。

表6-2 某百货公司的产品组合

产品类别	产品线宽度			
产品线的长度	服装	皮鞋	帽子	针织品
	休闲装	男凉鞋	制服帽	卫生衣
	女西装	女凉鞋	鸭舌帽	卫生裤
	男休闲装	男皮鞋	礼帽	汗衫背心
	女休闲装	女皮鞋	女帽	手套
	风雨衣	休闲皮鞋	童帽	围巾
	儿童服装	商务皮鞋	旅游帽	袜子

2. 产品组合的基本因素

产品组合是企业生产经营的全部产品的有机结合方式，包括产品组合的广度、长度、深度和关联度四个基本因素。

1）产品组合的广度

产品组合的广度又称产品组合的宽度，是指产品组合中所拥有的产品线的数目。例如，宝洁公司拥有5条产品线，分别是清洁剂、牙膏、肥皂、纸尿布和纸巾，表明产品组合的广度为5。

拥有的产品线越多，其产品组合广度就越宽，拥有的产品线越少，其产品组合广度就越窄。一般情况下，大型企业产品线较多，小型企业或专业化企业产品线较少。

2）产品组合的长度

产品组合的长度是指企业产品组合中所有产品项目的总数。例如，宝洁公司共拥有26个产品项目，表明产品组合的长度为26。用产品项目总数除以产品线数就可得到产品线的平均长度。

3）产品组合的深度

产品组合的深度是指在一个产品线上，不同品种规格的产品项目总数。例如，某品牌香水有3种规格和2种配方，它的深度就为6。产品项目多，则产品组合深度就深；产品项目少，则产品组合深度就浅。

应用案例6-6

蒙牛的产品组合

蒙牛从创业之初就重视产品线建设，发展多元化产品结构，从产品线长度和深度上发力，针对老年、成年、青少年、儿童不同消费者，适应早餐、晚餐、休闲、正餐四种消费需要，组建自己的产品矩阵以满足不同人群在不同场合的需要。通过多年创新研发，蒙牛的产品组合有了合理优化的宽度和深度。从宽度看，蒙牛拥有常温鲜奶、低温鲜奶、冰激凌系列和奶品等几条产品线；每条产品线从深度上讲，都有其特定的拓展方向，产品项目丰富且口味齐全。如此纵横交错，分布排列在蒙牛规划的产品矩阵组合上，消费者很容易在其中找到属于自己的产品。这是蒙牛团队把乳品行业和产品研究透后所形成的核心竞争力之一。厚积薄发，必然成功。

▶ **分析提示**

蒙牛通过优化产品组合、合理布局更好地满足消费者的需求，提高了企业的竞争力。

（资料来源：http//cofcomag. cofco. com/cn/periodical/web. aspx? con _ id＝7072&columnid＝1775&root＝1770）

名人名言

我们生活的真正目的，便是透过创意和点子，为客户塑造商誉并不断开创销售佳绩。

——李奥·贝纳

4）产品组合的关联度

产品组合的关联度是指各产品线在最终用途、生产条件、销售渠道或其他方面相互联系的紧密程度。通常，产品组合的宽度越窄，深度越浅，产品的关联度就越大；而实行多元化经营的企业，其各类产品线之间的关联度较小。例如，一个企业生产牙膏、肥皂、洗衣液，则产品组合的关联度较大；若这个企业同时还生产化妆品和玩具，则产品组合的关联度较小。

一般而言，企业增加产品组合的广度，可以增强竞争优势，特别是大型企业，资源和技术可以得到充分利用，还可以分散投资风险；企业增加产品组合的深度，会使各产品线具有更多规格、型号和款式的产品，更好地满足消费者不同的需求，从而提高市场占有率；企业增加产品组合的关联度，则可提高企业在某一地区或行业的竞争力和声誉。

6.2.2 产品组合策略

产品组合策略是指企业根据消费者需求和市场竞争环境，对产品组合的广度、长度、深度和关联度进行抉择，使之形成最佳的产品组合。可供选择的产品组合策略有以下几种。

1. 扩大产品组合策略

扩大产品组合策略通过扩大产品组合的广度和深度，即增加产品线和产品项目，扩大经营范围，提高企业的经济效益。当企业预测现有产品线的销售额在未来可能下降时，就要考虑在现有产品组合中增加新的生产线，或加强其中有发展潜力的产品项目。有时，扩大策略会分散经营者的精力，增加管理困难，甚至由于新产品质量和功能等问题，影响企业原有产品的信誉。

2. 缩减产品组合策略

缩减产品组合策略通过主动合并和减少一些销售困难、不能为企业创造利润的产品线和产品项目，集中力量经营市场需求较大、能为企业获取预期利润的产品。例如，美国西屋电气公司将其冰箱品种由 40 个减少至 30 个，撤销了 10 个品种，反而增强了企业竞争力。但缩减策略使企业失去了部分市场，有时会增加企业的风险。

3. 产品线延伸策略

产品线延伸策略是指全部或部分地改变企业原有产品的市场定位，即企业把产品线延长，使其超出目前经营范围的一种策略。具体做法有向下延伸、向上延伸和双向延伸。

1）向下延伸

向下延伸是指在原有高档产品线中增加低档产品项目。采取向下延伸策略是因为本企业高档产品在市场上受到竞争者的威胁，产品在市场上的销售增长速度趋于缓慢，所以，企业向下延伸不仅可以寻找到新的利润增长点，还可以填补产品线的空缺。

采用向下延伸策略时，应注意风险的存在。在高档产品中推出低档产品，容易影响企业原有品牌产品的形象，降低原有产品的档次；由于向下延伸，侵犯了低档市场竞争者的利益，可能刺激新竞争对手的反击。

应用案例6-7

派克钢笔的向下延伸

美国的“派克”钢笔质优价贵，是身份和体面的标志，许多社会上层人士都喜欢戴一支派克笔。然而，1982年新总经理上任后，把派克品牌用于每支售价仅3美元的低档笔上，结果，派克公司非但没有顺利打入低档笔市场，反而丧失了一部分高档笔的市场。其市场占有率大幅下降，销售额及其竞争能力锐减。

▶ 分析提示

盲目延伸品牌，毁坏了派克在消费者心目中的高贵形象，而其竞争对手则趁机侵入高档笔市场。

（资料来源：http：//wenku.baidu.com/view/bab2a24c666f5acfa1c6cda2.html）

名人名言

工作是通向健康和财富之路。

——乔·吉拉德

2）向上延伸

向上延伸是指在原有的产品线内增加高档产品项目。采取向上策略是因为高档产品市场具有较大的潜在成长率和较高的利润率；企业的技术水平和营销能力已具备加入高档产品市场的条件；企业需要重新进行产品线定位。

采用向上延伸策略时，应注意风险的存在。可能引起原来生产高档产品的竞争者采取向下延伸策略，从而增加自己的竞争压力；潜在的消费者可能对该企业的高档产品缺乏信任，难以树立高档产品的独特形象。例如，我国的手机品牌TCL、熊猫、波导等一直定位在中低档国产手机上，在获得一定的品牌认可度之后，各企业不惜花费巨资，推出高档手机，试图打入高档市场，但由于各个品牌的形象没有得到应有提升，其效果远逊于诺基亚、摩托罗拉等国外竞争品牌。

3）双向延伸

双向延伸是指原来经营中档产品的企业，现在同时向高档和低档产品延伸，即一方面增加高档产品，另一方面增加低档产品，扩大市场份额。

采用双向延伸策略可以适应不同消费者的需求，分散风险；扩大市场，增强企业的竞争力，保证企业利润的不断增长。

应用案例 6-8

日本精工手表的产品策略

20 世纪 60 年代后期的钟表工业市场竞争中，日本精工手表采用了双向延伸策略，当时正逐渐形成高精度、低价格的数字式手表的需求市场。精工手表以“脉冲星”为品牌推出了一系列低价表，从而向下渗透进入这一低档产品市场。同时，又向上渗透高价和豪华型手表市场，精工收购了一家瑞士公司，连续推出了一系列高档表，其中一种售价高达 5 000 美元的超薄型手表进入最高档手表市场。

▶ **分析提示**

日本精工手表采取向产品线的上下两个方向进行延伸的策略，一方面增加高档产品，另一方面增加低档产品，扩大市场阵容。

（资料来源：http：//www.8002008.com.cn/uu/html/34605.html）

名人名言

企业如果固守过去曾行之有效的战略，那么它必将败于竞争对手。

——威廉·科恩

4. 产品线更新策略

产品线更新策略是指随着消费者需求的变化，企业逐步实现技术改造，更新相应的产品线。产品线的更新可以采取逐项更新或一次全部更新两种方式。

逐项更新，风险低但速度慢，在整条产品线更新完成之前可以观察消费者和经销商的反映，同时也可以减少现金流出量，但易给竞争者洞悉企业动向的机会；一次全部更新，速度快但风险高，一旦失败，再改不易，但也可以出其不意，击败竞争对手。

5. 产品线号召策略

产品线号召策略是指企业在产品线中有目的地选择一个或少数几个产品项目进行精心打造，使其成为颇具特色的号召性产品来吸引消费者。

6.3 新产品开发

在市场竞争中，企业要想立于不败之地，必须不断地适应市场需求，开发出适销对路的新产品，新产品开发是企业生存和发展的前提。

6.3.1 新产品的概念

新产品是指在结构、功能或形态上发生改变，并推向市场的产品。新产品是相对老产品而言的，通常，新产品是指企业初次试制成功的产品，但是在结构性能、制造工艺、型体材质等某一方面或几方面比老产品有明显改进的产品也是新产品。根据新产品研发的过程，一般可分为如下几种。

1. 全新产品

全新产品是指应用新的技术、新的材料研制出的具有全新功能的产品。这种产品无论对企业或市场而言都属于新产品。例如，电话、电视机、电子计算机等第一次出现时都属于全新产品。这类产品开发难度大、费用高、承担的市场风险大。据调查，全新产品在新产品中只占10%左右。

2. 换代产品

换代产品是指在原有产品基础上，采用或部分采用新技术、新材料、新工艺研制出来的新产品。例如，普通自行车发展到电动自行车，手机由蓝屏发展到彩屏等。这类产品在产品性能上有了一定的改进，质量也有了相应提高，能够满足消费者日益增长的物质需要。换代产品在市场上比全新产品多。

应用案例6－9

创维健康电视：引领彩电业健康时代

2000年5月，经过创维集团研究中心的通力合作，创维集团推出了当时最高水准的逐行扫描高清晰彩电，即后来的健康逐行王。这款彩电具有高清晰、逐行扫描两种制式、VGA接口，属彩电业当时国内顶尖级产品。为了使这款高端产品能够被消费者认同，创维集团围绕技术向市场概念进行策划，进行资源的有效整合，通过蓝火创维品牌组市场概念的提升，寻找到了市场的兴奋点，将产品的功能点向市场概念进行了高度的浓缩，得出了健康电视的概念。

▶ 分析提示

创维健康电视在产品的性能上有了改进，加之进行了概念整合，使创维健康电视在短时间内获得了很大的收益。

（资料来源：浙江工商职业技术学院市场营销学精品课程网，有删改）

名人名言

品牌会产生光环效应，只有让人们对品牌产生联想，产品才更容易被接受。

——张瑞敏

3. 改进产品

改进产品是指对老产品的性能、结构、功能加以改进，使其与老产品有较显著的区别。例如，普通牙膏改为药物牙膏。这类产品与换代产品相比，受技术限制较小，成本相对较低，便于市场消费者接受，但容易被竞争者模仿。

4. 仿制产品

仿制产品是指对国际或国内市场上已经出现的产品进行引进或模仿而研制生产出的产品。例如，一汽大众、东风雪铁龙等汽车企业通过引进汽车生产线，制造销售各类型的汽车。这类产品能大大缩短和先进水平之间的差距，但是，在引进和仿制的时候，应对原有产品的不足加以改进，不能全盘照抄，更要注意是否符合专利法等相关法律的规定和要求。

5. 重新定位产品

重新定位产品是指对现有产品开发新用途，或者为现有产品重新寻找消费群，使产品畅销起来。例如，麦氏速溶咖啡的定位由上市时的“快捷方便”改变为后来的“美味、芳香、质地醇厚”，很快从滞销产品变为深受消费者喜爱的畅销产品。

6.3.2 新产品开发的方式

新产品开发的方式很多，企业根据自己的具体条件，可以采用不同的开发方式，归纳起来有如下几种。

1. 自主开发

自主开发是指企业利用自己的科研力量、技术优势、资金实力、设施条件和人才队伍，独立进行新产品的全部开发工作。采用这种方式开发新产品，需要投入大量的人力、物力、财力和时间，因此，它适合于有较强的科技积累、研发和公关能力的大中型企业。自主开发的新产品，知识产权独立自主，有较强的竞争力。例如，中国电信的小灵通，中国联通的CDMA。但企业也要独自承担失败的风险。

2. 协作开发

协作开发是指企业之间、企业与科研机构之间利用各自在经济、技术、设备和人才方面的优势，相互协作，联合开发新产品。采用这种方式开发新产品，能够做到优势互补，充分利用了协作方在研发方面的资源，弥补了科研和技术力量的不足，而且成本较低，特别适合中小企业。但采用这种方式的企业在独立创新和自主研发方面存在一些制约和限制。

3. 技术引进

技术引进是指企业通过引进国内外先进技术，或购买专利来开发产品。采用这种方式开发新产品，加快了新产品开发与上市的速度，缩短了市场响应周期，节省了研发费用和时间，降低了研发失败的风险。但使用这种方式要慎重考虑引进的技术是否成熟，以免造成不必要的损失。

应用案例6-10

海尔集团的技术引进

20世纪80年代，海尔集团从德国利勃海尔公司引进四星级电冰箱的生产技术和设备，并委派技术人员赴德国利勃海尔公司接受培训，学习模仿四星级电冰箱的产品开发。海尔经过多年的引进、吸收、再创新过程，掌握了世界最先进的冰箱制造技术，制造出国际领先水平的产品，成功地将冰箱返销到德国。德国媒体认为，欧洲人认识中国冰箱是从海尔开始的。就连曾与海尔集团合作过的企业也慨叹："明天我们得从中国海尔引进技术了。"

▶ 分析提示

海尔集团通过引进国外电冰箱的生产技术，制造出了国际领先水平的产品。

（资料来源：搜狐家居网）

名人名言

好的作品，无论是海报、包装或广告，除了成果效益之外，最重要的都有一共同特性就是"令人感动的效果"。

——李永铨

4. 资本运营

资本运营是指企业通过合资、控股、收购和兼并等资本运作手段，从中获得对方的研发成果来开发产品。采用这种方式开发新产品，企业需要具备较强的资本实力和资本运营能力。资本运营方式可以加速推出新产品，完成新市场的多元化扩张，减少新产品研发的前期风险。例如，2002 年中国的 TCL 集团股份有限公司用 820 万欧元收购了德国百年老字号、号称德国三大民族品牌(西门子、奔驰、施耐德)之一的施耐德电气，打开了为欧洲消费者开发新彩电和其他家电的通道。

6.3.3 新产品开发的程序

新产品开发是一项艰巨而复杂的工程，不仅要投入大量的资金，还要冒很大的风险，为了确保新产品开发的成功率，不但要遵循正确的原则，还要有正确的、科学的程序。新产品的开发通常要经历以下几个阶段，如图 6.3 所示。

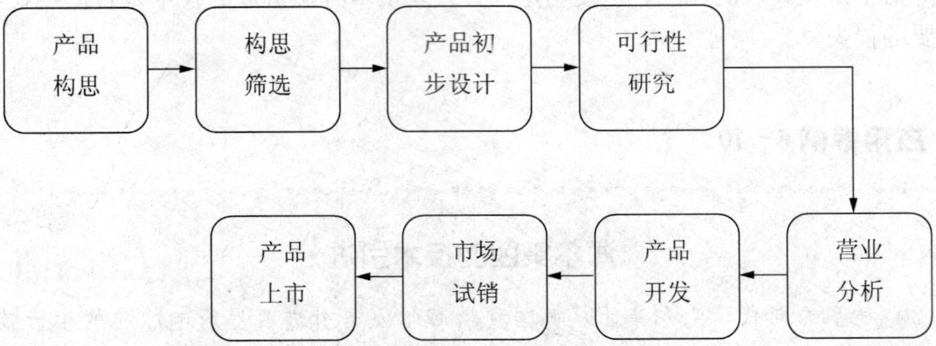

图 6.3 新产品的开发程序图

1. 产品构思

产品构思又称创意，是指对新产品的设想。在这个阶段，企业应注意收集各方面的有关信息，从多方面寻找好的产品构思。产品构思的内容包括产品使用目的、基本功能、产品大致轮廓和制造方法等。

新产品构思的来源可以是多方面的，既可以从内部收集，也可以从企业外部搜集。企业内部人员包括企业的研发人员、市场营销人员、高层管理人员及其他部门的人员。这些人员都熟悉企业业务的某一方面，能对产品的优缺点提出改进或创新的构思。企业的外部人员包括顾客、经销商、竞争对手、咨询公司等。一项研究表明，80％的企业认为客户是新产品创意的最佳来源。

2. 构思筛选

构思筛选是指企业取得大量构思后，要对其进行评估，挑选出可行性较高的构思。在筛选时必须考虑两个重要因素：①构思的新产品是否符合企业的目标，如利润目标、销售增长目标和企业总体营销目标等；②企业是否具备足够的经济和技术实力来开发所构思的新产品。

3. 产品初步设计

筛选出的产品构思需要进一步形成具体的产品形象，产品构思抽象地提出了新产品开发的方向和途径，构思虽经筛选但仍是抽象产品，把抽象产品具体化，需要从原理、结构、外形、性能等方面，对筛选出来的产品构思进行初步的产品设计，以达到产品构思所提出的目标。例如，某企业获得一种关于营养液产品的构思，由此有多个产品设计，如适于老年人延年益寿的补品，有助于儿童增强记忆、强健身体的滋补品，易于病人康复的营养品等。

4. 可行性研究

在产品初步设计的基础上，对新产品方案进行可行性研究，是进一步决定产品取舍的重要环节。新产品方案是在从企业的技术、经济、生产条件、市场环境、成本和利润等方面进行全面的调研和科学的分析基础上，做出的是否开发新产品的决定，通过报告书体现出来。

5. 营业分析

营业分析是新产品开发过程的一个重要阶段，这一阶段主要是复查新产品未来的销售额、成本和利润的预测数据，检查它们是否符合企业目标，若符合，就可以进入新产品开发阶段。

6. 产品开发

产品开发的任务是将通过可行性研究后的抽象产品，送交研发部门或工程部门，试制成为产品模型或样品，同时进行包装和品牌的设计。只有通过研究试制阶段的产品，才能证明产品在技术上具有可行性。

7. 市场试销

市场试销是把经过鉴定的样品投入少量的生产，按企业所制定的营销策略，将产品小范围投放市场，以观测消费者的反映，并把消费者的意见及时反馈，对新产品作进一步的改进后再试销。这个过程有时要反复多次。

8. 产品上市

新产品经过试销获得成功后，企业就可把产品正式投入大批量生产。正式投产不仅需要大量资金，企业还应注意产品上市的时间、地点、目标市场和市场营销策略。

应用案例6-11

柯达公司三维图像新产品的开发

20世纪80年代，泰勒参与开发一种数码相机。有一次，他在跳蚤市场看到一种老式的三维立体卡片及其观察器，受到启发，产生了用一种新的方式制作立体图片的创意。他自已先动手试验，然后将成果向同事、部门领导介绍，部门领导建议他把这个设想带到公司新成立的创新中心，这种创意得到了创新中心的肯定和资助。不久，泰勒研制出立体相机原型，并在创新中心组织的技术交易会上展出。交易会的目的是为企业内部各部门的经理及工程人员提供了解新产品的机会，同时也是为新产品寻找内部投资商。该成果引起了消费者系统部市场营销主管的兴趣，他当即决定投资 15 000 美元进行市场研究。市场研究结果表明，消费者对三维图像的兴趣要远大于两维图像，但是顾客对该产品的价格难以接受，于是公司没有将该产品纳入正式的研发计划。后来英国发明家向伦敦创新中心提出新的设想，泰勒组成项目团队，进行合作研究，进入了项目的攻关期。20 世纪 90 年代初，他们终于试制出三维图像系统的原形，并用它制作了 1 张米老鼠的三维图像(迪斯尼公司是柯达的重要商业客户)。这项新技术在世界上最大型的摄影展览会上展出，立即引起人们广泛的注意。1992 年 12 月，他们收到第一笔商业订单，是参加美国著名百货公司的珠宝三维图像展。20 世纪 90 年代末，柯达公司新成立的动态图像部成为公司的主要盈利部门，在美国市场的销售额就高达 15 亿美元 。

▶ **分析提示**

一种新产品的开发，需要有一个科学的程序，这是新产品成功上市的保障。

(资料来源：百度文库，http：//wenku. baidu. com/view/56be086648d6c1c608a145df. html)

名人名言

一种新产品的开发，实际上 60%来自文献，30%来自样品，5%来自原材料等因素，自身的研究实际上也就 5%左右。

—— 王传福

6.4 产品包装

随着市场竞争的加剧、消费者需求的多样化，产品包装作为给消费者的“第一感观”，已经日益成为吸引消费者和提高企业竞争力的重要手段，一个设计良好的包装能为产品创造促销价值。

6.4.1 包装的概念

包装是指为在流通过程中保护产品，方便储运，促进销售，按一定技术方法而采用的容器、材料和辅助物等的总体名称，是产品整体概念的重要组成部分。包装有两层含义：①从静态方面而言，是指承装产品的容器和包扎物，即包装材料；②从动态方面而言，是指设计、生产容器或包扎物，并将产品包裹起来的一系列活动，即包装方法。

产品的包装通常有三个层次：第一层是内包装，是指直接接触产品的容器或包扎物。例如，牙膏的软管、酒瓶等。第二层是中包装，是指保护内包装的包裹物。例如，牙膏软管外的包装盒、酒瓶外面的包装盒等。第三层是外包装，是指便于产品储运、辨认所需的包裹物。例如，装运一箱牙膏的硬纸箱等。

6.4.2 包装的分类

包装是构成产品的重要组成部分，产品包装可以按不同分类标准进行分类，见表6－3。

表6－3 产品包装分类

分类标准	具体分类
按照包装在流通中的作用	运输包装和销售包装
按照产品包装的结构	件装、内装和外装
按照包装的技术方法	防水包装、防潮包装、防虫包装、缓冲包装和真空包装等
按照产品的类别	一般包装、危险包装和精密包装等
按照包装材料的类别	纸制品包装、木包装、草编包装、纺织品包装、玻璃包装、金属包装等
按照产品的销地	国内包装和出口包装
按照使用的次数	一次性使用包装和重复性包装

6.4.3 包装的设计原则

企业在进行包装时，主要从事的是设计和制造工作，在设计包装时，应遵循以下基本原则。

1. 安全原则

安全是包装设计最基本的原则，不同的产品，由于其自然属性和形态的不同，在包装过程中，包装材料的选择及包装物的制作必须适合产品的物理、化学、生物等性能，以保证产品不损坏、不变质、不渗漏等。包装不仅要保证产品数量的完整和质量的完好，还要保护环境安全。

2. 艺术性原则

包装具有促销作用，造型新颖、别具一格的包装给人以美的感受，增强产品对消费者的感召力，激发消费者的购买欲望。这就要求包装设计要具有艺术性，能够充分显示产品的特色和风格。重要产品和艺术品的包装要烘托出高贵典雅的品质，一般产品的包装要精心设计、巧妙打扮，让人感到价廉物美，别具特色。

应用案例 6－12

包装上的学问

罗林罗克啤酒公司——美国啤酒业的“小不点”，无论在产量和资金规模方面，都不能与百威啤酒、米勒啤酒相提并论。最初罗林罗克上市时，仅有 1 500 万美元的营销预算(百威啤酒每年仅用于电视广告的费用就高达 1 亿美元，米勒啤酒为 5 000万～6 000 万美元)。预算费用的不足，促使营销人员在包装上大做文章。

罗林罗克啤酒公司设计了一种独特的绿色长颈瓶，并漆上明显的艺术装饰，使包装在众多啤酒中独树一帜。消费者通常会认为瓶子上的图案是手绘的，样子独特有趣，并且愿意把它摆在桌子上。为了突出罗林罗克长颈瓶，以及啤酒是用山泉酿造这一事实，公司重新设计了包装箱。在包装箱上印有放在山泉中的绿色长颈瓶，图像色彩鲜艳、清晰，令消费者在 10 米以外也能认出罗林罗克啤酒。

▶ **分析提示**

造型独特的包装能增强对消费者的感召力，激发消费者的购买欲望。

(资料来源：罗锐韧．市场营销管理[M]．北京：红旗出版社，1997)

名人名言

营销是没有专家的，唯一的专家是消费者，就是你只要能打动消费者就行了。

—— 史玉柱

3. 沟通原则

包装要准确、鲜明、直观地传递产品信息，使消费者能理解包装显示的含义，由包装联想到产品的内容。因为人们购买的不是包装，而是包装内的产品。文字和图案要全面反映产品的各种属性，便于消费者了解、比较与选择。例如，服装、饰品应考虑采用透明包装或在包装上印彩色图片。

4. 经济原则

包装材料的选择要求安全、牢固、量轻、价低、美观大方。在保证安全的条件下，合理设计包装的结构和尺寸，既要适应产品运输和储存的要求，也要尽可能缩小包装体积以利于节省包装材料和运输、储存费用。

5. 尊重信仰和风俗原则

由于各个国家和民族的宗教信仰、价值观念不同，所以，在包装设计中，必须尊重各国和各地区本土文化对包装的不同要求，不出现有损消费者宗教情感或引起消费者忌讳的颜色、图案和文字。例如，中国人喜庆节日喜欢用红色，而日本人却喜欢互赠白色毛巾；捷克人用红三角表示“有毒”，土耳其人用绿三角表示“免费样品”等。所以企业在设计包装时，应深入了解分析目标消费者特性，设计不同的包装以适应不同目标市场的需求。

6. 信誉原则

包装设计必须遵守法律、法规的各项规定，注意节约资源和保护环境，禁止使用有毒、有害的包装材料，尽量采用新材料、新技术，为消费者着想，树立企业良好的信誉。

6.4.4 包装策略

设计良好的包装固然重要，但良好的包装只有同包装策略结合起来，才能行之有效。可供企业选用的包装策略主要有以下几种，见表6-4。

表6-4 包装策略表

包装策略	定义	优点
无包装策略	企业对生产经营的产品不进行包装，是一种特殊的包装策略	可以降低经营成本和销售价格，有利于扩大销售。例如，农贸市场中的水果、蔬菜等
类似包装策略	企业生产经营的各种产品，在包装上采用相同的图案、近似的色彩和共同的特征，使消费者容易辨认是同一企业生产的产品	节省设计费用，有利于利用老产品声誉推出新产品，减少消费者对新产品的不信任感，扩大企业声势。例如，日本三洋公司的电器产品包装都是蓝色的
等级包装策略	企业所生产经营的产品，按质量等级的不同采用不同的包装	有利于把不同品质的产品明确区分，满足不同消费者的需求和爱好。例如，一般产品采用普通包装，高档产品采用精美包装
配套包装策略	企业将几种有关联的产品包装在同一容器内，同时出售	有利于同时满足同一消费者的多种需求，扩大销售和推出新产品。例如，春节时的大礼包，将各种糖果糕点装在一起销售
附赠品包装策略	企业在产品的包装容器内附加赠品	引起消费者购买的兴趣，还可以作为介绍新产品和进行市场调查的手段。例如，购买儿童用品送玩具等

续表

包装策略	定义	优点
再使用包装策略	在原包装的产品使用完后，其包装物还可以给消费者提供其他使用价值	能给消费者提供更多的满足，激发购买兴趣。例如，雀巢咖啡的瓶子在咖啡用完后可以用作喝水杯
改变包装策略	企业随着产品改进及市场需求的变化，对包装进行改进与创新	新包装可以弥补原包装的不足，使消费者产生新鲜感，从而扩大产品的销售
绿色包装策略	又称生态包装策略，企业使用不对人体和生态环境造成污染和危害的包装	易于被消费者认同，有利于企业产品的销售。例如，包装材料使用可再生、再循环材料等

6.5 产品品牌

品牌在企业营销活动中有独特的魅力，是销售竞争的有力武器，是消费者对产品感知的总和。建立一个优秀的品牌，直接关系到企业的知名度和信誉，是企业产品策略的重要内容。

6.5.1 品牌的概念

品牌是指用来识别不同生产经营者的产品或服务的名称及其标志，通常是一个名称、术语、标记、符号、图案设计或者是它们的不同组合。

品牌主要由品牌名称、品牌标志及商标三因素构成。

1. 品牌名称

品牌名称是指品牌中可以用语言称呼的部分，如“奔驰”、“奥迪”等名称。

2. 品牌标志

品牌标志是指品牌中可以通过视觉辨别、能用语言描述、但不能用语言称呼的部分，通常由图案、符号、字体、颜色等构成。例如，肯德基快餐的山德士上校的头像，快餐店麦当劳的金色字母“M”。

3. 商标

商标是品牌的一部分，代表商标所有者对品牌或品牌中一部分的使用权。商标分为注册商标和非注册商标，其中注册商标受到法律保护，任何人未经商标注册人许可，不得仿效或使用其商标。

商标与品牌既有联系又有区别，品牌是市场概念，是品牌使用者对消费者在产品、服务和利益等方面的承诺。商标是法律概念，是已获得专利权并受法律保护的品牌或品牌的一部分。所有的商标都是品牌，但并非所有的品牌都是商标。

6.5.2 品牌的设计

品牌设计是在企业自身正确定位的基础上，基于正确品牌定义下的视觉沟通，是一个协助企业发展的形象实体，不仅能够协助企业正确地把握品牌方向，而且能够使人们正确地、快速地对企业形象进行有效深刻地记忆。品牌在设计中应遵守以下原则。

1. 简洁明了，易懂好记

品牌设计要简洁明了，通俗易懂，能传递给消费者明确的信息，以利于消费者准确理解。名称应易于拼读、发音。例如，“富士”的标志设计，由字母“Fuji”构成一个胶卷外壳的形象，字母组合简洁，红色图形以白衬底，再配以整个包装大面积的绿色，给人一种很清新的感觉。

2. 提示产品特色与功能

品牌既要与产品实体相符合，又要能反映产品的基本用途和给消费者带来的效益，使消费者一看到产品的品牌就能知道是一种什么样的产品，如“黑又亮”鞋油。

3. 构思独特，造型新颖

美观大方、风格独特的品牌设计，能启发消费者的联想，激发消费者的购买欲望。

4. 适合市场消费者的文化背景

品牌设计不仅要适合目标市场的文化背景，而且要适应潜在市场的文化背景。这里的文化背景通常指风俗习惯、宗教信仰、价值观念、民族文化、语言习惯和民间禁忌等。例如，“大象”一词含有稳重、踏实、吉祥的含义，被广泛用于产品的品牌，但在英语中，“大象”就有愚蠢、笨拙的含义。

5. 利于法律保护

品牌设计若过于大众化，往往易被假冒、模仿，模糊了法律界限，不利于法律保护，可乐、莱卡等。因此，品牌设计要特色鲜明，以保证企业对某一品牌的独占性。

6.5.3 品牌策略

品牌策略是指企业依据产品状况和市场情况，合理、有效地运用品牌，以达到预期的营销目的。企业品牌策略有以下几方面的内容。

1. 品牌化决策

品牌化决策是指企业首先决定是否给产品建立一个品牌。这是企业品牌策略所面临的第一个问题，企业通常有两种可选择的策略，即使用品牌和不使用品牌。

1）使用品牌

使用品牌是指企业生产经营的产品有品牌。使用品牌虽然可能会使企业增加成本，但却给企业带来诸多好处：①有利于订单处理和对产品的跟踪；②保护产品的某些独特特征不被竞争者模仿；③为吸引忠诚顾客提供了机会；④有助于市场细分；⑤有助于树立产品和企业形象。

2）不使用品牌

不使用品牌是指企业生产经营的产品没有品牌。企业通常不使用品牌的情况：①未经加工的原料产品；②难以形成特色的产品；③生产简单、价格低廉的小商品；④消费者习惯上不认品牌购买的产品；⑤临时性或一次性生产和销售的产品。

2. 品牌使用者决策

品牌使用者决策是指企业决定使用品牌后，选择使用哪种品牌的策略，通常有三种选择。

1）生产者品牌

生产者品牌是指企业使用属于自己的品牌。例如，“海尔”电器为青岛海尔集团制造。大多数企业都创立自己的品牌，有些生产企业还将自己专有的品牌转让他人使用，从中获得收益。

2）经销商品牌

经销商品牌是指企业把产品销售给经销商，由经销商使用自己的品牌将产品转卖出去。

3）混合品牌

混合品牌是指企业对一部分产品用自己的品牌，而另一部分产品用经销商的品牌。

3. 品牌名称决策

使用品牌的企业必须选择品牌名称。企业决定所有的产品使用一个或几个品牌，还是不同产品分别使用不同的品牌。通常有以下几种决策模式。

1）个别品牌名称

个别品牌名称是指企业对各种产品分别采用不同的品牌。采用个别品牌名称策略，可以为每种产品寻求不同的市场定位，有利于增加销售额和对抗竞争对手，还可以分散风险，使企业的整体声誉不致因某种产品表现不佳而受到影响。例如，宝洁公司的洗衣粉品牌名称使用了“汰渍”、“碧浪”；肥皂品牌名称使用了“舒肤佳”；牙膏品牌名称使用了“佳洁士”。

2）家族品牌名称

家族品牌名称是指对所有产品采用一个统一的品牌。采用家族品牌名称策略，可以充分利用其名牌效应，使企业所有产品畅销。同时企业宣传介绍新产品的费用开支也相对较低，有利于新产品进入市场。例如，美国通用电气公司的所有产品都用GE作为品牌名称。

3）分类品牌名称

分类品牌名称是指对不同类产品使用不同的品牌。企业使用这种策略，一般是为了区分不同类的产品，以便在不同类产品领域中树立各自的品牌形象。例如，法国欧莱雅集团就拥有不同的品牌名称，兰蔻等品牌面对富有阶层，美宝莲、欧莱雅品牌则走大众路线。

4）主副品牌名称

主副品牌名称是指在企业各种产品的个别品牌名称之前冠以企业名称，可以使产品正统化，享受企业已有的信誉，而个别品牌又可使产品各具特色。例如，“海尔—小神童”洗衣机，副产品小神童表达了“体积小、电脑控制、全自动、智能型”等优点和优势。

4. 品牌战略决策

企业进行品牌战略决策时可以有以下几种选择。

1）产品线扩展策略

产品线扩展策略是指企业在现有的品牌下，在相同的产品种类或产品线中，加入新的产品项目。例如，增加新的功能、包装、式样等。产品线扩展最有利的一面：扩展产品的存活率高于新产品，可以更好地满足不同细分市场的需求。不利的一面：可能使品牌名称丧失其特定的意义。随着产品线的不断加长，会淡化品牌原有的个性和形象，增加消费者认识和选择的难度。

2）品牌延伸策略

品牌延伸策略是指企业利用已成功的品牌推出改良产品或新产品。例如，“金利来”从领带开始，然后扩展到衬衣、皮具等领域。品牌延伸可以大幅度降低广告宣传等促销费用，使新产品快速进入市场。但也容易因新产品的失败而损害原有品牌在消费者心目中的形象。

应用案例 6－13

登喜路的品牌延伸

19世纪中叶，英国伦敦街头有一个以卖烟草为主的小杂货铺，它就是“登喜路”。此后登喜路开始从专营烟草转向男士系列用品的开发，如服装、饰品、皮具等，到了20世纪30年代，登喜路已生产出较多品种的日常用品，男士用品系列已具规模。目前登喜路产品已包罗万象，专卖店也遍及全球。登喜路已成为男士用品的国际顶尖品牌，登喜路服饰也成为全球成功男士的首选品牌。

▶ **分析提示**

品牌的延伸造就了登喜路辉煌的今天。

（资料来源：信息管理论坛，http：//xinguan123.5d6d.com）

名人名言

品牌是一种错综复杂的象征，它是品牌属性、名称、包装、价格、历史声誉、广告方式的无形总和。品牌竞争是企业竞争的最高层次。

—— 大卫·奥格威

3）多品牌策略

多品牌策略是指企业在同一产品系列中设立多种品牌，来满足消费者的不同需求。例如，宝洁公司在洗发水市场，同时推出“海飞丝”、“飘柔”、“沙宣”等品牌。该策略增加了本企业产品的展示面积，争取到了更多的品牌转换使用者，但每一个品牌只获得很小的市场份额，没有一个品牌是市场的领头羊。

4）新品牌策略

当企业在新产品类别中推出一个产品时，发现原有的品牌并不适合它，或是对新产品而言有更合适的品牌名称，企业需要设计新品牌。例如，春兰集团以生产空调著名，当它决定开发摩托车时，采用春兰这个女性化的名称就不太合适，于是采用了新的品牌“春兰豹”。

5）合作品牌策略

合作品牌策略是指两个或更多的品牌在一种产品上联合起来。每个品牌都期望另一个品牌能强化产品整体形象或消费者购买意愿。例如，“可口可乐”是麦当劳快餐店提供的饮料，“百事可乐”则是肯德基快餐店的合作伙伴。

项 目 实 施

任务 6.1　撰写产品生命周期营销策略方案

1）任务组织

以小组为单位，小组规模一般是3～5人，每小组选举小组长以协调小组的各项工作，教师提供必要的指导和建议，组织学生进行经验交流，并针对共性的问题在课堂上组织讨论和专门讲解。

2）任务内容

以身边某种熟悉的产品为例，根据产品生命周期的理论知识，对产品投入市场到最终退出市场的全过程进行分析。从满足消费者需求、产品的销售和获利、竞争对手等方面制定一系列适应产品生命周期各个阶段的营销策略，撰写出一份产品生命周期营销策略方案。

3）任务总结

将方案制作成PPT进行汇报，同学互评、教师点评，然后综合评定本次各学习小组的实训成绩。

任务 6.2　撰写企业新产品开发方案

1）任务组织

以小组为单位，小组规模一般是3～5人，每小组选举小组长以协调小组的各项工作，教师提供必要的指导和建议，组织学生进行经验交流，并针对共性的问题在课堂上组织讨论和专门讲解。

2）任务内容

各组在进行周密的分析基础上，运用所学的新产品开发知识，从一个完整的新产品开发过程经历产品构思、构思筛选、产品初步设计、可行性研究、营业分析、产品开发、市场试销和产品上市八个阶段撰写方案。方案的基本结构要合理，各构成要素要完整齐全。

3）任务总结

将方案制作成 PPT 进行汇报，同学互评、教师点评，然后综合评定本次各学习小组的实训成绩。

任务 6.3 设计企业品牌塑造方案

1）任务组织

以小组为单位，小组规模一般是 3～5 人，每小组选举小组长以协调小组的各项工作，教师提供必要的指导和建议，组织学生进行经验交流，并针对共性的问题在课堂上组织讨论和专门讲解。

2）任务内容

各组深入某企业，根据企业实际情况，结合品牌知识的学习，从市场环境分析、品牌定位、品牌创意塑造、品牌策略等方面进行分析研究，为该企业设计品牌塑造方案，见表 6－5所示。

表 6－5 品牌塑造方案要素表

要素	分类	项目	内容
市场环境分析			
品牌定位	品牌理念		
	品牌目标消费人群定位	消费对象	
		消费特征	
		消费形态	
品牌创意塑造	主导思想		
	各种方式表现规划	电视广告	
		网络	
		文学传播	
		终端市场	
品牌策略			

3）任务总结

小组讨论提纲，按构成要素分工编写，重点内容是品牌策略。最后形成的方案在课堂上交流、讨论。

项目小结

【知识要点】

产品整体概念包括核心产品、形式产品、期望产品、附加产品和潜在产品五个层次。一种产品从投放市场到被市场淘汰的整个过程，称为产品的生命周期。产品的生命周期分为导入期、成长期、成熟期和衰退期四个阶段。不同的产品生命周期阶段，根据市场的不同特点，企业应采取的市场策略也不同，可以采取多种方法来延长产品的生命周期。

产品组合是指某一企业生产或销售的全部生产线和产品项目的组合。产品组合策略是根据企业的经营目标，对产品组合的宽度、长度、深度和关联度进行最优决策。

新产品的设计开发必须满足多种要求。一个完整的新产品开发过程要经历产品构思、构思筛选、产品初步设计、可行性研究、营业分析、产品开发、市场试销和产品上市八个阶段。新产品的开发策略有先发制人策略、竞争性模仿策略和系列延伸策略。

包装是产品不可分割的一部分，包装的技术和方法在不断更新，包装策略有无包装策略、类似包装策略、等级包装策略、配套包装策略、附赠品包装策略、再使用包装策略、改变包装策略和绿色包装策略。

品牌是产品内涵的一种外在表现形式，要重视品牌设计和品牌策略的运用。品牌的策略有品牌化决策、品牌使用者决策、品牌名称决策和品牌战略决策。

【实务重点】

产品不同生命周期的策略；撰写产品组合方案；新产品开发的程序；包装的设计；品牌策略的运用。

职业能力训练

一、单选题

1. 产品的知识介绍、安装、技术指导、送货上门、修理服务等，是(　　)产品。

A. 核心　　B. 形式　　C. 期望　　D. 附加

2. 消费者购买次数频繁，希望在需要的情况下即可买到，不愿花费很多时间和精力去购买的物品是(　　)。

A. 便利品　　B. 选购品　　C. 特殊品　　D. 非渴求品

3. 在产品生命周期中，丰厚的利润一般在(　　)阶段开始出现。

A. 导入期　　B. 成长期　　C. 成熟期　　D. 衰退期

4. 在功能和结构上密切相关，能满足同类需求的一组产品是(　　)。

A. 产品项目　　B. 产品线　　C. 产品组合　　D. 产品延伸

5. 药物牙膏属于(　　)。

A. 全新产品　　B. 换代产品　　C. 改进产品　　D. 仿制产品

6. 新产品开发的第一个阶段是(　　)。

A. 构思筛选　　B. 可行性研究　　C. 营业分析　　D. 产品构思

7. 包装设计最基本的原则是(　　)。

A. 艺术性原则　　B. 经济原则　　C. 安全性原则　　D. 沟通原则

8. 一般产品采用普通包装，高档产品采用精美包装，这属于(　　)策略。

A. 改变包装　　B. 配套包装　　C. 等级包装　　D. 无包装

9.“两个永远快乐的小伙伴”体现了海尔品牌的(　　)。

A. 个性　　B. 价值　　C. 文化　　D. 属性

10.“金利来”从领带开始，然后扩展到衬衣、皮具等领域，是(　　)。

A. 产品线扩展策略　　B. 品牌延伸策略

C. 新品牌策略　　D. 合作品牌策略

二、多选题

1. 延长产品生命周期的方法有(　　)。

A. 开辟新的市场　　B. 特性改良

C. 质量改良　　D. 附加产品改良

2. 产品组合的基本因素有(　　)。

A. 产品组合的广度　　B. 产品组合的长度

C. 产品组合的深度　　D. 产品组合的关联度

3. 下面属于新产品开发的方式有(　　)。

A. 自主开发　　B. 产品设计　　C. 资本运营　　D. 营业分析

4. 产品的包装通常有三个层次(　　)。

A. 内包装　　B. 中包装　　C. 外包装　　D. 附加包装

5. 品牌的构成因素有(　　)。

A. 符号　　B. 品牌名称　　C. 品牌标志　　D. 商标

三、判断题

1. 形式产品构成了产品最本质的核心部分。(　　)

2. 集中策略是指把企业的能力和资源集中在最有利的细分市场和分销渠道上，从中获取利润。(　　)

3. 拥有的产品线越多，其产品组合度就越宽，拥有的产品线越少，其组合度就越窄。(　　)

4. 向下延伸是指原来经营中档产品的企业，现在同时向高档和低档产品延伸。(　　)

5. 在结构性能、制造工艺、型体材质等某一方面或几方面比老产品有明显改进的产品不是新产品。(　　)

6. 技术引进加快了新产品开发与上市的速度，缩短了市场响应周期，节省了研发费用和时间，降低了研发失败的风险。(　　)

7. 条形码由条码符号和数字符号两部分构成。 （　）
8. 类似包装策略有利于把不同品质的产品明确区分，满足不同消费者的需求和爱好。 （　）
9. 利益是消费者判断品牌接受性的第一要素。 （　）
10. 品牌的设计应复杂多样。 （　）

四、论述题

1. 什么是产品的整体概念？包括哪几个层次？
2. 什么是产品组合的宽度、长度、深度和关联度？
3. 一个完整的新产品开发过程要经历几个阶段？
4. 企业的包装策略有哪几种？
5. 品牌的设计原则是什么？

案例分析

雕牌的产品策略分析

1992 年 5 月，纳爱斯集团在与香港丽康公司合作之后，前瞻性地将突破点锁定在洗衣皂上。当时洗衣皂没有全国性品牌，要在洗衣皂市场打开缺口，就得从内质上进行改造。雕牌“超能皂”以其特有的颜色(蓝色)与造型(中凹)出现在老百姓的面前。接着雕牌“透明皂”又快速上马。形状由大变小，一手可握，便于消费者使用；同时，改革香味变为淡淡的清香，再配以中档的价位，一上市，迅速被成千上万的消费者接受，产品在很多商场、超市一上柜就被抢购一空。这让当初并不看好洗衣皂的同行大跌眼镜，等他们纷纷生产时，早已错过了先机。雕牌“透明皂”找到了市场的空白点，用差异化赢得了市场，并迅速成为领导品牌。

1999 年，雕牌对外宣告其建成了世界领先的全自动喷粉设备，生产效率大大提高。此后，雕牌洗衣粉的价格降到了 29 元一箱，跌破了 30 元的底线，一步到位的价格让同行们措手不及。优质而低价使纳爱斯集团有了后发制人的制胜法宝。2000 年初，雕牌亲情广告在中央电视台高频次播出，雕牌洗衣粉带着亲情、带着关怀、带着深深的文化底蕴走进千家万户。2001 年，雕牌洗衣粉销售量达 89 万吨，奇强达 29 万吨，纳爱斯集团以超出对手 60 万吨的销量雄踞霸主地位。

雕牌洗衣粉的三级跳不仅让自己出了风头，更引起整个行业的价格跳水，以宝洁和联合利华为首的外资企业，不得不悄悄地降价，国内品牌也随之降价。在洗衣皂和洗衣粉市场上胜局初定之后，纳爱斯集团又开启了品牌延伸策略：雕牌牙膏、纳爱斯香皂等陆续面世。2001 年，纳爱斯还增加了水晶皂、沐浴露、洗发水等产品。

纳爱斯集团能够在短短的时间内，超速度地上升，源于其背后强大的经销体系。纳爱斯的经销体系有如下特点：

(1) 在与经销商签订合同时，都会向经销商许诺年底给予一定的返利，保证其一年的努力得到相应的回报。

(2) 保证金制度确保品牌的忠诚度。据悉，部分经销商签订合同后，会把预付金打进账户。纳爱斯集团规定，凡是客户将保证金打进账户，纳爱斯集团都按30%返还。

(3) 从农村包围城市，转为在全国各地实行分公司建制，直接做超市和商场，形成城市辐射农村的格局。推行渠道网络扁平化管理，减少中转环节，降低经营成本。

(4) 委托加工，实行营销网络本土化。现在遍布全国的几十家企业，每天都在生产纳爱斯的产品。他们生产的香皂、洗衣粉和牙膏等又在与纳爱斯争夺市场份额。

纳爱斯集团是在市场经济的风风雨雨中成长壮大的，已成为国内洗涤行业影响力最大、最具实力的企业，而且还拥有了目前行业内品牌价值最高的品牌——雕牌。

(资料来源：http：//www. docin. com/p—49258559. html)

▶ 思考分析

1. “雕牌”运用了哪些产品组合策略，成为目前行业内品牌价值最高的品牌？

2. 分析纳爱斯“雕牌”未来所面临的竞争压力是什么？

3. 如果你是纳爱斯“雕牌”的营销策划人员，你会怎样确立未来产品组合策略？为什么？

职业与发展

一、岗位名称：新产品开发专员

1. 职位描述

(1)负责新产品开发、经营管理并制订相应营销计划。

(2) 负责提交新产品开发方案并组织研发、生产和财务等部门进行产品开发可行性研究。

(3) 规划和跟踪新产品形态、规格、包装，及新产品的品牌规划。

(4) 负责寻找市场有发展潜力的产品。

(5) 跟踪新产品市场推广情况，不断完善新产品品种开发，组织监测市场调研及相关分析。

(6) 引进新产品，并能针对新产品进行技术改良和产品概念细分，丰富产品品种，提升新产品市场竞争力。

2. 任职要求

(1) 专科学历以上优先。

(2) 有较好的分析能力。

(3) 有良好的人际关系和沟通能力，注重团队合作。

二、岗位名称：产品包装设计专员

1. 职位描述

(1) 负责新产品包装设计、验证工作。

(2) 负责包装新材料研究、设计、应用。

(3) 负责老产品包装维护。

(4) 负责包装成本控制项目的推进及管理。

(5) 根据公司、市场、产品情况，定期提出各类包装方案。

(6) 制定各品牌包装体系的设计研发流程、使用原则，监控各产品包装使用情况。

2. 任职要求

(1) 专科学历以上优先。

(2) 受过平面设计、产品知识等方面的培训。

(3) 有美术功底，对色彩敏感。

(4) 具有较强的理解、领悟能力，工作协调能力和创造力。

三、岗位名称：品牌策划专员

1. 职位描述

(1) 参与品牌建设发展战略规划。

(2) 负责品牌建设计划方案的策划和撰写。

(3) 负责跟踪品牌推广计划的实施推进。

(4) 策划撰写阶段性品牌推广方案并跟踪实施。

(5) 负责跟踪分析行业竞争企业的品牌建设情况及分析。

(6) 独立完成品牌项目的组织工作，具备前期产品定位及后期营销策划能力。

2. 任职要求

(1) 策划、广告、营销等相关专业专科或以上学历优先。

(2) 有创意思维、市场推广理念，熟悉广告宣传运作模式。

(3) 具有较强的沟通、协调、开拓创新能力，对行业发展方向和市场动态掌握及时。

项目 7 制定价格策略

学习目标

【知识目标】

1. 了解影响企业定价的主要因素；
2. 掌握企业定价的基本方法；
3. 理解企业定价的基本策略；
4. 了解企业价格变动的策略。

【能力目标】

1. 具备制定产品价格的能力；
2. 具备灵活运用定价方法和技巧的能力；
3. 具备实施定价策略的能力。

【技能目标】

1. 通过了解影响企业产品定价的因素，具备制定企业产品价格的技能；
2. 通过各种定价方法的学习，具备能够为企业选择恰当的定价方法的技能；
3. 通过各种定价策略的学习，使学生能够根据市场的具体情况，从定价目标出发，运用价格手段，实现企业的营销目标，具备制定目标定价的技能。

案例引入

“格兰仕”的价格策略

格兰仕自进入微波炉行业以来，努力使成本低于竞争对手，掀起格兰仕的价格烽火，特别是从 1997 年初“买一赠二”、“买二赠三”的各种促销活动开始，到 1997 年 10 月 17 日宣布其全部产品价格平均下调 40%为止，其降价范围之广，幅度之大，震动了商界。

中国的微波炉行业起始于 20 世纪 90 年代，在格兰仕进入微波炉行业的 1993 年，整个中国的市场容量仅为 20 多万台，此时行业的龙头老大蚬华内销规模为 1 万台，且大半市场集中在中国。许多城市的居民不知微波炉为何物，更不习惯于用微波炉来烹饪。此时行业未充分发展，主要对手也很弱，格兰仕只要倾全部投入，就很容易在规模上把对手远远甩在后面，规模效应使单机成本亦会远远低于竞争品牌。这使得格兰仕迅速崛起，1993 年其销量为 1 万台；1994 年为 10 万台；1995 年达 25 万台，市场占有率为 25.1%，超过岘华成为全国第一(岘华为 24.7%)；1996 年销量为 60 万台，市场占有率达 34.7%；1997 年销量为 125 台，市场占有率为 49.6%；1998 年总产量为 315 万台，内销 213 万台，市场占有率为 61.43%。根据格兰仕微波炉中国市场销售公司总经理梁红生透露，2007 年中国微波炉市场容量约为1 050万台，其中格兰仕微波炉突破了 650 万台，创造了内销历史新高，销量同比增幅高达 56%。在微波炉行业价格战中，格兰仕选定总成本领先战略并贯穿始终。为了实现总成本绝对领先于竞争者，格兰仕壮士断腕，先后卖掉年盈利上千万元的“金牛型”产业——羽绒厂、毛纺厂，把资金全部集中到微波炉上，以扩大产销规模，提高装备档次和管理成本，降低费用和负债率，增强了自我配套能力。

格兰仕的价格战目标设计明确，据了解，格兰仕降价的目的是最大限度地扩大市场份额，格兰仕价格战打得比一般企业出色，规模每上一个台阶，就下调一个幅度的价格。格兰仕降价的特点之一是消灭散兵游勇的目标十分明确。当生产规模达到 125 万台时，就把出厂价格定在规模为 70 万台的企业成本之下。此时，格兰仕还有利润，而规模低于 70 万台的企业若也以此价格来出售产品，那就会卖一台亏一台，除非对手能形成显著的品质技术差异。当规模达到 300 万台时，格兰仕又把出厂价调到规模为 200 万台的企业的成本线以下，结果规模低于 200 万台的且技术无明显差异的企业陷入亏本的泥潭，格兰仕的这种策略使对手缺乏追赶上其规模的机会，从而在家电业创造了市场占有率达到 61.43%的优势。

消费者对格兰仕这样的企业心存感激，是格兰仕在 5 年时间内把原本 2 000～3 000元一台的普及型微波炉降到 500 元，最便宜的仅为 340 元。国内微波炉市场的年销量从 1993 年的 20 多万台上升到 2007 年的 650 多万台，使微波炉进入了千家万户。

(资料来源：覃常员．市场营销理论与实践[M]. 北京：北京交通大学出版社，2009)

▶ 思考分析

1. 格兰仕的定价目标是什么？采用的定价策略是什么？
2. 你认为格兰仕的价格战是否成功？为什么？

相关知识

7.1　影响定价的主要因素

影响定价的因素是多方面的，其中既有商品价值本身的，也有企业内部和外部的诸多因素。通常，影响定价的主要因素分为两大类，如图 7.1 所示。

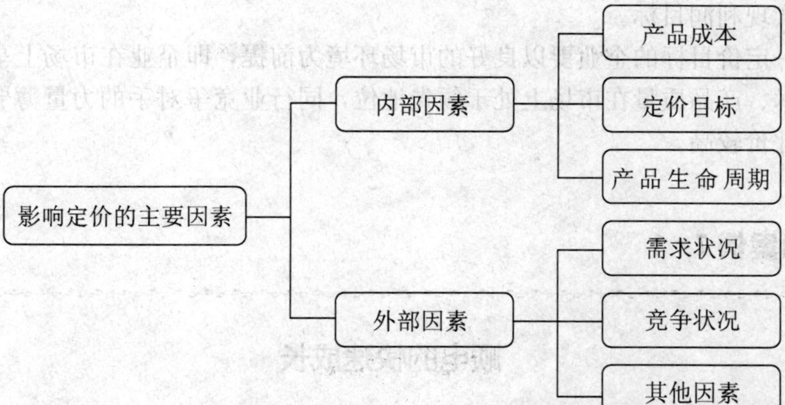

图 7.1 影响定价的主要因素

7.1.1 内部因素

1. 产品成本

产品成本是产品价格最重要的组成部分，是定价的最低临界点。产品的价格只有高于产品的成本，企业才能弥补生产耗费，并获得一定盈利。产品价格低于产品成本，企业就会亏本，企业的再生产过程就难以进行。因此，产品成本是影响和制约企业定价的最重要的内部因素。

就社会上不同的产业而言，产品成本分为个别成本和社会成本。个别成本是指单个企业生产产品时所耗费的实际生产费用；社会成本是指产业内部不同企业生产同种产品所耗费的平均成本即行业平均成本。后者是企业定价时的主要依据。由于各企业的资源状况和营销管理成本不同，其个别成本与社会成本之间必然存在差异。企业应根据其个别成本与社会成本之间的差异程度为产品制定合适的价格。

就单个企业而言，其个别成本即总成本又由固定成本和变动成本组成。固定成本是指那些不随生产或销售水平变化的成本。例如，企业的固定资产折旧、机器设备租金、管理人员工资等。变动成本是指直接随生产水平发生变化的成本。例如，企业的原材料、直接营销费用及生产工人的工资等。正常情况下，企业定价时，产品价格必须高于总成本，以获取利润。在特殊情况下，企业定价时，只要求产品价格能够补偿变动成本，以维持企业的生存。

2. 定价目标

定价目标是影响产品定价的第二个内部因素。通常，企业长远的整体目标是获取尽可能高的利润，但具体到某一时期给某一产品定价时，却有很大的差异。一般而言，定价目标主要有以下几种。

1）利润最大化

追求最大利润，是所有企业的共同目标。该目标一般通过为产品定高价来实现，但利润最大化并不等于制定最高的价格。如果定价偏高，消费者不能接受，产品销售不畅，就会影响企业实现利润目标。

选择这一定价目标的企业要以良好的市场环境为前提，即企业在市场上享有较好的声誉，生产技术、产品质量在市场上处于领先地位，同行业竞争对手的力量薄弱，消费者对产品的需求评价较高。

应用案例 7-1

顺电的快速成长

深圳市顺电连锁股份有限公司(简称顺电)是一家大型的家用电器专卖店，其产品价格通常比同类企业产品高出5%～15%以上，而商场里几乎每天都是人来人往，企业在业内有良好的知名度，也深受消费者的喜爱，因此占有一定的市场。提供更好的服务是维持顺电产品较高价格的一个好方法，这意味着向消费者提供了更多的价值而不是更低的价格。随着中国经济的不断增长，顺电也在快速成长。

▶ 分析提示

顺电采用利润最大化定价目标，以良好的知名度和服务快速成长。

（资料来源：学海网，http：//www. xuehi. com/Article/1077. html）

名人名言

具体的问题成千上万，不过绝大多数可以归结为如下一句话：怎样才能赢?

——杰克·韦尔奇

2）投资报酬率

该目标是指企业以其投入资金的预期报酬作为定价的目标。为达到这一目标，定价时需要在产品成本的基础上加上预期报酬，预期的投资报酬率一般高于银行存款利率。投资报酬目标也有长短期之分：如果要求在短期内回收投资，则投资报酬率高，定价也高；如果要求在长期内回收投资，则投资报酬和定价相对降低。

通常，企业在行业中实力雄厚，处于主导地位或者新产品、独家产品以及低价高质量的标准化产品适合采用投资报酬率定价目标。

3）提高市场占有率

市场占有率是衡量企业营销绩效和市场竞争状态的重要指标。提高市场占有率，就是提高企业产品的销售额，扩大企业的市场，为企业生存和发展提供坚实的基础。企业以提高市场占有率为定价目标，最好的途径是扩大销售，降低价格和利润水平。

应用案例 7-2

神舟电脑的定价手段

深圳神舟电脑股份有限公司是近年来国内迅速崛起的一家 IT 企业，在国产计算机中占据相当一部分市场，而它占据市场的手段，就是低价促销。在 IT 业中，同档次的计算机，神舟的品牌机总是可以比其他品牌便宜 500～1 000 元，在中国现阶段的经济条件中，这无疑带给消费者相当大的实惠，因此，神舟取得了成功。

▶ 分析提示

神舟电脑采用了提高市场占有率的定价目标，通过降低价格取得了成功。

（资料来源：学海网，http：//www. xuehi. com/Article/1077. html）

名人名言

满足顾客是第一、也是永远的一种心态与行为……是一种每一天每一分钟的执著。

—— 考利

4）应对竞争

在产品的营销竞争中，价格竞争是最有效、最敏感的手段。通常，当企业实力较雄厚，处于行业领先地位时，可以先发制人，主动调整价格，压制竞争对手；当企业势单力薄时，应防止对手价格报复，尽量避免价格战，稳固市场占有率。

5）维持生存

维持生存是企业处于不利环境中实行的一种特殊的过渡性目标。当企业遇到产品供过于求、成本提高、竞争加剧、价格下跌的冲击时，为避免倒闭、渡过难关，往往以保本价格甚至亏本价格销售产品。一旦形势好转，可以采用其他的定价目标。

3. 产品生命周期

产品在不同的生命周期阶段，消费者对产品的需求以及企业所处的竞争环境将有所变化，企业的价格也会产生相应的变化。

1）投入期产品定价

企业为了在产品投入期尽快收回成本、占领市场，通常会把价格维持在较低的水平，从而降低消费者的风险，吸引消费者购买、使用。等到消费者使用一段时间后，了解了产品的内在品质及相关利益，特别是形成了使用该产品的习惯时，消费者会愿意用高一点的价格继续购买。

2）成长期产品价格

成长期的特征是市场接受程度大增，新企业可以进入，原有企业可以扩大规模。消费者的注意力不会单纯停留在产品的效用上，开始比较不同品牌的成本和特性。在这种情况下，一个企业采用哪种价格战略要考虑市场及自身能力。成功的定价战略要综合考虑如何满足若干细分市场对价格和产品特色的要求。

3）成熟期产品定价

成熟期是产品生命周期中最长的一个时期。这一阶段受环境影响，决策的伸缩性较小。成熟期竞争加剧，顾客越来越精明，市场条件已经不太可能支持涨价，定价决策实际上就是在降价和保价之间做出选择。

4）衰退期产品定价

衰退期最显著的特点是需求急剧下降，这种下降趋势可能是地区性的，也可能是整个行业性的。此时，每个企业都在降价，希望牺牲竞争者来争夺市场。衰退期的价格目标不是赢什么，而应该是在损失最小的情况下退出市场，或者是保护自己的竞争地位以便在衰退期生存。

7.1.2 外部因素

1. 需求状况

市场的需求状况是影响企业定价的最重要的外部因素，决定着产品价格的最高临界点，价格再高不能高到无人购买的程度。产品价格与市场供给量成正比，与需求量成反比。在其他因素不变的情况下，产品供给量随价格的下降而增加，随价格的下降而减少；而产品的需求量则随价格的上升而减少，随价格的下降而增加。由此可见，产品价格的高低直接影响到产品的销售。企业在给产品定价时，必须考虑到市场供求状况对价格的影响。

2. 竞争状况

在市场上竞争对手的多少和竞争强度的大小对企业确定合适的价格有着重要的影响。竞争越激烈，对价格的影响也就越大，企业必须采取适当的方式，了解竞争对手的价格和产品质量。例如，企业的产品与竞争对手的产品大体相同，则所定的价格也应大体一致；企业的产品质量比竞争对手的产品质量要差些，则价格应定得低一些。竞争对手也可能针对企业的产品价格而调整其价格，或虽不调整价格，但调整市场营销组合的其他变量，与企业争夺顾客。因此，企业要时刻关注竞争对手的价格调整策略和措施，并及时做出反应。

3. 其他因素

产品定价除了受需求状况和竞争状况的外部要素影响外，还受其他因素的影响。例如，政府物价政策的干预、消费者心理和习惯等。

1）物价政策

任何国家对物价都有一定的管理，国家可以通过物价部门直接对企业定价进行干预，也可以用一些财政、税收手段对企业定价实行间接影响。绝大部分产品采用市场价格，但为了指导生产和消费，控制物价的过快上涨，调整和调节市场物价，国家必然会制定一系列有关物价的方针政策，这是企业制定产品价格时必须遵循的准则。

2）消费者心理和习惯

价格的制定和变动在消费者心理上引起的反应也是价格策略必须考虑的因素。在现实生活中，许多消费者存在“一分钱一分货”的观念。面对不太熟悉的商品，消费者往往从价格上判断商品的好坏，从经验上把价格同商品的使用价值挂钩。因此，在研究消费者心理对定价的影响时，要持谨慎的态度，仔细了解消费者心理及其变化规律。

应用案例7-3

Nokia 7700

许久没有新作的诺基亚经典“7”系列，继7910i之后，“十年磨一剑”，精心打造了2005年最具有贵族气质的Nokia 7700。定位于高端人群的Nokia 7700，上市初期就定出天价，零售价格就是其型号代码：7 700元，而其功能却较弱，既没有百万像素拍照功能，也没有智能手机高端的商务功能。本以为定价过高，购买者寥寥，没想到产品上市一炮走红，成为“富人们”竞相购买的宝贝。由于对市场预估失误，库存严重不足，上市没几天，Nokia 7700在北京、广州、深圳、成都出现断货现象，价格一度被炒到10 000元，但购买者热度不降反升，价格越来越高，最后一度达到12 700元的高度。在其价格早已远远超越成本的情况下，Nokia剑走偏锋，创造了手机市场的一个不大不小的奇迹，令还在亏损线上挣扎的国产手机唏嘘不已。

▶ **分析提示**

产品定价既要考虑成本等基本元素，又要充分考虑消费者的接受心理和竞争因素。

（资料来源：http：//wenku. baidu. com/view/74. html）

名人名言

如果碰到一个强大的对手或者榜样的时候，我觉得你应该做的不是去挑战它，而是去弥补它，做它做不到的，去服务好它，先求生存，再求战略，这是所有商场的基本规律。

——马云

7.2 定价方法与程序

7.2.1 定价方法

定价方法是指企业在定价目标指导下，根据对影响价格的各个因素的研究，运用价格理论对产品价格进行测算的具体方法。在实际定价工作中，由于侧重点不同，就形成了成本导向定价法、需求导向定价法和竞争导向定价法。

1. 成本导向定价法

成本导向定价法是以产品的全部成本为定价基础，在成本的基础上加上企业的目标利润，是我国一种传统的以企业为中心的产品定价方法。具体表现形式有成本加成定价法、目标利润定价法、盈亏平衡定价法和边际贡献定价法。

1）成本加成定价法

成本加成定价法是按照单位成本加上一定百分比的加成来制定产品销售价格的定价方法。计算公式为

$$\text{单位产品销售价格}=\text{单位产品成本}\times(1+\text{加成率})$$

$$\text{加成率}=\frac{\text{计划销售价格}-\text{成本}}{\text{成本}}\times 100\%$$

2）目标利润定价法

目标利润定价法是按照企业预期获得的利润来确定产品价格的方法。计算公式为

$$\text{单位产品销售价格}=\frac{\text{产品总成本}+\text{目标利润总额}}{\text{预计销售量}}$$

$$\text{目标利润总额}=\text{投资总额}\times\text{目标报酬率}$$

目标利润定价法的优点是可以保证实现既定的目标利润，缺点是没有考虑价格与需求之间的关系。用此方法确定出来的产品价格无法保证产品销售量一定会实现，对于需求弹性较大的产品，这一问题更为突出。

3）盈亏平衡定价法

盈亏平衡定价法又称保本定价法，是按照生产某种产品的总成本和销售收入维持平衡的原则，制定产品的保本价格。计算公式为

$$\text{单位产品保本价格}=\frac{\text{固定成本总额}+\text{变动成本总额}}{\text{预计销售量}}$$

$$=\frac{\text{固定成本总额}}{\text{预计销售量}}+\text{单位产品变动成本}$$

按照盈亏平衡法定价，企业的利润为零，只能使企业的生产耗费得以补偿，而不能得到收益。有时，为了开展价格竞争或应付供过于求的市场局面，企业通常采用此种定价方式取得市场竞争的主动权。

4）边际贡献定价法

边际贡献定价法又称变动成本加成法，边际贡献是指销售收入减去变动成本后的差额。此种定价方法，不考虑固定资产，只要价格大于单位产品变动成本，企业出售产品的收入除完全补偿变动成本外，还可用来补偿一部分固定成本。计算公式为

单位产品销售价格＝单位产品可变成本＋单位产品边际贡献

应用案例7-4

边际贡献定价法的应用

某企业生产乙产品的年生产能力为5 000台，固定成本为100万元，在国内市场只接到订货3 000台，售价每台700元，经核算只够保本。现有一外商洽谈订购2 000台，要求把价格降到700元，试确定该项订货是否可以接受？如果接受，利润有多少？

▶ 分析提示

$$\text{单位产品变动成本}=\text{单位产品保本价格}-\frac{\text{固定成本总额}}{\text{预计销售量}}$$

$$=700-1\,000\,000/3\,000$$

$$=367(\text{元/台})$$

外商订货单价大于单位产品变动成本（700＞367），所以外商的订货可以接受。如果接受，可得利润为

$$\text{利润}=\text{总销售收入}-\text{固定成本}-\text{变动成本}$$

$$=(3\,000\times700+2\,000\times700)-1\,000\,000-367\times(3\,000+2\,000)$$

$$=665\,000(\text{元})$$

（资料来源：http：//www.docin.com/p－47633066.html）

名人名言

不要过度承诺，但是要超值交付。

——迈克尔·戴尔

2. 需求导向定价法

需求导向定价法以消费者对产品价值的理解及其需求强度作为定价依据，是在营销理念的指导下进行价格决策的方法。具体表现形式有认知价值定价法和需求差异定价法。

1）认知价值定价法

认知价值定价法是根据消费者心目中对产品价值的认知和理解度，运用营销组合策略和手段，影响消费者对产品价值认知的一种定价方法。

认知价值定价的关键，是要准确估计消费者对产品的认知价值。如果估计过高，价格定得过高，会影响产品销量；估计过低，销量虽然大，但获利不一定丰厚。因此，企业必须通过广泛的市场调研，了解顾客的需求偏好，根据产品的性能、质量、用途和服务等要素，判断顾客对产品的理解价值，制定好产品的初始价格。然后在与成本、收入、销量和价格比较的基础上，确定该定价方案的可行性。

应用案例 7－5

凯特比勒公司的定价

凯特比勒公司是一家生产和销售牵引机的公司，一般牵引机的价格均在 2 万美元左右，而该公司却卖 2.4 万美元，令人惊讶的是该公司销售量比其他公司更高，当顾客上门询问为何该公司的牵引机要贵 4 000 美元时，该公司的经营人员会给顾客计算以下账目：

20 000 美元是与竞争者同一型号的机器价格。

3 000 美元是产品更耐用多付的价格。

2 000 美元是产品可靠性更好多付的价格。

2 000 美元是公司服务更佳多付的价格。

1 000 美元是保修期更长多付的价格。

28 000 美元是上述总和的应付价格。

4 000 美元是折扣。

24 000 美元是最后的价格。

▶ 分析提示

这个清单实际上是引导消费者如何理解该商品的价值，使消费者认为他们只要付 24 000 美元，就能买到价值 28 000 美元的牵引机一台。尽管对消费者而言并非少付 4 000 美元，而是多付了 4 000 美元，但消费者理解的价值就是 24 000 美元。

（资料来源：周玉泉．市场营销实用教程[M]．南京：河海大学出版社，2007）

名人名言

肯定的想法不迫使你做任何事情，但它比消极的想法能更好地帮你把任何事情都做好。

——齐格·齐格拉

2）需求差异定价法

需求差异定价法是指产品价格的确定以需求为依据，可根据不同购买力、不同需求强度、不同购买时间等因素制定不同的价格。具体形式有以下几种。

(1) 以消费者为基础的差异定价。同一产品，对不同的顾客群，制定不同的价格。例如，自来水公司根据需要把用水分为生活用水和生产用水，并收取不同的费用。

(2) 以时间为基础的差异定价。同一产品，在不同的时期、不同的季节，制定不同的价格。例如，旅游景点的门票实行淡季与旺季的不同票价。

(3) 以地点为基础的差异定价。同一产品，在不同地点或地区，制定不同的价格。例如，同一种酒，在超市、饭店和酒吧价格就会有很大的差异。

(4) 以产品的款式为基础的差异定价。对同类产品中的不同款式、不同规格的产品实行不同的定价。例如，对旧款式的产品，价格可低一些；对新款式的产品，价格可高一些。

该种定价法的好处是可以使企业定价最大限度地符合市场需求，促进产品销售，有利于企业获取最佳的经济效益。

3. 竞争导向定价法

竞争导向定价法是以市场上相互竞争的同类产品价格为依据，随着市场竞争状况的变化，而不断调整其产品价格的方法。具体表现形式有随行就市定价法、投标定价法和拍卖定价法。

1）随行就市定价法

随行就市定价法是指将本企业的某种产品的价格保持在平均价格水平上，以此来获得平均报酬。该定价法的优点是，在竞争激烈的同类产品市场上，随行就市风险较少，容易被消费者接受。企业也不必去全面了解消费者对不同价差的反应，为营销和定价人员节省了很多时间。

2）投标定价法

投标定价法是指通过投标竞争的方式确定商品价格的方法。其具体的操作程序是在商品或劳务的交易过程中，由招标人发出招标公告，投标人竞争投标，密封递价，招标人择优选定价格。

招标价格是企业能否中标的关键。通常，报价最低的企业容易中标，但是，最低的价格水平也不能低于边际成本。如果报价最低，中标率最高，若低于边际成本，将会导致企业亏损；如果报价越高，企业的利润也越高，但中标的可能性越小。

3）拍卖定价法

拍卖定价法是指由卖方预先发布公告，公布时间、地点、拍卖物和拍卖起步价等，买方看货后，卖方通过拍卖市场公开叫价，买方相互竞争，将商品卖给出价最高者的一种定价方式。拍卖定价法通常用于品质不易标准化的商品的定价。例如，各类藏品、房屋、土地、企业和不能长期保存、季节性强、淘汰周期短的各类商品。

应用案例 7-6

西湖龙井御茶园拍卖战

2005 年 4 月 17 日，在浙江西湖龙井御茶园上演了一场拍卖大战，拍卖会从上午 10 点正式开始，共分雨前茶、明前茶、清明茶、十八棵御茶四场拍卖。其中，100 克御茶极品起拍价就高达 40 万元/500 克，远高于国内历史上任何一次茶叶拍卖。但拍卖中，该价格仍以每次递增数万元的速度累加，最后以 72.7 万元/500 克被 117 号买主拍得。按 500 克茶叶泡 120 杯计，每杯御茶极品的价格就是 6 000 元。

100 克御茶极品摘自清乾隆帝当年在杭州狮虎山胡公庙前品茗问源时钦定的十八棵御茶，每年春茶总产量仅 1 千克，这个价格创下了西湖龙井的历史最高价——每克 1 456 元，相当于黄金价格的 10 余倍。

▶ **分析提示**

拍卖定价法使极品龙井御茶成为当时中国利润空间最大的农副产品。

（资料来源：http：//www. sina. com. cn）

名人名言

做生意要记住：手头上永远要有一样产品是天塌下来你也能赚钱的。

——李嘉诚

7.2.2 定价程序

价格决策是一个整体相互衔接的决策过程，一般企业的定价程序可以分为以下六个步骤，如图 7.2 所示。

确定定价目标 → 需求评估 → 成本估算 → 分析竞争因素 → 选择定价方法 → 确定最后价格

图 7.2 定价程序

1. 确定定价目标

企业的定价目标是以满足市场需求和盈利为基础的，是企业定价的策略和依据。企业常见的定价目标有五种，见表 7-1。

表7-1 企业的定价目标

定价目标的种类	主要表现形式
以利润为目标	提高产品价格、薄利多销
以销售为目标	扩大市场占有率、争取中间商
以规模为目标	维持企业生存、扩大企业规模、多品种经营
以竞争为目标	稳定价格、应付竞争、质量优先、差异化
以社会效益为目标	宣传公众企业产品的环保性能、资源优势

2. 需求评估

需求评估是指公司在既定的定价目标下，根据消费者所能接受的产品价格变动范围，确定最佳的产品价格及其与销售量的关系。在正常情况下，市场需求会按照与价格相反的方向变动：价格上升，需求减少；价格降低，需求增加。

3. 成本估算

需求为企业确定了一个最高价格限度，而成本则决定着价格的底数。产品的成本是定价的基础，产品价格只有高于成本，企业才能为消费者提供服务的同时获得利润，因此在新产品投产前要估算成本。

企业成本的构成包括固定成本和可变成本。

(1) 固定成本是指在短期内不随企业产量和销售收入的变化而变化的生产费用。例如，厂房设备的折旧费、租金、利息、行政人员薪金等，与企业的生产水平无关。

(2) 可变成本是指随生产水平的变化而直接变化的成本。例如，原材料费、工资等，企业不开工生产，可变成本等于零。

4. 分析竞争因素

产品的最高价格取决于消费者对该产品的需求，最低价格取决于产品的成本。在最高价格与最低价格之间，究竟能定多高的价格，则要受竞争对手产品价格的影响。因此，企业在定价之前，要调查研究，做到知己知彼，才能使定价恰到好处，以便在竞争中取胜。

5. 选择定价方法

产品定价主要有三种方法可以选择：成本导向定价法、需求导向定价法和竞争导向定价法，具体内容前面已叙述。选择定价方法的前提条件是，摸清市场需求、竞争状况和产品成本。

6. 确定最后价格

在完成以上各个步骤之后，就可以计算出可行的价格。在最后确定价格时，必须考虑是否遵循以下原则。

(1) 产品价格的制定与企业预期的定价目标是一致的，有利于企业总的战略目标的实现。

(2) 产品价格的制定符合国家政策法令的有关规定。

(3) 产品价格的制定符合消费者整体及长远利益。

(4) 产品价格的制定与企业市场营销组合中的非价格因素是协调一致、互相配合的，为达到企业营销目标服务。

7.3 产品基本定价策略

企业依据定价目标、定价方法，得出产品的基本价格之后，还要根据市场环境、产品特点等采用不同的定价策略。定价策略是指企业为实现企业定价目标，根据市场中影响产品价格的不同因素，在制定价格时灵活采取的各种定价手段和定价技巧。以下是几种常用的产品基本定价策略。

7.3.1 新产品定价策略

新产品定价是否合理，关系到其是否能打开销路、占领市场和获得预期利润。所以，新产品初临市场，定价对其以后的发展具有重要的意义。常用的新产品基本定价策略有以下三种。

1. 撇脂定价策略

撇脂定价策略是针对新产品的一种高价定价策略，是指企业在产品生命周期的导入期，利用消费者的求新、求奇心理，抓住激烈竞争尚未出现的有利时机，有目的地将价格定得很高，以便在短期内获取尽可能多的利润，尽快地收回投资的一种定价策略。其名称源自从鲜奶中撇取乳脂，含有提取精华之意。

2. 渗透定价策略

渗透定价策略是针对新产品的一种低价定价策略，是指在新产品投放市场时，价格定得较低，只求保本或微利，用低价格吸引消费者，使消费者容易接受，提高市场占有率，使产品逐步渗透，从而扩大销量，快速占领市场。

3. 温和定价策略

温和定价策略是一种居中的价格策略，它兼容上述两种价格策略之长，以适中水平定价，这种价格既能保证企业获得满意的利润，又能为消费者所接受，使双方都满意。这种策略的优点是，风险较小，在正常情况下可按期实现目标利润。这种策略的缺点是，较为保守，容易使企业失去高额利润或市场机会。

7.3.2 心理定价策略

心理定价策略是指根据消费者购买商品时的心理对产品进行定价，以制定出消费者可接受的价格。心理定价策略是零售企业常用的一种价格策略，其具体形式主要有以下几种。

1. 尾数定价策略

尾数定价策略是指为商品制定一个以小数作为结尾的非整数价格。尾数定价会给消费者价格低、定价认真的感觉，认为有尾数的价格是经过认真核算才产生的，消费者容易对定价产生信任。尾数定价一般用于中低价的日用消费品，而名牌、高质量的商品不宜采用，否则会影响商品的声誉。例如，企业给产品定价为9.70元、0.9元，而不是10元、1元。这就给消费者留下价格较低的印象，同时使消费者感到价格是经过精心核算的，有一种信任感。

2. 整数定价策略

整数定价策略是指商品的价格以整数结尾。这样的定价有利于抬高商品的身价，树立高档名牌的形象。这种策略适用于高档商品、名牌商品、礼品和消费者不太了解性能的商品。例如，美尔雅西服2 000元一套、海尔柜式空调6 500元一台等。

3. 声望价格策略

声望价格策略是指企业利用消费者崇尚名牌产品或仰慕名店的心理，为产品制定一个较高的价格，来满足消费者求名和炫耀的心理。高价显示商品的优质，也显示购买者的地位，能够给企业带来超过同行业平均价格水平的利润。采用声望定价策略，要求企业有优质的产品、服务和良好的声誉。

4. 招徕价格策略

招徕价格策略是企业家利用消费者求廉的心理，对少数几种商品制定特别低的价格，以吸引消费者前来购买的商品。例如，许多超市经常推出价格较低的“特价商品”，其目的是把消费者吸引到超市中来，消费者在选购“特价商品”的同时，也会购买其他的非特价商品。采用此策略的关键是“特价商品”必须是大多数消费者熟悉的日常生活必需、购买频率较高的商品，“特价商品”的数量也要适宜，既不可太多，也不可太少。

应用案例7-7

日本创意药店的招徕定价

日本创意药店将一瓶200元的补药以70元超低价出售时，每天都有大批人涌进店中抢购补药，按说如此下去肯定赔本，但财务账目显示出盈余逐月骤增。

▶ **分析提示**

其原因就在于没有人来店里只买一种药。人们看到补药便宜，就会联想到其他药也一定便宜，促成了盲目的购买行动。

（资料来源：http：//tieba. baidu. com/f?kz=593757654）

名人名言

如果想法改变，态度就会改变；如果态度改变，行为就会改变；如果行为改变，习惯就会改变；如果习惯改变，人格就会改变；如果人格改变，命运就会改变；如果命运改变，人生就会改变。只要决心成功，失败永远不会把我击垮。

——奥格·曼狄诺

7.3.3 价格折扣策略

价格折扣策略是指企业为了鼓励消费者大量购买或淡季购买，以减少存货或增加销售额，在原制定的价格基础上，直接或间接降低价格。常用的价格折扣有以下几种。

1. 现金折扣策略

现金折扣策略是指对按预定日期付款或用现金购买的顾客给予折扣。其目的是鼓励消费者提前付款、及时结清货款，以加快企业资金周转，减少坏账、呆账，减少资金占用。现金折扣一般根据约定的时间界限来确定不同的折扣比例。例如，消费者应该在 30 天内必须付清的货款，如果 10 天内就付清了货款，则给予 2%的折扣，这种折扣方式可以简单地表示为“2/10，净 30”。

2. 数量折扣策略

数量折扣策略是指按消费者购买数量的多少，分别给予不同的折扣，具体分为累计折扣和非累计折扣两种。累计折扣是指按消费者在一段时间内的购货总量计算折扣，其目的在于鼓励消费者经常向本企业购买，建立长期的购销关系。非累计折扣是指按消费者一次购货的数量计算折扣，目的在于鼓励消费者大批量购买。数量折扣的关键在于合理确定给予折扣的起点、档次，以及每个档次的折扣率。

3. 交易折扣策略

交易折扣策略是指生产企业根据各类中间商在市场营销中所承担的不同职能，给予不同的价格折扣。一般而言，给予批发商的折扣较大，而零售商的折扣较小，以刺激和鼓励批发商大批量进货，积极开展转售业务。

4. 季节折扣策略

季节折扣策略是指对购买过季商品的消费者给予折扣，以鼓励消费者提前购买或者淡季购买，有利于均衡生产，减少仓储费用，加速资金周转。例如，啤酒厂对在冬季进货的客户给予大幅度的让利，羽绒服生产企业为夏季购买其产品的消费者提供折扣。

应用案例 7-8

托罗公司的季节折扣

生产割草机与扫雪机的托罗公司提供季节折扣，鼓励批发商和零售商在1月和2月储存割草机，在6月和7月储存扫雪机，比最终消费者的季节性需求早5～6个月。这样可使托罗公司缓解季节性生产高峰与低谷，有利于提高生产效率。同时也是对批发商和零售商承担增加存货成本以及供消费者急需的回报。

▶ **分析提示**

托罗公司采用季节折扣，使企业的生产和销售一年四季都能保持相对稳定。

（资料来源：http：//toro. co177. com）

名人名言

股东投资求回报，银行注入图利息，员工参与为收入，合作伙伴需赚钱，父老乡亲盼税收。只有消费者、股东、银行、员工、社会、合作伙伴六者的“均衡收益”，才是真正意义的“可持续收益”；只有与最大多数人民大众命运关联的事业，才是真正“可持续的事业”。

——牛根生

5. 折让策略

折让策略是减价的另外一种形式，常用的折让有两种形式。

1）推广折让

推广折让是指给中间商的宣传费用，目的是鼓励他们为产品提供各种推广活动。例如，刊登地方性广告、布置专门橱窗等，生产企业乐意给予津贴或减价作为报酬。

2）运费折让

运费折让是指企业给距离较远的购买者减价，补偿他们的运输费用，以鼓励外地消费者进货，拓展企业的市场范围。

7.3.4 产品组合定价策略

为了满足不同类型消费者的需求，企业往往会同时生产多种类别、款式各异的产品，在实施定价策略时，就要综合考虑产品组合内部各相关产品的定价，以谋取整体产品组合的最大利润。其具体形式有如下几种。

1. 产品线定价策略

产品线定价策略是指根据消费者对产品线内不同质量、档次、规格、型号等产品的不同需求及竞争者产品的情况确定不同价格。例如，长虹对 21 英寸、25 英寸、29 英寸、34 英寸的彩电分别定价为 1 420 元、2 360 元、3 270 元及 7 970 元。大屏幕的彩电需求量大，定价高，获利大；小屏幕不受欢迎，定价低，但整条彩电线仍可获得较大的收益。

2. 替代产品定价策略

替代产品是指使用价值基本相似、可以替代使用的产品。例如，肥皂和洗衣粉。替代品具有一种替代效应，如果提高一种产品的价格，不仅会使该产品销量降低，而且会同时提高其替代产品的销量。替代产品定价策略是营销企业有意识地安排本企业替代产品间的价格比例，用以实现某种营销目标。

3. 产品捆绑定价策略

产品捆绑定价策略是指企业将一些产品组合在一起定价销售。例如，手机和相应的电池、充电器，照相机和胶卷，计算机硬件和软件等。企业通过提高附带产品的价格来弥补主体产品价格低造成的损失，以获得长期的利润。

7.4 竞争中的价格调整策略

产品价格确定以后，并非是固定不变的，随着市场环境的变化，经常需要对价格进行调整。调整的主要原因有两种：①市场供求环境发生了变化，企业认为有必要对自己的产品价格进行调整，即主动调整价格；②竞争者的价格发生了变动，企业不得不做出相应的反应，以适应市场竞争的需要，即被动调整价格。

7.4.1 主动调整价格策略

主动调整价格策略是指企业在竞争对手价格没有变化的情况下主动降价或提价的策略。表 7－2 是两种主动调整价格策略的对比。

表7-2 两种主动调整价格策略的对比表

	主动降价策略	主动提价策略
定义	在市场营销活动中，企业为了适应市场环境的变化而主动降低产品价格的策略	在市场营销活动中，企业为了适应市场环境的变化而主动提高产品价格的策略
主动调整价格原因	(1) 库存积压严重 (2) 市场占有率下降 (3) 成本费用下降 (4) 市场疲软 (5) 产品生命周期阶段变化	(1) 成本升高 (2) 产品供不应求 (3) 改革产品 (4) 竞争策略的需要
调整价格方式	(1) 直接降价：最好一次性降价，避免多次小幅度降价 (2) 间接降价：价格目录表上的价格不变，通过送货上门、免费安装、维修、赠送礼品、增大回扣及为顾客保险等	(1) 直接提价：直接提高产品的价格，掌握好提价的幅度和提价的时机 (2) 间接提价：价格目录标上的价格不变，通过改变产品性能、规格、式样调高价格；减少折扣；涨价的同时，增加产品含量，附送赠品或优待等

7.4.2 被动调整价格策略

被动调整价格策略是指企业在竞争对手率先调整价格的情况下而做出反应的价格策略。企业做出的反应通常有以下几种方式。

1. 置之不理

当竞争者降价幅度较小时，企业认为，跟随竞争者降价会减少利润，而保持价格不变，市场份额损失不大，必要时可以重新占领市场。企业可以凭消费者对本企业产品的忠诚度决定是否降价。

2. 价格不变

当竞争者降价幅度稍大时，企业认为运用非价格手段竞争更合算。在异质市场上，消费者要考虑产品的质量、服务水平、信赖度等，这就抵消了顾客对价格的敏感程度。企业可以通过进一步改进产品质量、服务质量等，使消费者认为物有所值，稳定其购买信心。

3. 跟随降价

当竞争者大幅度降价，而企业又认为市场对价格非常敏感时，如果企业不跟随降价，就会丢失太多的市场份额，影响以后企业的市场竞争和生产经营活动，损害企业的长远利益，企业就会跟随降价。至于降低到与竞争者相同的幅度，还是较小幅度，或更大幅度，要根据企业具体情况进行分析。通常，企业降价的幅度或极限，是要能使销售量的增加足以维持企业原有的利润。

应用案例 7-9

宝钢集团的调价策略

2007 年第二季度，宝钢集团对其产品进行了价格调整。本次宝钢调价，板卷普遍上调 500～1 100 元/吨，管材上调 100～300 元/吨，多数产品上调 600～700 元/吨，此外，合金产品再上调 0～700 元/吨，多数上调 100～300 元/吨。

宝钢集团的调价幅度更多地参考了欧洲主流钢厂(安赛乐米塔尔、萨尔茨吉特等)价格在 3 月份基础上上涨 15%的幅度，却大大低于日本钢厂(JFE 和新日铁)价格上调的幅度(热轧上调 200 美元/吨，厚板上调 300 美元/吨)。

▶ **分析提示**

宝钢的调价幅度虽超过其成本上涨的幅度，但还是充分体现了宝钢维护市场稳定发展的战略。

(资料来源：中国钢材价格网，http：//www.zh717.com)

名人名言

企业如果在市场上被淘汰出局，并不是被你的竞争对手淘汰的，一定是被你的用户所抛弃。

——汪中求

项 目 实 施

任务 7.1 撰写定价影响因素分析报告

1) 任务组织

以小组为单位，小组规模一般是 3～5 人，每小组选举小组长以协调小组的各项工作，教师提供必要的指导和建议，组织学生进行经验交流，并针对共性的问题在课堂上组织讨论和专门讲解。

2) 任务内容

各组调查了解校园外超市、餐厅和学校食堂产品的价格(任选其一)，运用所学知识分析哪些因素影响他们的定价，这些定价是否存在不合理的地方，提出解决的办法，撰写定价影响因素分析报告。

3）任务总结

将分析报告制作成 PPT 进行汇报，同学互评、教师点评，然后综合评定本次各学习小组的实训成绩。

任务 7.2 制定产品价格实训

1）任务组织

以小组为单位，小组规模一般是 3～5 人，每小组选举小组长以协调小组的各项工作，教师提供必要的指导和建议，组织学生进行经验交流，并针对共性的问题在课堂上组织讨论和专门讲解。

2）任务内容

以组为单位，在完成任务 7.1 的基础上，进一步收集相关资料，根据调研结果讨论和分析如何制定产品价格。

3）任务总结

各组在调研后，将结果填入表 7－3 中，在课堂上交流、讨论。

表 7－3 小组调研表

调研项目	调研结果
行业发展情况	
市场环境： 整个市场竞争产品 消费者 销售渠道	
企业自身环境： 企业的信心 企业财务状况 品牌优势 市场环境	
活动感触	

填表人：

填表日期：年　月　日

4）参考定价方案

××企业纯牛奶定价方案

一、定价过程的分析

1. 产品的定性分析

乳品行业中纯牛奶产品一直是市场上销量较大、竞争激烈的产品，同时该产品肩负着企业品牌和形象传播的任务，是一个销量和形象相结合的产品。

2. 目标消费人群分析

纯牛奶产品是乳品行业中的一个普通品种，其消费人群为上至老人下至小孩的所有人群，属于家庭消费占主导的普通消费品。

3. 渠道状况分析

牛奶产品的消费面向广大家庭，企业产品的销售渠道主要是超市、社区周围和街边的杂食店及奶亭，是食品行业的传统销售渠道。还有直销家庭的渠道。

4. 产品策略与定价目标分析

纯牛奶是企业的长线产品，承担着企业战略任务，在国家经济稳步发展的前提下，产品价格一旦定下来，将是长期和稳定的。

5. 产品特性分析

该产品采用袋包装，包装形式与市面产品大同小异，其功能、概念无特殊和独到之处，产品是普通产品。

6. 供求关系与价格需求弹性分析

纯牛奶产品供大于求，但产品价格需求弹性大，产品价格对产品销售量起到很大作用，特别是该地区消费者尚无品牌消费概念，消费者对牛奶知识认识较少，对尚未建立品牌的企业而言，价格与需求的弹性表现更为明显。

二、定价过程的市场调研

1. 行业发展情况调研

乳制品行业是一个朝阳行业，液态奶产品处于一个高速发展阶段，市场容量较大，行业兴盛，全国各地区牛奶产品的价位，每袋零售价格为 1 元的居多，而整件，由于包装规格不同，产品价格有所不同，但折合每袋价格仍在 0.9～1 元之间。

2. 市场环境的调查

(1) 通过对整个市场竞争产品进行分析，发现产品的规格、包装趋于一致，同一规格产品的售价一致，供货价也一致，但因促销赠品差别较大，低的折算下来只有 17 元/件，市场上的主流价格是 22 元/件。

(2) 通过对消费者调查得出，企业产品的口味非常好，比该市场第一品牌的口味还要好，很受消费者欢迎，但终端铺货量较少，价格对消费者影响不大。

(3) 通过对销售渠道调查得出，企业原来产品供货价为 19 元/件，零售价 20 元/件，零售商整件所得毛利才 1 元，与竞争对手相比为最低，从而降低了零售商向顾客推荐企业产品的积极性。

3. 企业自身环境的调查

(1) 企业对奶业发展充满信心，企业的目标是让消费者喝上一杯放心奶，计划在营业推广、品牌宣传上进行大的投入，因而产品定价要包含促销费用。

(2) 企业母公司规模较大，财务状况良好，并拥有几个千头奶牛的牛场，奶源绝对有保证，牛奶产品质量好，优势明显。优质、高价、高市场份额，是企业对产品价格定位的追求。

(3) 企业的产品处于市场发展初期，尚无品牌优势，目前产品的市场地位属于跟随者地位。

(4) 从企业所处的市场环境来看，产品正处于销售的上升期，经营得好，销售量就会大幅度提升。

(5) 财务资料表明，原来每件产品的成本费用为 17.9 元，成本费用利润率仅 0.53%。

三、定价的最终结论

根据对各因素的综合考虑，结合市场的调查结果，通过分析，采取竞争导向定价法的随行就市定价法，将该产品的定价定位在中档价位，价格定为 22 元/件，零售价定为 24 元/件，考虑市场后期发展的不可预见性，企业在产品销售中每件预提 1.5 元钱用于产品的推广费和其他促销费用。

此方案得到公司高层领导的认可，并执行该价格定位方案，最终结果：企业产品顺利上市，并形成大的销售量，取得定价的成功。

任务 7.3 制定价格策略实训

1) 任务组织

以小组为单位，小组规模一般是 3～5 人，每小组选举小组长以协调小组的各项工作，教师提供必要的指导和建议，组织学生进行经验交流，并针对共性的问题在课堂上组织讨论和专门讲解。

2) 任务内容

各组在完成任务 7.1 和任务 7.2 的基础上，根据企业的定价目标、产品特性、市场需求等因素选择恰当的定价方法，制定产品的基本价格；根据市场需求、消费者心理等因素制定合理的产品定价策略，撰写产品价格策略方案。

3) 任务总结

将方案制作成 PPT 进行汇报，同学互评、教师点评，然后综合评定本次各学习小组的实训成绩。

项 目 小 结

【知识要点】

定价的程序通常为分析定价影响因素、确定定价目标、选择定价方法和定价策略。

影响定价的主要因素有产品成本、定价目标、产品生命周期、需求状况、竞争状况和其他因素。前三种属于内部因素，后三种属于外部因素。

定价的方法包括成本导向定价法、需求导向定价法、竞争导向定价法。

定价的策略多种多样，新产品定价时，可以考虑撇脂定价策略、渗透定价策略和温和定价策略；差别定价时，可以考虑以用户、地点、时间、产品、流转环节和交易条件为基础的定价策略；心理定价时，可以考虑尾数定价、整数定价、声望价格策略和招徕价格策略；价格折扣定价时，可以考虑现金折扣、数量折扣、交易折扣、季节折扣和折让定价策略；产品组合定价时，可以考虑产品线、替代产品和产品捆绑定价策略；竞争中的价格调整可以考虑主动调整和被动调整两种方法。

【实务重点】

定价程序；定价方法的选择；确定定价策略；撰写定价方案；竞争中调整价格的选择。

职业能力训练

一、单选题

1. 产品成本是产品价格最重要的组成部分，是定价的(　　)临界点。
   A. 最低　B. 最高　C. 偏低　D. 偏高
2. 投资报酬率定价目标要求定价时需要在产品成本的基础上加上(　　)。
   A. 营业收入　B. 上年利润　C. 预期报酬　D. 销售量
3. 按照生产某种产品的总成本和销售收入维持平衡的原则制定的产品保本价格是(　　)。
   A. 成本加成定价法　B. 目标利润定价法
   C. 盈亏平衡定价法　D. 边际贡献定价法
4. 认知价值定价的关键，是要准确估计消费者对产品的(　　)。
   A. 认知价值　B. 认知质量　C. 认知性能　D. 认知用途
5. 随行就市定价法最适用于(　　)。
   A. 异质产品　B. 同质产品　C. 无形产品　D. 工业品
6. (　　)是指在短期内不随企业产量和销售收入的变化而变化的生产费用。
   A. 可变成本　B. 原材料　C. 工资　D. 固定成本
7. 一般而言，降价幅度低于(　　)才有促销的效果。
   A. 10%　B. 20%　C. 25%　D. 30%
8. (　　)是指制造商开始时给产品制定很高的价格，然后大幅度降价出售。
   A. 心理折扣　B. 现金折扣　C. 低息融资　D. 牺牲品定价
9. 消费者对降价的反应是(　　)。
   A. 产品质量下降　B. 产品有价值
   C. 产品很畅销　D. 卖方想赚钱
10. (　　) 对企业影响不太大，不会导致严重后果。
   A. 逆向式反应　B. 交叉式反应　C. 顺向式反应　D. 敏感式反应

二、多选题

1. 企业以提高市场占有率为定价目标，最好的途径是扩大销售，降低(　　)。
   A. 价格　B. 成本　C. 工资　D. 利润水平
2. 给产品定价时，需要考虑的外部因素有(　　)。
   A. 需求状况　B. 竞争状况　C. 物价政策　D. 消费者心理和习惯

3. 渗透定价是针对新产品的一种低价格策略。采用渗透定价法应具备的条件是(　　)。

A. 市场价格需求弹性大　　B. 市场潜力大

C. 竞争者容易进入　　D. 行业壁垒小

4. 在异质产品市场上，企业面对竞争对手的价格变动时，既可以在价格上随之变动，也可以采取一些其他措施。企业做出的反应通常有(　　)。

A. 置之不理　　B. 价格不变　　C. 跟随降价　　D. 合作

5. 产品定价时必须考虑是否遵循的原则是(　　)。

A. 价格的制定与企业的定价目标一致

B. 价格的制定符合国家政策法令

C. 价格的制定符合消费者的利益

D. 价格的制定与营销组合中的非价格因素一致

三、判断题

1. 影响定价的因素是多方面的，其中既有商品价值本身的，也有企业内部的诸多因素。(　　)

2. 投资报酬率一般高于银行存款利率。(　　)

3. 通常，当企业实力较雄厚，处于行业领先地位时，可以先发制人，主动调整价格。(　　)

4. 成熟期产品定价是在提价和保价之间做出选择。(　　)

5. 在现实生活中，许多消费者存在“一分钱一分货”的观念。面对不太熟悉的商品，消费者往往从价格上判断商品的好坏。(　　)

6. 需求差异定价法是指产品价格的确定以需求为依据，可根据相同购买力、相同需求强度、相同购买时间等因素制定不同的价格。(　　)

7. 拍卖定价法是指由买方通过拍卖市场公开叫价，相互竞争，将商品卖给出价最高者的一种定价方式。(　　)

8. 撇脂定价策略是针对新产品的一种高价定价策略。(　　)

9. 通常，交易批量大的价格低，零星购买价格高。(　　)

10. 给产品制定最高价格，就能提高企业的信誉和产品形象。(　　)

案例分析

奥克斯空调的定价策略

奥克斯空调的生产厂家是宁波奥克斯空调公司，它是宁波三星集团的下属子公司。宁波三星集团是目前世界上最大的电能表生产企业，其主打产品是三星牌电能表，产销量已经连续7年位居国内第一，市场占有率达到30%。1993年，三星集团与美国奥克斯集团合资，进入空调市场，最初是生产国内很少见的高档空调。

由于这一定位没有得到响应，奥克斯空调没有获得大的发展。从1996年起，奥克斯空调改变原有定位，开始走优质平价的路线，事实证明这一决定是正确的，奥克斯空调销路大增。此后，奥克斯空调坚定了自己的发展方向：采取低成本战略，为消费者提供优质平价的空调。同大多数创业企业一样，奥克斯空调并没有急于宣传自己的战略，而是稳扎稳打，一方面加大内部整合力度，压低生产成本，另一方面，继续“只做不说”的市场开拓运动，稳步提高自己的市场份额。从2000年开始，奥克斯逐步在市场上发力，大力宣传自己的“优质平价”战略。

伴随一系列市场活动，奥克斯空调的业绩几乎一年上一个台阶。据奥克斯空调提供的数据，2000年奥克斯空调总销售量为57万套；2001年为90.23万套，位居行业第六；2002年为157万套，位居行业第四；2003年空调总出货量突破250万台，进入中国空调业的前三甲。与此同时，跨国性专业市场调查公司GFK的数据显示，2002年旺季零售检测到的活跃品牌为105个，而2003年减少到97个。市场分析机构也预测，今后几年空调行业的洗牌将进一步加剧，很多以前熟悉的品牌将在市场上消失。

奥克斯空调作为中国空调市场传统强势品牌的挑战者，成为推动空调市场重新洗牌的主要力量，通过差异化的定位，进攻性的价格策略，再配以一系列的事件营销保证了其持续成长。

1. 差异化的市场定位

奥克斯空调从1996年开始改变原定路线走上一条差异化道路，始终明确将其空调定位于“优质平价”的“民牌”空调。相比于市场传统强势品牌的“高价优质”定位，更容易为大众喜欢，且价格易被消费者接受，有物有所值，甚至物超所值的感觉。

2. 进攻性的价格策略

从2000年起，奥克斯空调拉起空调降价的大旗，此时其还是一个默默无名的区域品牌，但正是奥克斯空调的“价格杀手”称号，让其名声鹊起。自2000年以来，奥克斯空调的主要降价活动如下：

(1) 2000年3月，在成都打出“1.5匹空调跌破2 500元生死价”的条幅，最大降幅达到25%，第一次喊出“要做优质平价的‘民牌’空调”的口号。

(2) 2001年4月，40余款主流机型全面降价，最大降幅达到30%以上。

(3) 2002年4月，16款主流机型全面降价，包括1匹和1.5匹变频空调，最大降幅达到26%。

(4) 2003年4月，所有机型一律降价。据称平均降幅达30%，单款机型最大降幅达2 000元。

奥克斯空调的价格战，基本都选择在4月份，过早消费者没反应，竞争者容易跟进，过晚也起不到作用。奥克斯空调的降价，每次都是大规模、高幅度的降价，出其不意地袭击竞争对手，坚定消费者购买的决心。另外，奥克斯空调为配合价格战，广告攻势强，采取“大中央小地方”的模式。例如，2002年4～6月在央视投入了3 000多万元广告费用，进行大规模集中轰炸，有力地配合了降价促销活动。

3. 系列化的事件营销活动

奥克斯空调成功的另一个关键策略是巧用事件营销的影响，不断吸引消费者的眼球。通过事件营销活动，奥克斯空调不断向空调业原有规则发起冲击，让更多的消费者获得了新的体验。

(1) 狂打“足球牌”。

2001 年年底，奥克斯空调聘请米卢为品牌代言人，随后开展了米卢“巡回路演”和售空调赠签名足球活动。从五六月份开始，奥克斯空调投入 6 000 万元广告费用在央视高频度播出“米卢篇”广告，并在后来推出“200 万巨奖任你赢”世界杯欢乐竞猜活动。

2003 年 2 月 12 日，奥克斯空调投资 2 000 万元赞助令中国球迷关注的“中巴之战”。同一天，世界顶级球星罗纳尔多的亚洲经纪人与奥克斯空调全国市场总监李晓龙达成一致意向，罗纳尔多将以 150 万美元的身价出任奥克斯空调新一任品牌形象代言人。

(2)《空调成本白皮书》。

2002 年 4 月 20 日，奥克斯空调向外界首家披露《空调成本白皮书》，以行业背叛者的身份揭示了“一台空调究竟该卖什么价”的行业秘密，显然，矛头指向消费者关注的空调业实际利润的问题。在《空调成本白皮书》上，奥克斯空调一一列举了 1.5 匹冷暖型空调 1 770 元零售价格的几大组成部分：生产成本 1 377 元，销售费用 370 元，商家利润 70 元，厂家利润 52 元，奥克斯还具体剖析了成本的组成部分。

(3)“一分钱空调”。

2002 年，奥克斯空调在 11 月 22 日至 12 月 1 日的 10 天时间内，于广东省内的 700 多家电器店同时推出“一分钱空调”的促销活动。顾客只要花 4 337 元购买奥克斯空调 60 型小 3 匹柜机，再加一分钱，即可以获得另一台价值 1 600 元的 1 匹壁挂式分体空调，同时承诺一分钱空调同样享受厂家提供的优质售后服务。在广东市场，类似 60 型小 3 匹的品牌机的价格为 4 700～6 500 元，25 型 1 匹空调的价格为 1 667～2 700 元，奥克斯空调公布的空调套餐价格比市场均价低 3 500 元。

(4)“冷静”大行动。

“关注美伊战争，呼吁世界冷静”，是奥克斯空调推出的“冷静”大行动，目的是提升企业关心公益事业的形象。此次活动从 2003 年 3 月 27 日起至 4 月 21 日止，武汉地区奥克斯空调再掀降价风暴，降幅都在 17%以上。本次活动奥克斯空调推出了代号为“冷静 1 号”、“冷静 2 号”、“冷静 3 号”的多款机型。奥克斯空调表示在此次活动中，消费者每购买一款奥克斯空调，奥克斯公司将以消费者的名义捐献一定数额的现金给红十字协会，用于伊拉克战后重建工作，以此表达奥克斯人对世界和平的支持。

(5)《空调技术白皮书》。

2003 年 4 月 23 日，奥克斯再次扮演了反叛者的角色，公布了《空调技术白皮书》，宣称“空调技术炒作‘高科技’概念只是‘皇帝的新装’，是空调行业的最后一块‘神秘面纱’，奥克斯空调要将其一揭到底，让空调行业早日正本清源，回归到空调‘冷、静、强、省’的核心价值上来”等。奥克斯空调总经理吴方亮宣称奥克斯想宣传的核心内容是，空调不是高科技产品。他还断言至少在5年内，空调行业不会出现革命性的技术突破。奥克斯最后总结称，目前空调市场上包括“富氧技术”、“红外线传感技术”、“温度传感技术”等在内的几大所谓“高科技”，实质“只是一种牟取暴利的幌子，都是将附加功能进行包装放大，从而达到误导消费者让自己获取暴利的目的”。

（资料来源：中华管理学习网，http：//www.zh09.com/，有删改）

▶ 思考分析

1. 奥克斯空调采用的是什么定价策略？这种定价在什么条件下才能取胜？
2. 你如何看待奥克斯空调的《空调成本白皮书》？
3. 面对奥克斯空调的价格策略，格力、美的、科龙等主要品牌该如何应对？

职业与发展

一、岗位名称：产品定价专员

1. 职位描述

(1) 协助产品定价主管制定与产品定价相关的管理制度和规范，并严格执行。
(2) 根据相关人员的要求，检索、提供价格信息资料，为产品定价工作提供支持。
(3) 协助产品定价主管做好产品定价、调价的具体工作。
(4) 协助销售人员决定订货价格，并监督销售人员对于既定价格的执行情况。
(5) 收集价格信息资料，并负责整理、统计和保管这些信息资料。
(6) 关注竞争对手的产品定价策略及价格变动状况，并进行整理分析，为定价决策。

2. 任职要求

(1) 专科学历以上优先。
(2) 受过产品知识、价格知识等方面的培训。
(3) 熟悉掌握企业定价方法。
(4) 能独立完成市场调研分析工作最佳。

二、岗位名称：价格管理专员

1. 职位描述

(1) 负责对外销售价格的制定。
(2) 负责价格对比分析。
(3) 负责新产品企划价格的确认。
(4) 负责内部采购价的审核。
(5) 负责产品与服务价格的制定与管理。
(6) 研究科学的价格制定方法，对产品与服务进行价格制定。
(7) 依据市场及相关因素，对部分产品与服务进行价格调整。

2. 任职要求

(1) 专科以上学历优先。

(2) 受过管理知识、价格知识方面的培训。

(3) 能够独立完成管理工作者优先考虑。

三、岗位名称：市场价格审计专员

1. 职位描述

(1) 建立价格审核管理体系和流程，规范价格成本管理工作。

(2) 对采购物资的价格进行审核，确保核价的及时性与准确性，提高价格管理效率和水平。

(3) 检查采购人员的询价、比价、招投标、购销合同等资料及记录。

(4) 进行市场采购价格调研，了解通用物资的供需情况，跟踪物资价格趋势，建立核价档案，建立并完善核价工具。

(5) 负责调查分析竞争公司的产品及价格情况。

2. 任职要求

(1) 专科以上学历优先。

(2) 熟悉各项物资供应渠道，掌握询价、报价技巧和操作规划。

(3) 具备良好的职业道德素质，为人正直，有责任心，执行力强。

模块四

价值传递篇

项目 8　制定渠道策略

学习目标

【知识目标】

1. 理解分销渠道的概念；
2. 了解中间商的概念、作用和类型；
3. 掌握分销渠道的设计和管理。

【技能目标】

1. 具有分析分销渠道模式的能力；
2. 具有分析渠道设计的能力；
3. 具有分销渠道管理的能力。

【实训目标】

1. 通过分销渠道知识的学习，使学生具备分析渠道的选择和决策技能；
2. 通过分析渠道设计和管理的学习，使学生具备根据实际情况对分销渠道进行评估和调整的技能。

案例引入

中域电讯：手机渠道演变

位于东莞虎门的广东中域电讯连锁股份有限公司(简称中域)是一家手机销售门店。最近两年，这家销售店以连锁的形式在华南乃至全国迅速发展，共开办了1 400多家连锁店。就店铺数量而言，该公司已经成为全国最大的电讯专业连锁销售机构。业内人士分析指出，看到了国美、苏宁大型电器连锁商在销售上的强势地位，以及在消费品领域，沃尔玛、家乐福等大型连锁零售终端左右市场格局的能力，中域希望在手机市场复制这种模式。

截至2004年2月底，中域在全国25个省共发展连锁店1 400多家，待开业的还有2 000多家。随着门店数量的增多，2003年中域手机的销量达到250万部。中域电讯资讯部高级经理曾幼红说道："中域与传统的手机代理不一样，中域要做的是独立专业的公共渠道。以前的代理商依附于厂商、运营商，而且局限在一个或几个厂家，但是厂家自建渠道的成本高，不可能全面覆盖。手机渠道向公共资源的演变是一种必然。中域就是要以规模出效益，成为手机市场独立的公共渠道，改变传统代理的模式，与众多厂家形成端对端的合作，厂家则集中精力做研发。”中域目前开业的1 400家店中，有150家是自营店，其他都是加盟连锁店，而未来完成“万店计划”，加盟连锁将是主要形式。

随着中域零售终端数量的不断增加，第一步是力图剔除渠道的中间环节。当时，已有摩托罗拉、波导、康佳、夏新、东信、南方高科、西门子、首信、迪比特、联想10家手机厂商与中域签订了直供协议。

中域的第二步就是展开买断经营，当时，中域共买断了8个厂家的12款手机。而在那之前，在手机市场，只有运营商和国美、苏宁这样的零售巨头才能采用这种战略。买断经营指的是经销商买断某一款机型的经营权，或者根据市场消费需求直接向厂家定购一款机型。无论哪种方式，其共同点是消费者只能从一家经销商手中买这种手机。买断的好处除了具有独占性外，更重要的是提高了零售终端的议价能力。

当时，中域电讯的买断手机销售份额不到20%，但利润贡献却达到40%～60%。在那之后，中域会加大买断机型的力度，使其销售份额占到40%以上，利润贡献占到60%以上。另外，据中域员工介绍，买断一款机型的最低量为5万台，这是手机研发与生产成本的临界点，超过10万台以后，该款机型的成本就只剩下原器件的成本了，这是买断机型高利润与不断降价的根本原因。

自建渠道——正在成为国产手机采用的新销售模式，这种模式瞄准了国内广大城乡手机市场。2003年，无论是康佳斥巨资打造的“千县千店”工程，还是科健表示要决战“最后一米”，以及南方高科的手机专卖店模式，都是手机厂商在直控终端模式上的探索，渠道将进一步下沉。

这些乐于自建销售渠道的企业将核心市场瞄准了占据中国人口66%的近2 000个县城，从而巧妙地与国外品牌在市场上拉开差距。这种模式是否会对中域电讯这样的“超级终端”产生威胁？

虽然很多国内厂家在拥有自建渠道的同时也与“超级终端”签订直供协议，但他们难以接受后者买断经营的要求，毕竟国美、苏宁或者中域电讯，都难以覆盖广大的县市级市场。

另外，电信运营商以捆绑销售和手机定制的形式参与到渠道竞争的混战之中，他们的优势是不可忽视的。“五年建万店”看起来是“超级终端”满足国产手机商的一种诱人的构想，但这种构想能否真的实现，依然存在诸多变数。

（资料来源：豆丁网，http：//www.docin.com/p-16105426.html，有删改）

▶ 思考分析

1. 目前国内手机的营销渠道有哪几种？这些渠道对手机销售有什么影响？
2. 买断经营有哪些优点和缺点？

相关知识

8.1 市场营销分销渠道

8.1.1 分销渠道的含义

分销渠道又称“销售渠道”或“通路”，指产品或服务从企业向消费者转移过程中，所有取得产品所有权或协助产品所有权转移的组织和个人，主要包括商人中间商(他们取得了产品所有权)、代理中间商(他们帮助转移了产品所有权)，以及处于分销渠道起点和终点的企业和消费者。

应用案例8-1

三星打印机的渠道模式

在进入国内市场的初期，三星打印机采用总代理制渠道模式：由总代理全面负责市场开发和渠道拓展，三星则提供强有力的产品和价格支持。三星选择了汽车渠道商、毫无IT行业经验的万盛集团做其激光打印机及其他办公设备的中国总代理。万盛则从IBM、恒基伟业等公司挖来销售人员，组成万海公司，专门运作三星产品。万海采取低价格、高利润、长账期、多家代理的渠道政策，期望尽可能多地发展代理商，并且列出主要的代理商名单，然后逐一进行拜访。但是大多数经销商并不买账，万海的销售人员甚至蹬着三轮车到柜台铺货，最后却只有部分经销商留下来几台。

▶ **分析提示**

事实上，当时三星打印机不具备品牌优势，万海公司在IT渠道中也没有知名度，加上IT业界低价伪劣产品伤害代理商的事情屡屡出现，如果一味强调低价、高利润和优厚的渠道策略反而引起了渠道商的反感。

(资料来源：浙江省普通高校省级精品课程网，http：//jpkc. hutc. zj. cn/fsxy/scyx)

名人名言

营销并不是要一味地推销自己已经拥有的东西，而是要为客户创造真正的价值。

——菲利普·科特勒

8.1.2 分销渠道的模式

分销渠道的模式会随着商品的特点、渠道成员的多少、不同渠道的长短等因素的不同而发生变化，如图 8.1 所示。

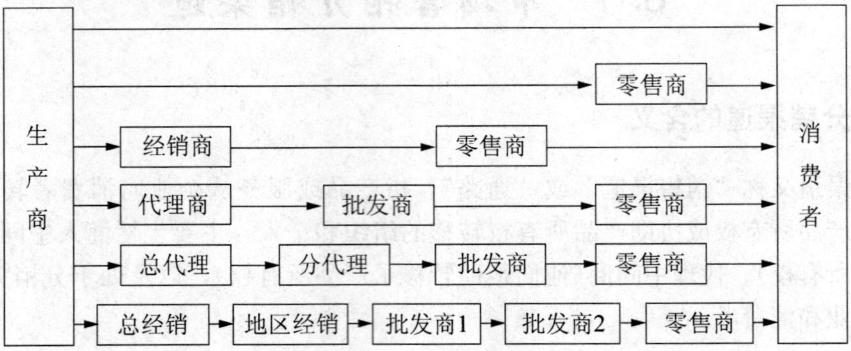

图 8.1 分销渠道模式

1. 零阶渠道

零阶渠道(直接销售)是制造商将产品直接销售给最终消费者，中间不经过任何中间商的分销渠道类型。这种直销的主要方式有上门推销、邮销、互联网直销及厂商自设机构销售。直销是工业品销售的主要方式，大型设备、专用工具及需要提供专门服务的工业品，几乎都采用直销渠道。随着科学手段的完善，消费品直销渠道也得到长足发展。

2. 一阶渠道

一阶渠道包括一级中间商。在消费品市场上，中间商通常是零售商；而在工业品市场上，可以是一个代理商或经销商。

3. 二阶渠道

二阶渠道包括两级中间商。消费品二阶渠道的典型模式是经由批发和零售两级转手销售。在工业品市场上，两级中间商大多是由工业品批发商和销售代理商组成。

4. 三阶渠道

三阶渠道是包含三级中间结构的渠道类型。一些消费面宽的日用品，如肉类食品及包装方便面，需要大量零售机构营销，其中许多小型零售商通常不是大型批发商的服务对象。

5. 四阶渠道

四阶渠道、五阶渠道等层级更高的分销渠道也有，但极罕见。一般对制造商而言，渠道层级越多越难协调和控制，会给分销渠道的管理与控制带来许多不便。

应用案例 8－2

戴尔电脑的直销模式

戴尔电脑公司(简称戴尔)于1984年由迈克尔·戴尔创立，现已成为全球领先的电脑公司。所谓戴尔直销模式，是指戴尔公司通过互联网商务网站建立一套与客户联系的渠道，由客户直接向戴尔发订单，订单中详细列出所需的配置，然后由戴尔“按单生产”。戴尔所称的“直销模式”实质上就是简化消灭中间商。如何评价戴尔的销售模式，这种销售方式可以大量复制推广吗？为什么？

▶ 分析提示

从戴尔的经营效果看，其销售方式显然是成功的，值得学习借鉴。戴尔运营着全球最大的互联网商务网站，该网站销售额占公司总收益的50%～60%。戴尔的直销模式是不可以大量复制推广的，因为消费需求多种多样，差别很大，没有中间商是难以想象的，具体应用什么销售模式，应当具体情况具体分析。

(资料来源：彭石普．市场营销教程[M]．大连：东北财经大学出版社，2010)

名人名言

营销学不仅适用于产品与服务，也适用于组织与人，所有的组织不管是否进行货币交易，事实上都需要搞营销。

——菲利普·科特勒

8.1.3 分销渠道系统

20世纪80年代以来，分销渠道系统突破了由生产者、批发商、零售商和消费者组成的传统模式，有了新的发展，如图8.2所示。

1. 传统渠道系统

传统渠道系统是指由独立的生产商、批发商、零售商和消费者组成的分销渠道，其特点是松散、各自为政、只追求自身的最大利益。

2. 垂直渠道系统

垂直渠道系统是由生产企业、批发商和零售商纵向整合组成的统一系统。该渠道成员或属于同一家公司公司式，或将专卖特许权授予其合作成员(合同式)，或有足够的能力使

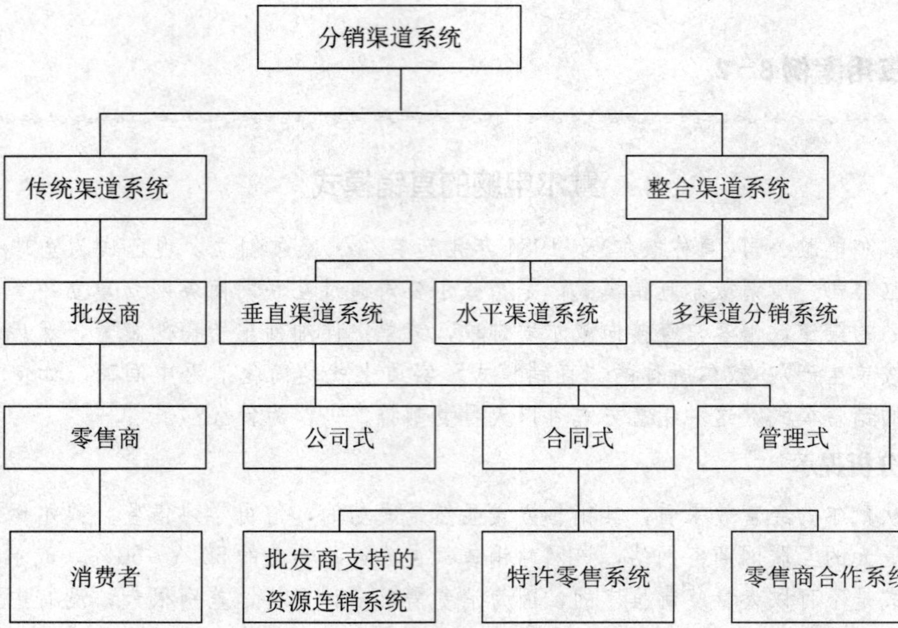

图 8.2　分销渠道系统

其他成员合作，因而能控制渠道成员的行为，消除某些冲突管理式。垂直分销渠道的特点是专业化管理、集中计划，销售系统中的各成员为共同的利益目标，都采用不同程度的一体化经营或联合经营。

3. 水平渠道系统

水平渠道系统指由两家或两家以上的公司横向联合起来的渠道系统。这些公司可实行暂时或永久的合作。当面临一个新的市场机会时，这些公司或因资本、生产技术、营销资源不足，无力单独开发市场机会，或因惧怕独自承担风险，或因与其他公司联合可实现最佳协同效益，因而组成共生联合的渠道系统。这是在同一层次的若干生产商之间、若干批发商之间、若干零售商之间采取的横向联合方式。总之，这种系统可发挥群体作用，共担风险，获取最佳效益。

4. 多渠道分销系统

多渠道营销系统指对同一或不同的细分市场采用多条渠道营销系统。这种系统一般分为两种形式：一种是生产企业通过多种渠道销售同一商标的产品，这种多渠道营销系统也称为双重营销；另一种是生产企业通过多渠道销售不同商标的差异性产品。此外，还有一些公司通过同一产品在销售过程中的服务内容与方式的差异，形成多条渠道以满足不同顾客的需求。多渠道系统为制造商提供了三方面的利益：扩大产品的市场覆盖面，降低渠道成本和更好地适应不同顾客要求。但该系统也容易造成渠道之间的冲突，给渠道控制和管理工作带来很大的难度。

应用案例8-3

工、商联合出效益

三九企业集团于1982年以南方药厂经贸部为基础组建了三九经贸公司，建立了自己的销售渠道，之后采取参股和控股的方法兼并了宁波、无锡、长沙等地的医药公司，建立了自己的销售网络。后又以三九经贸公司国内贸易部为基础组建三九商业连锁公司，向综合商社迈进。由于建立了自己的销售网络，使得三九集团贴近市场，了解市场，从而大大开拓并赢得了市场。1984年三九集团通过自己的销售网络实现销售额22亿元，比其他渠道多一倍。

▶ 分析提示

企业的销售渠道不是固定不变的，而是根据企业的产品特点、规模、市场情况等因素的变化而变化，三九集团在分销渠道中采取了垂直渠道系统，实行以生产企业为主，工、商联合的策略，形成了有效地销售网络，扩大了销售，增加了效益。

（资料来源：方光罗．市场营销学[M]．大连：东北财经大学出版社，2004）

名人名言

“营销”这两个字强调既要追求结果，也要注重过程，既要“销”，更要“营”。

——马云

8.2 分销渠道中的中间商

8.2.1 中间商的基本内涵

1．中间商的概念

中间商是指在企业与消费者之间，专门从事产品流通活动的经济组织或个人，或者说是企业向消费者出售产品的中间机构。

2．中间商的作用

中间商的作用如下：
(1) 提高产品流通效率。

(2) 调节生产与消费之间的矛盾。

(3) 有效分担企业的市场营销职能。

8.2.2 中间商的种类

中间商按其在产品流通中所起的作用不同，又可分为批发商和零售商。

1. 批发商

批发商主要有三大类型：商人批发商、经纪人和代理商、自营批发机构，其构成如图 8.3所示。

1) 商人批发商

商人批发商又称独立批发商，是指取得产品所有权的批发商。即自己进货，取得产品所有权后再批发出售的商业企业，是批发商中最主要的部分。主要类型有专业批发商、综合批发商、批发市场等。

2) 经纪人和代理商

经纪人和代理商是从事采购或销售或两者兼备，但不取得产品所有权的商业单位。

3) 自营批发机构

自营批发机构指由企业和零售商自设机构经营批发业务。主要类型有企业与零售商的分销部和办事处。

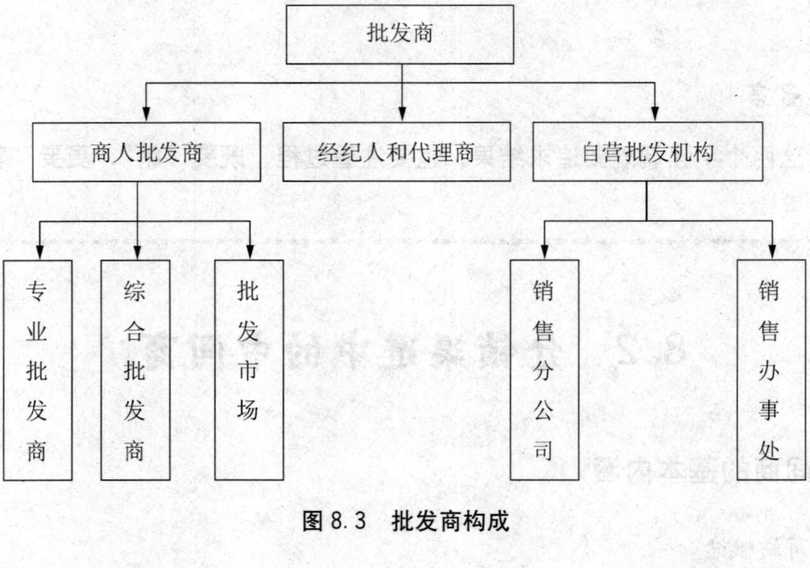

图 8.3 批发商构成

2. 零售商

从经营形式上看，目前零售商的类型主要分为商店零售商、无店铺零售商和零售组织三种。零售商构成如图 8.4 所示。

1) 商店零售商

商店零售又称有店铺零售，特点是在店内零售产品与服务。最主要的类型有百货商店、专业商店、超级市场、便利商店、邮购商店等。

2）无店铺零售商

无店铺零售是指不经过店铺销售产品的零售形式。由于科技发展及竞争关系，越来越多的企业采用无店铺零售的方式出售产品，其中最普遍的有直接销售、直复营销、自动售货机等。

3）零售组织

零售组织是以多店铺联盟的组织形式来开展零售活动的。参与组织的商店可以是同一个所有者开办的若干店铺，也可以是不同所有者的若干商店。通过商店之间的联合，可以避免过度竞争，提高零售的规模经济效益，节约成本。具体形式主要有连锁商店和特许经营等。

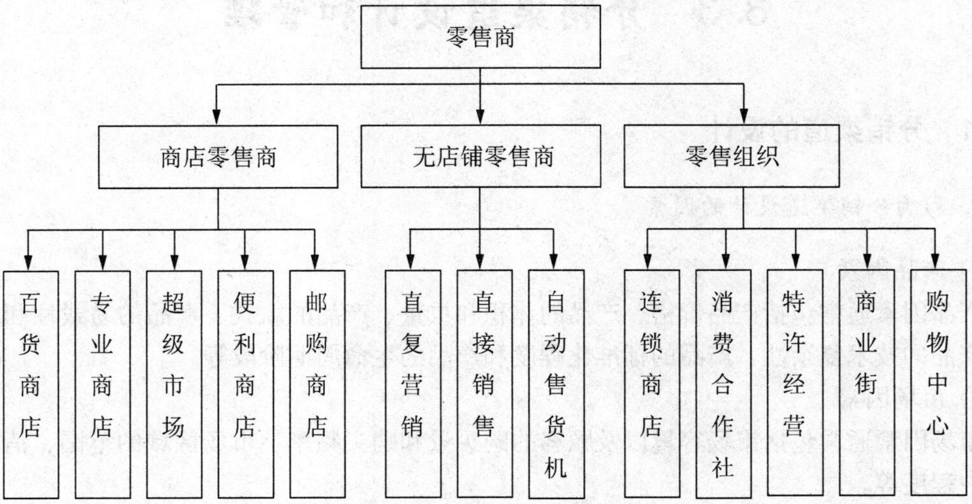

图 8.4 零售商构成

应用案例 8－4

多点辐射

山西康美集团是一家生产方便面、饮料、水果糖、饼干、儿童食品的企业。一开始产品销售采取“一点辐射法”，即把产品直接销向市场。随着企业规模的扩大，企业选择在全国各地设立数十个办事处、总代理的“多点辐射法”，并制定了“奖励用户方案”，根据年销售额多少确定奖励等级。1887 年春节过后，临汾、西安、霍州等地 20 余家销售大户获得 10 万余元的奖品，极大地调动了经销商的积极性。

▶ 分析提示

山西康美集团公司根据产品特点、市场状况、渠道成员条件、企业因素，变“一点辐射法”为“多点辐射法”，采取了广泛分销渠道策略，实施了渠道商激励制度，扩大了销售，提高了企业产品的市场占有率。

（资料来源：方光罗．市场营销学[M]．大连：东北财经大学出版社，2004）

名人名言

最核心的问题是根据市场去制定你的产品，关键是要倾听客户的声音。

——马云

8.3 分销渠道设计和管理

8.3.1 分销渠道的设计

1. 影响分销渠道设计的因素

1）产品因素

产品因素通常包括产品价格、产品的体积和重量、产品的款式、产品的易毁性和易腐性、产品的技术复杂性、产品的标准化程度和产品的生命周期阶段等。

2）市场因素

市场因素通常包括市场容量以及顾客的购买量和购买频率、市场区域的范围、消费者的集中程度等。

3）企业自身因素

企业自身因素通常包括企业商誉和资金、企业的经营能力、企业的服务能力、企业控制渠道的愿望等。

4）外界环境因素

外界环境因素通常包括经济形式和国家有关法规等。

2. 分销渠道设计的原则

1）畅通高效原则

畅通高效是渠道选择的首要原则。任何正确的渠道决策都应符合物畅其流、经济高效的要求。商品的流通时间、流通速度、流通费用是衡量分销效率的重要标志。畅通的分销渠道应以消费者需求为导向，将产品尽快、尽好、尽早地通过最短的路线，以尽可能优惠的价格送达消费者方便购买的地点。

2）覆盖适度原则

企业在选择分销渠道模式时，仅仅考虑加快速度、降低费用是不够的。还应考虑及时准确地送达的商品能不能销售出去，是否有较高的市场占有率足以覆盖目标市场。

3）稳定可控原则

企业的分销渠道模式一经确定，便需花费相当大的人力、物力、财力去建立和巩固，整个过程往往是复杂而缓慢的。所以，企业一般不会轻易更换渠道成员，更不会随意转换渠道模式。只有保持渠道的相对稳定，才能进一步提高渠道的效益。畅通有序、覆盖适度是分销渠道稳固的基础。

4）协调平衡原则

企业在选择、管理分销渠道时，不能只追求自身的效益最大化而忽略其他渠道成员的局部利益，应合理分配各个成员间的利益。

渠道成员之间的合作、冲突、竞争的关系，要求渠道的领导者对此有一定的控制能力——统一、协调、有效地引导渠道成员充分合作，鼓励渠道成员之间有益的竞争，减少冲突发生的可能性，解决矛盾，确保总体目标的实现。

5）发挥优势原则

企业在选择分销渠道模式时为了争取在竞争中处于优势地位，要注意发挥自己各个方面的优势，将分销渠道模式的设计与企业的产品策略、价格策略、促销策略结合起来，增强营销组合的整体优势。

3. 分销渠道设计的步骤

斯特恩等学者总结出用户导向分销系统设计模型，将渠道战略设计过程划分为5阶段，共14个步骤，如图8.5所示。

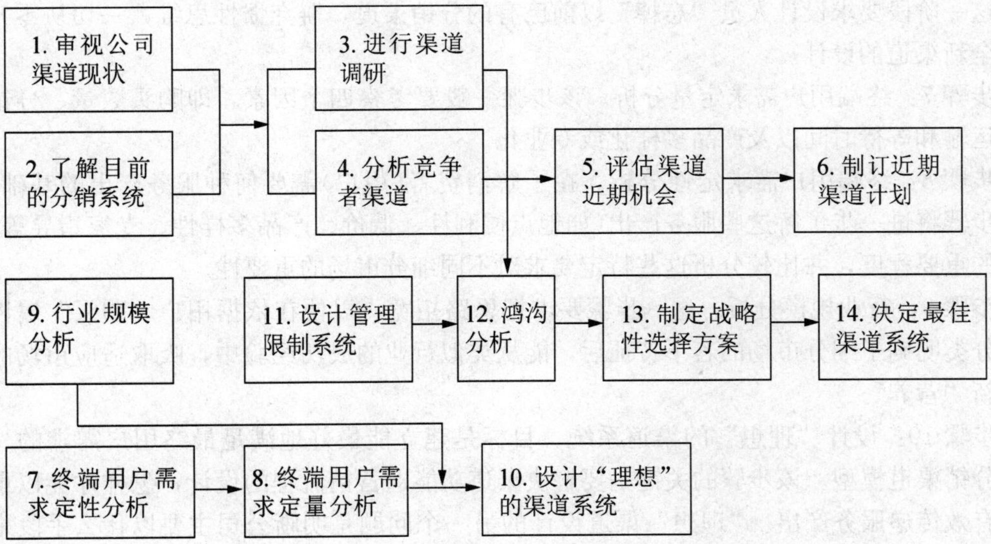

图8.5 用户导向分销系统设计模型

1）分析当前环境与面临的挑战(步骤1～4)

要求通过这些步骤，对目前分销渠道的状况、覆盖的市场范围及其对公司的绩效、面临的挑战，有一个清晰的认识和准确的把握。

步骤1：审视公司渠道现状。通过对公司过去和现在销售渠道的分析，了解公司以往进入市场的步骤，各步骤之间的逻辑联系及后勤、销售职能；公司与外部组织之间的职能分工；现有渠道系统的经济性(成本、折扣、收益、边际利润)。

步骤2：了解目前的分销系统，即了解外界环境对公司渠道决策的影响。例如，宏观经济、技术环境和消费者行为等环境要素对分销渠道结构的重要影响。渠道设计者有必要认真分析下列因素：①行业集中程度；②宏观经济指数；③当前和未来的技术状况；④经济管理体制；⑤市场进入障碍；⑥竞争者行为；⑦最终用户状况；⑧产品所处的市场生命周期阶段；⑨市场密度与市场秩序。

步骤3：进行渠道调研。对公司及竞争者的渠道环节、重要相关群体和渠道有关人员进行调查分析，获取现行渠道运作情况、存在问题及改进意见等方面的第一手资料。

步骤4：分析竞争者渠道。分析主要竞争者如何维持自己的地位，如何运用营销策略刺激需求，如何运用营销手段支持渠道成员等。

2) 制定近期的渠道对策(步骤5～6)

在这一阶段，设计者应根据前面调研分析结果，把握渠道战略可能做出某些调整的机会，进行短期"快速反应"式调整。

步骤5：评估渠道近期机会。分析竞争者的渠道策略变化带来的机会。

步骤6：制订近期渠道计划。这是一个将焦点放在短期策略上的计划，即"快速反应"计划。这种计划通常是对原渠道策略的适时、局部调整。

3) 设计"理想"的渠道系统(步骤7～10)

这一阶段要求设计人员"忘掉"以前已有的分销渠道，摒弃惯性思维，一切从零开始进行全新渠道的设计。

步骤7：终端用户需求定量分析。该步骤一般要考察四个因素，即购买数量、分销网点、运输和等待时间以及产品多样化或专业化。

步骤8：终端用户需求定性分析。在了解消费者(用户)需要何种服务产出的基础上，这一步骤将进一步了解这些服务产出(如地点便利性、低价、产品多样性、专家指导等)对用户的重要程度，并比较分析这些特定要求对不同细分市场的重要性。

步骤9：行业规模分析。这一步骤要求把思路拓宽，以便在依据用户"购买"属性和产出分类明确了细分市场的若干特征后，能从类似行业的成功经验中，吸取适应市场的渠道创新"营养"。

步骤10：设计"理想"的渠道系统。目标是建立能最好地满足最终用户需求的"理想"分销渠道模型。该步骤的关键是要解决渠道功能即营销流程的设计，怎样才能以最低成本有效传递服务产出。"理想"渠道设计的另一个问题是明晰公司主要以什么手段来满足各个细分市场最终用户的需求。

4) 限制条件与鸿沟分析(步骤11～12)

本阶段要求对拟出的"理想"渠道方案的现实限制条件进行调研分析，并比较分析"理想"渠道系统同现实渠道系统的差异，为最后选定渠道战略方案提供依据。

步骤11：设计管理限制系统。包括对管理者的偏见、管理目标和内部、外部强制威胁的详尽分析。该步骤要通过与渠道方案的执行人员进行深入访谈，了解未来方案能否被认可和执行，了解传统观念和做法的力量有多强，以及了解渠道系统分析的约束条件，如是否有无法更改的行规。最后将所有合理或不合理的目标和限制条件明白地列出来，从而看到改变分销渠道的各种困难。

步骤 12：鸿沟分析。这一步骤要对三种不同的分销系统进行比较，分析其差异即鸿沟。这三种系统是："理想的"(用户导向)系统、现有系统和管理限制系统。

5) 选定渠道战略方案(步骤 13～14)

本阶段要根据前面调研分析的结果选择分销战略方案，设计构建最佳渠道系统。

步骤 13：制定战略性选择方案。首先检验管理偏见的有效性，将目标和限制条件陈述给企业外部人员和内部挑选出来的人员，评估其合理性，是否不可改变，以及改变可能带来的损益；接着要召开非正式会议，分析说明管理层的定位和理想定位之间的差距；然后列出宏观环境和竞争机会的制约；最后，综合以上信息和意见，决定达至理想系统所需要的对原系统进行重新构建的原则。

步骤 14：决定最佳渠道系统。最后一步是让"理想的"分销系统绕过管理层保留或认可的目标和制约，形成充分吸纳了整个过程中的合理要求的最佳分销渠道系统方案。

8.3.2 分销渠道的管理

1. 明确渠道成员的权利和义务

明确渠道成员的权利和义务，这是妥善处理生产商与中间商业务关系，建立高效渠道的基本策略。

(1) 产品的价格。价格直接涉及各个成员企业的经济利益，是个敏感的问题，生产商必须慎重从事。

(2) 支付条件及保证。生产商应对支付条件及销货保证做出明确的规定并严格履行。为鼓励渠道成员提早付款，不拖欠，要给予一定的付款折扣。对某些原因造成的产品降价，生产企业应该设"降价保证"。

(3) 给予地域权利。生产商必须给予渠道成员一定的地域(区)权利。

(4) 产品的供货。生产商应在产品的数量、质量、品种、交货时间等方面尽可能满足中间商的要求。

(5) 情报互通。生产商与中间商之间应及时传递本企业的产品生产或销售的信息以及所获得的其他市场情报，不能相互搞假情报或封锁消息，以便各方能按需组织生产和经营销售。

2. 督促与鼓励渠道成员

督促与鼓励分销渠道成员，使其最大限度地发挥销售积极性，是管理分销渠道的重要一环。

(1) 建立良好的客情关系。客情关系就是指生产商与中间商在诚信合作、沟通交流的过程中形成的人们之间的情感关系。企业应加强客情关系的培养，提高分销渠道运作的效率和效益。

(2) 建立相互培训机制。相互培训机制是密切渠道成员关系，提高分销效率的重要举措。生产商培训终端销售人员，提高销售人员顾问式销售的能力；中间商给企业营销、技术人员提供培训，提高市场适应能力。

(3) 对渠道成员的激励。激励中间商的方法见表8-1。

表8-1 激励中间商的方法

相互交流方面的激励	工作、计划、关系方面的激励	扶助方面的激励
1. 向中间商提供最新产品 2. 定期的私人接触 3. 定期的信息交流 4. 经营磋商	1. 对中间商的困难表示理解 2. 经常交换意见 3. 一起进行计划工作 4. 承担长期责任	1. 加强销售队伍 2. 提供广告和促销方面的支持 3. 培训推销人员 4. 融资支持

3. 正确评价渠道成员的销售绩效

定期考核渠道成员的绩效，以此为依据对分销渠道进行有效控制。一定时期内各中间商达到的销售额是一项重要的评价指标。要对中间商的销售业绩采用科学方法进行客观评价，方法有以下几种。

(1) 纵向比较法。将每一中间商的销售额与上期的绩效进行比较，并以整个群体在某一地区市场的升降百分比作为评价标准。对于低于该群体的平均水平的中间商，找出其绩效不佳主要原因，帮助整改。

(2) 横向比较法。将各个中间商的实际销售额与其潜在销售额的比率进行对比分析，按先后名次进行排列，对于那些比例极低的中间商，分析其绩效不佳的原因，必要时要予以取消。

4. 及时调整分销渠道

(1) 增减渠道成员。增减渠道成员即决定增减分销渠道中的个别中间商。既要考虑增或减对某个中间商企业的盈利方面的直接影响，也要考虑可能引起的间接反应，即渠道其他成员的反应。

(2) 增减一条渠道。在某种情况下，各方面变化常常使企业感到只变动渠道中的成员是不够的，必须变动一条渠道才能解决问题，否则就会有失去这一目标市场的威胁。

(3) 调整分销渠道模式。调整分销渠道模式即对以往的分销渠道做通盘调整。这种调整策略的实施难度较大，因为要改变生产商的整个分销渠道，而不是在原有基础上修修补补。

5. 渠道窜货管理

所谓窜货，是指分销成员为了牟取非正常利润或者获取制造商的返利，超越经销权限向非辖区或者下级分销渠道低价倾销货物。企业必须对窜货现象采取有效措施。

(1) 明确渠道销售政策。明确分销成员的销售区域和销售权限，明确产品价格政策，明确界定每个销售区域的商品外包装的条码，便于检查。

(2) 制定窜货处理政策。事先必须制定窜货处理政策，因窜货对其他分销成员和制造商造成的损失由窜货方全权负责，按比例扣除窜货方的年终返利，减少给窜货方的促销费用，降低客户等级和经销权限。

(3) 成立销售管理小组。成立销售管理小组，派专人负责管理，建立畅通的信息反馈渠道，经常抽查，听取中间商的意见反馈，发现有窜货现象及时处理解决。

项目实施

任务 8.1 关于直销和传销的调研

1) 任务组织

以小组为单位，小组规模一般是 3～5 人，每小组选举小组长以协调小组的各项工作，教师提供必要的指导和建议，组织学生进行经验交流，并针对共性的问题在课堂上组织讨论和专门讲解。

2) 任务内容

各组通过图书馆、互联网以及实地调查等途径，收集相关资料，回答以下问题，并形成报告书：直销和传销的区别是什么？如果进行网络营销，请问可以采取的营销渠道是什么？为什么？请详细说明。传销与一般销售相比有什么明显的特点？为什么传销在我国会失败？

3) 任务总结

将报告书制作成 PPT 进行汇报讨论，同学互评、教师点评，然后综合评定本次各学习小组的实训成绩。

任务 8.2 设计分销渠道实训

1) 任务组织

以小组为单位，小组规模一般是 3～5 人，每小组选举小组长以协调小组的各项工作，教师提供必要的指导和建议，组织学生进行经验交流，并针对共性的问题在课堂上组织讨论和专门讲解。

2) 任务内容

以小组为单位，每组选择一个熟悉的服装生产品牌，按照分销渠道设计的步骤，在研究该企业分销渠道现状的基础上，运用分销渠道策略知识，考虑分销渠道的长度、宽度，设计新的、合理的分销渠道，撰写新的分销渠道方案。

3) 任务总结

将方案制作成 PPT 进行汇报讨论，同学互评、教师点评，然后综合评定本次各学习小组的实训成绩。

任务 8.3 管理分销渠道实训

1) 任务组织

以小组为单位，小组规模一般是 3～5 人，每小组选举小组长以协调小组的各项工作，教师提供必要的指导和建议，组织学生进行经验交流，并针对共性的问题在课堂上组织讨论和专门讲解。

2）任务内容

以小组为单位，在完成任务 8.2 的基础上，分析讨论以下问题，并形成报告书：如何对该服装品牌的渠道成员进行有效的控制？如何对其渠道成员进行合理调整？如何激励其渠道成员？具体如何操作？

3）任务总结

将报告书制作成 PPT 进行汇报讨论，同学互评、教师点评，然后综合评定本次各学习小组的实训成绩。

项 目 小 结

【知识要点】

分销渠道是产品从生产领域向最后消费领域转移所经历的通道。

中间商是生产者和消费者之间的纽带和桥梁，包括批发商和零售商。

分销渠道的设计包括分析当前环境与面临的挑战；制定近期的渠道对策；设计“理想”的渠道系统；限制条件与鸿沟分析；选定渠道战略方案。在设计分销渠道后，还应做好分销渠道管理工作，包括明确渠道成员的权利和义务；督促与鼓励渠道成员；正确评价渠道成员的销售绩效；及时调整分销渠道；渠道窜货管理。

【实务重点】

设计分销渠道方案；实施分销渠道管理。

职业能力训练

一、单选题

1. 生产牙膏产品的企业一般应选择的渠道策略是(　　)。
   A. 直接渠道　B. 间接渠道　C. 专营渠道　D. 供应渠道
2. 当生产量大且超过企业自销能力的许可时，其渠道策略应选择为(　　)。
   A. 直接渠道　B. 间接渠道　C. 专营渠道　D. 供应渠道
3. (　　)是工业用品分销渠道的主要类型。
   A. 专营渠道　B. 供应渠道　C. 直接渠道　D. 间接渠道
4. 一般而言，批量大、市场比较集中或产品本身技术复杂、价格较高的产品适用(　　)。
   A. 长渠道　B. 短渠道　C. 中渠道　D. 零渠道
5. 当产品进入成长期和成熟期后，随着产品销量的增加，市场范围的扩大，竞争的加剧，企业可采用(　　)策略。
   A. 长渠道　B. 短渠道　C. 中渠道　D. 零渠道
6. 下列(　　)是指两个以上的生产商联合开发共同的分销渠道所建立的分销系统。
   A. 垂直分销系统　B. 水平分销系统
   C. 宽渠道系统　D. 窄渠道系统

7. 在(　　)中，其中某一环节的渠道成员占主导地位，称为渠道领袖。渠道领袖可凭借自己的优势地位，联合或支配渠道其他成员共同开拓某种产品的产销通道。

A. 垂直分销系统　　B. 水平分销系统
C. 宽渠道系统　　D. 窄渠道系统

8. 许多小企业因规模有限不值得建立自己的销售力量，也不值得与代理商签订长期契约，(　　)就是较合适的选择。

A. 代理商　　B. 信托商　　C. 特许经营　　D. 经纪人

9. 通常企业具有较丰富的市场销售知识与经验，有足够的销售力量、储运与销售设施，可以采用(　　)策略。

A. 长渠道　　B. 短渠道　　C. 宽渠道　　D. 窄渠道

10. (　　)策略适用于一些选择性较强的耐用消费品、高档消费品和专用性较强的零配件以及技术服务要求较高的工业品的销售。

A. 广泛性分销　　B. 选择性分销
C. 差异性分销　　D. 独家分销

二、多选题

1. 根据生产商在某一区域目标市场选择中间商数目的多少来划分渠道，可以分为(　　)。

A. 长渠道　　B. 短渠道　　C. 宽渠道
D. 窄渠道　　E. 最短渠道

2. 短渠道的好处是(　　)。

A. 产品上市速度快　　B. 节省流通费用　　C. 市场信息反馈快
D. 产品渗透力强　　E. 有利于杜绝假冒伪劣

3. 下列情况中，(　　)适宜采取广泛性分销策略。

A. 消费分布面广　　B. 企业生产量大　　C. 产品技术性强
D. 产品体积大　　E. 需求时效性强

4. 批发商区别于零售商的最主要标志是一端联结生产商，另一端联结零售商。与零售商相比，批发商有(　　)特点。

A. 吞吐量大　　B. 地区分布不同　　C. 专业性强
D. 有效集散产品　　E. 帮助资金融通

5. 批发商按经营商品的范围来分类，可分为(　　)。

A. 普通商品批发商　　B. 大类商品批发商　　C. 专业批发商
D. 批发交易市场　　E. 仓储商店

6. 根据产品因素选择渠道策略，主要考虑的因素有(　　)。

A. 产品的属性　　B. 产品的价格　　C. 产品的时尚性
D. 产品的技术性　　E. 产品的寿命周期

7. 根据环境因素确定渠道策略，主要考虑的因素有(　　)。

A. 国家经济政策　　B. 经济形势变化　　C. 国家法令法规
D. 市场需求性质　　E. 消费者购买习惯

8. 根据生产商条件选择渠道策略，主要考虑的因素有(　　)。

A. 企业规模、声誉和财力　　B. 企业的销售能力

C. 企业的服务能力　　D. 企业的产品组合

E. 企业控制渠道的愿望

9. 分销渠道策略还需考虑渠道成员的选择，即对选择的中间商进行评估与择定，主要评估内容有(　　)。

A. 合法经营资格　　B. 产品组合　　C. 销售能力

D. 产品供货　　E. 财务状况

10. 为了保证企业产品顺畅通过各个流通环节，生产企业有必要明确渠道结构中各成员(　　)方面的权利和义务。

A. 产品的价格　　B. 支付条件及保证　　C. 给予地域权利

D. 产品的供货　　E. 企业控制渠道的愿望

三、简答题

1. 渠道有哪几种基本类型？各有什么优缺点？

2. 简述批发商、零售商的概念以及中间商的作用。

案例分析

娃哈哈：渠道的成功与困惑

杭州娃哈哈集团有限公司(简称娃哈哈)是目前中国最大的食品饮料生产企业，在全国23个省市建有60多家合资控股、参股公司，在全国除台湾省外的所有省、自治区、直辖市均建立了销售分支机构，拥有员工近2万名，总资产达66亿元。娃哈哈公司主要从事食品饮料的开发、生产和销售，已形成年产饮料600万吨的生产能力及与之相配套的制罐、制瓶、制盖等辅助生产能力，主要生产含乳饮料、瓶装水、碳酸饮料、茶饮料、果汁饮料、罐头食品、医药保健品七大类50多个品种的产品。2003年，公司营业收入突破100亿元大关，成为全球第五大饮料生产企业，仅次于可口可乐、百事可乐、吉百利、柯特4家跨国公司。自1998年以来，娃哈哈在资产规模、产量、销售收入、利润、利税等指标方面一直位居中国饮料行业首位。

娃哈哈的产品并没有很高的技术含量，其市场业绩的取得和它对渠道的有效管理密不可分。娃哈哈在全国31个省市选择了1 000多家能控制一方的经销商，组成了几乎覆盖中国每一个乡镇的联合销售体系，形成了强大的销售网络。娃哈哈非常注重对经销商的促销努力，公司会根据一定阶段内的市场变动、竞争对手的行为以及自身产品的配备而推出各种各样的促销政策。针对经销商的促销政策，既可以激

发其积极性，又保证了各层销售商的利润，因而可以做到促进销售而不扰乱整个市场的价格体系。娃哈哈对经销商采取返利激励和间接激励相结合的全面激励制度。娃哈哈通过帮助经销商进行销售管理，提高销售效率来激发经销商的积极性。娃哈哈各区域分公司都有专业人员指导经销商，参与具体销售工作；各分公司派人帮助经销商管理铺货、理货以及广告促销等业务。

娃哈哈的经销商分布在全国31个省市，为了对其行为实行有效控制，娃哈哈采取了保证金的形式，要求经销商先交预付款，对于按时结清货款的经销商，娃哈哈偿还保证金并支付高于银行同期存款利率的利息。娃哈哈总裁宗庆后认为："经销商先交预付款的意义是次要的，更重要的是维护一种厂商之间独特的信用关系。我们要经销商先付款再发货，但我给他利息，让他的利益不受损失，每年还返利给他们。这样，我的流动资金十分充裕，没有坏账，双方都得了利，实现了双赢。娃哈哈的联销体以资金实力、经营能力为保证，以互信互助为前提，以共同受益为目标指向，具有持久的市场渗透力和控制力，并能大大激发经销商的积极性和责任感。"

为了从价格体系上控制窜货，娃哈哈实行级差价格体系管理制度。根据区域的不同情况，制定总经销价、一批价、二批价、三批价和零售价，使每一层次、每一环节的渠道成员都能取得相应的利润，保证了有序的利益分配。

同时，娃哈哈与经销商签订的合同中严格限定了销售区域，将经销商的销售活动限制在自己的市场区域范围之内。娃哈哈发往每个区域的产品都在包装上打上编号，编号和出厂日期印在一起，根本不能被撕掉或更改，借以准确监控产品去向。娃哈哈专门成立了一个反窜货机构，巡回全国严厉稽查，保护各地经销商的利益。娃哈哈的反窜货人员经常巡查各地市场，一旦发现问题马上会同企业相关部门及时解决。总裁宗庆后及各地的营销经理也时常到市场检查，一旦发现产品编号与地区不符，便严令彻底追查，按合同条款严肃处理。娃哈哈奖罚制度严明，一旦发现跨区销售行为将扣除经销商的保证金以支付违约损失，情节严重的将取消其经销资格。

娃哈哈全面激励和奖惩严明的渠道政策有效地约束了上千家经销商的销售行为，为庞大渠道网络的正常运转提供了保证。凭借其"蛛网"般的渠道网络，娃哈哈的含乳饮料、瓶装水、茶饮料销售到了全国各地。2004年2月，新产品"激活"诞生，3月初铺货上架，从大卖场、超市到娱乐场所、交通渠道、学校和其他的一些传统的批发零售渠道，"激活"出现在了它能够出现的一切地方。娃哈哈将其渠道网络优势运用得淋漓尽致，确保了"激活"在迅速推出的同时尽快形成规模优势。

面对可口可乐、百事可乐和康师傅、统一等品牌的全面进攻，娃哈哈大胆创新，尝试大力开展销售终端的启动工作，从农村走入城市。总裁宗庆后认为，现在饮料企业的渠道思路主要有三种：一是可口可乐、百事可乐的直营思路，主要做终端；二是健力宝的批发市场模式；三就是娃哈哈的联销体思路。娃哈哈在品牌、资金方面不占优势，关键就要扬长避短，尽可能地发挥自己的优势，而抑制对方的长处。娃哈哈推出非常可乐，从上市之初就没有正面与可口可乐、百事可乐展开竞争，而是瞄准了中西部市场和广大农村市场，通过错位竞争，借助于强大的营销网络布局，把自己的可乐输送到中国的每一个乡村与角落地带，利用“农村包围城市”的战略在中国碳酸饮料市场占据了一席之地。

有学者将娃哈哈的成功模式归结为“三个一”，即“一点，一网，一力”。“一点”指的是广告促销点，“一网”指的是娃哈哈精心打造的销售网，一力指的则是经营经销商的能力。“三个一”的运作流程是，先通过强力广告推出新产品，以广告轰炸把市场冲开，形成销售预期；接着通过严格的价差体系做销售网，通过明确的价差使经销商获得第一层利润；最后常年推出各种各样的促销政策，将企业的一部分利润通过日常促销与年终返利让渡给经营经销商。但这种模式也存在着问题：当广告愈来愈强调促销的时候，产品就会变成“没有文化”的功能产品，而不是像可口可乐那样成为“文化产品”，结果会造成广告与产品之间的刚性循环，即广告要愈来愈精确地找到“卖点”，产品要愈来愈多地突出功能，结果必然是广告的量要愈来愈大，或者是产品的功能要出新意，才能保证销量。

（资料来源：http：//www.docin.com/p－86881488.html）

▶ 思考分析

1. 娃哈哈为了实现有效的渠道网络管理采取了哪些措施？取得了什么样的效果？

2. 娃哈哈现有渠道模式的主要问题是什么？娃哈哈应当如何完善其渠道建设？

职业与发展

一、岗位名称：渠道规划专员

1. 职位描述

(1) 协助部门完善数据管理分析工作。

(2) 负责店铺申请跟踪与协调。

(3) 负责部门后勤、文档工作的协助。

(4) 负责对内与相关各部门协调、对外与代理商支持工作。

(5) 负责完成上级领导指派的其他工作。

(6) 协助渠道规划工作的完成。

2. 任职要求

(1) 学历：大专以上学历，市场营销类专业毕业。

(2)知识要求：具有市场营销、财务管理、法律等相关专业知识。

(3) 能力要求：独立规划、开发、运作区域市场的能力及丰富的管理团队经验，落实、考核、督导团队完成公司的各项任务指标。

二、岗位名称：渠道规划主管

1. 职位描述

(1) 协助渠道经理制定公司渠道战略及客户、渠道结构的规划。

(2) 参与制定年度客户、渠道政策和渠道预算。

(3) 监控并反馈全国渠道发展状况，并参与行业、竞争对手信息收集、处理工作。

(4) 协调渠道管理工作。

2. 任职要求

(1) 学历：大专以上学历，市场营销类专业毕业。

(2) 3年以上行业销售经验。

(3) 具有丰富的渠道规划和管理能力。

三、岗位名称：渠道规划经理

1. 职位描述

(1) 组织分析销售渠道建设现状。

(2) 根据公司战略发展要求，制定销售渠道建设规划，并监督落实。

(3) 协助大区完成年度新开、整改目标。

2. 任职要求

(1) 5 年以上行业相关工作经验。

(2) 熟悉渠道规划管理工作，了解全国市场。

(3) 良好的逻辑思维和分析能力、良好的沟通表达能力。

(4) 较强的团队管理能力，有开拓精神。

项目 9　制定促销策略

学习目标

【知识目标】

1. 了解促销的概念及作用；
2. 掌握促销组合的概念和策略；
3. 掌握广告的概念及相关决策；
4. 把握人员推销的技巧和方法；
5. 了解营业推广的概念和推广方式；
6. 了解公共关系的含义，正确把握公共关系的方法。

【技能目标】

1. 具有选择合适的促销组合的能力；
2. 具有开展人员推销的能力；
3. 具有广告策划的能力；
4. 具有开展营业推广活动的能力；
5. 具有开展公共关系活动的能力；
6. 具有撰写促销方案的能力。

【实训目标】

1. 通过促销和促销组合的学习，具备分析和实施促销活动的技能；
2. 通过人员推销的学习，具备开展人员推销的技能；
3. 通过广告的学习，具备开展广告策划的技能；
4. 通过营业推广的学习，具有策划开展营业推广的技能；
5. 通过公共关系的学习，具备策划公共关系的技能。

案例引入

农夫山泉“有点甜”

在 1997 年以运动瓶盖“噗”的一声杀入中国水市的农夫山泉，凭借“有点甜”

的独特创意，以差异化营销定位，在消费者心目中留下了深刻的印象；在当时已是群雄割据的市场中强行占领了一席之地，第二年就坐上了“康师傅”出局后空出来的中国水市“老三”的位置。农夫山泉的成功与其正确的市场定位、精湛的促销手段是分不开的。

排在水市老大和老二位置的分别是娃哈哈和乐百氏，两者在水市的地位稳如磐石，排名老三的农夫山泉会有怎样的举措？

2000 年 4 月 24 日，农夫山泉的出品人海南养生堂有限公司突然公开宣称，纯净水对健康无益，而含有矿物质和微量元素的天然水对生命成长有明显促进作用。作为生产厂家应该对人的健康负责，因此，农夫山泉将不再生产纯净水，转而全力投向天然矿泉水的生产销售，随后又在全国一些地区的中小学中开展了纯净水与天然水的生物比较试验并广为传播。农夫山泉此举掀起轩然大波，以娃哈哈、乐百氏等为代表的全国各地数百家纯水企业与农夫山泉针锋相对，展开了一场沸沸扬扬的“水战”。农夫山泉的纯净水一直与特定的味觉“有点甜”联系在一起，加上有效的传播策略配合事件营销，使它成为消费者高度关注的产品，消费者试用比例也非常高。农夫山泉此举从品牌角度而言，是在完成一次品牌变身，割裂品牌原有的单一的“纯净”元素，向品牌中注入“天然”、“健康”等元素，增加附加值，使品牌再一次充满了活力。

但是，农夫山泉相对高的价格一定程度上阻挡了理性消费者的选购欲望。2001 年 3 月 20 日，农夫山泉在北京、上海、广州、南京、杭州等全国几大城市的主要媒体同时打出了一则广告：“支持北京申奥，农夫山泉 1 元 1 瓶。”此前，农夫山泉天然水的零售价是每瓶 1.5 元。由于启用了价格利剑，2001 年 1～5 月，农夫山泉的销量已完成去年全年销量的 90%，而此时，中央电视台“一分钱”广告正在热播：“再小的力量也是一种支持。从现在起，你买一瓶农夫山泉，你就为申奥捐出一分钱。”随着主办城市投票鼓点的密集，申奥气氛也跟着气温一天天升高，站在申奥队列的农夫山泉也不知不觉成为一锅沸水。以申奥来发动价格战，农夫山泉此举实是一举两得，一方面以低价格来扩大市场占有率，另一方面在舆论面前显示出农夫山泉的公益性。企业不以个体的名义而是代表消费者全体的利益来支持北京申奥，这个策划在所有支持北京申奥的企业行为中是一个创举。事实上，农夫山泉的出品人海南养生堂公司，与体育事业特别是中国奥运有着非同寻常的渊源。从 1998 年法国世界杯后的中国乒乓球队历次国际大赛、悉尼中国奥运军团的唯一训练比赛用水，直到北京申办 2008 年奥运会主办权的“一分钱”活动，海南养生堂牵手中国体育事业的脉络清晰可见。海南养生堂也借此达到了双赢，甚至多赢全赢的目的。

（资料来源：邱斌．中外市场营销经典案例[M]．南京：南京大学出版社，2001）

▶ 思考分析

1. 请分析农夫山泉的促销手段和效果。

2. 在竞争激烈的中国水市中要想提高市场占有率，应采用哪些营销策略？

3. 农夫山泉在不生产纯净水一战中的策略，有何不利之处？

4. 农夫山泉赞助中国申奥的策略有何高明之处？假如中国申奥并未取得成功，农夫山泉这一策略的收效是否会打折扣？为什么？

相关知识

9.1 促销与促销组合

9.1.1 促销概述

1. 促销的概念

促销，即促进销售，就是经营者将有关本企业及产品或者服务的信息通过各种方式传递给消费者和用户，促进其了解、信赖并购买本企业的产品或服务，以达到扩大销售的目的。这个表述中包含三层意思：①所传递的是有关本企业或本企业产品的信息；②这种传递要通过各种手段，主要包括广告、营业推广、人员推销和公共关系；③信息传递的目的是使消费者了解、信赖并购买本企业的产品及服务。

2. 促销的作用

促进销售的任务，就是使信息顺畅地传递，以达到扩大销售的目的。促销主要有以下作用。

(1) 提供情报，传递信息。

企业在产品生产组合之后，甚至在尚未进入市场之时，就必须采取各种方法及时向消费者传递产品或服务的信息，向他们介绍产品的特点、性质、价格、所提供的服务等消费者关心的信息，以引起消费者和中间商的注意。而中间商也需要向其下游中间商或消费者提供信息介绍产品或服务，以达到促销的目的。

(2) 突出特点，强化竞争力。

在市场上，相互竞争的同类产品差别往往不是很明显，产品同质程度高，使得消费者难以区分与辨别。例如，制药厂推出的感冒药，产品有很强的同质性，不同制药厂商推出的感冒药到底有多大差别，各自的特点是什么，这些问题往往令消费者感到很迷茫，甚至是无所适从。通过促销，企业会把产品的定位特色、产品独特的信息传递给消费者，使其产品或服务在消费者心目中有一个清晰的形象与定位，即使对于没有实质性差别的产品，通过促销，也赋予其独特的形象内涵，使消费者认识到产品带来的独特效用，并产生对产品的偏好，成为企业忠实的顾客。

(3) 增加需求，扩大销售。

促销活动，不仅可以诱发需求，还能够创造需求，吸引消费者去尝试从未消费过的新产品。例如，七喜汽水面对可口可乐和百事可乐在可乐市场上的“垄断”而面临尴尬的处境，这时七喜采用逆向思维，把自己定位为非可乐碳酸汽水，一句“我不是可乐”的广告语，使得自己与可口可乐和百事可乐建立起区隔，却获得意外的成功，成为碳酸饮料市场上第三大品牌，为七喜创造了一个全新的市场。不难看出，通过促销活动，可以促使持观望态度的消费者迅速做出购买决策。

(4) 稳定销售，巩固市场。

企业可以通过促销活动，使更多的消费者形成对本企业的偏好，达到稳定销售的目的。消费者的记忆和企业促销的次数及重复程度成正比，随着企业促销力度的减弱，企业及其产品在消费者心目中的形象也会越来越模糊，销量也会逐渐下降，而持续的促销活动则能保持企业及其产品长驻消费者心中，以保持稳定的销量。

应用案例9-1

手表空投促销

日本西铁城钟表商为了在澳大利亚打开市场，提高手表的知名度，称某月某日将在某广场空投手表，谁捡到手表归谁。到了那天，日本钟表商雇用了一架直升飞机，将千余只手表空投到地面，当幸运者发现自己捡到的手表完好无损时，都奔走相告，于是这种表的销路大开。应当说西铁城之所以打进大洋洲市场，是由于这种“出人意料”的“硬碰硬”的质量宣传，赢得了广大消费者的信赖，树立起了“过硬”的产品质量形象。

▶ 分析提示

送东西搞促销谁不会，不过把活动和产品的卖点以夸张的手法结合起来“闹事”，形成现场之外的二次传播，这才是根本所在。

(资料来源：http：//www. ebrun. com/online _ marketing/3463. html)

名人名言

肯定的想法不迫使你做任何事情，但它比消极的想法能更好地帮你把任何事情都做好。

——美国著名营销大师齐格·齐格拉

3. 促销的预算

促销预算是企业面临的最难做的营销决策之一。行业之间、企业之间的促销预算差别相当大。在化妆品行业，促销费用可能达到销售额的 20%～30%，甚至 30%～50%，而在机械制造行业中仅为 9%～20%。

企业制定促销预算的方法有许多，常用的主要有以下几种。

1）量力支出法

量力支出法(affordable method)是一种量力而行的预算方法，即企业以本身的支付能力为基础确定促销活动的费用。这种方法简单易行，但忽略了促销与销售量的因果关系，而且企业每年财力不一，促销预算也因此经常波动。

2）销售额百分比法

销售额百分比法(percentage of sales method)指依照销售额的一定百分比来制定促销预算。例如，企业今年实现销售额 90 万元，如果将今年销售额的 9%作为明年的促销费用，则明年的促销费用就为 9 万元。

3）竞争对等法

竞争对等法(competitive parity method)主要根据竞争者的促销费用来确定企业自身的促销预算。

4）目标任务法

目标任务法(objective task method)指企业首先确定促销目标，然后确定达到目标所要完成的任务，最后估算完成这些任务所需的费用。

9.1.2 促销组合概念

1. 四种主要促销方式

1）广告

广告即广告主在支付一定的费用后，利用大众传播媒介向公众传递有关企业及产品的信息。

2）人员推销

人员推销是企业利用推销人员直接与消费者面对面的接触，以达到使消费者了解并购买本企业产品的目的。

3）营业推广

营业推广是鼓励尽快达成最大交易，有效地刺激信息接收者在促销现场做出购买决策的非传统促销方式。

4）公共关系

公共关系是指企业以非付费方式通过大众传播媒介来改善并提高企业在公众心目中的形象，宣传企业及其产品。

以上四种促销方式的优缺点见表 9-1。

表 9-1 四种主要促销方式优缺点比较

促销方式	优 点	缺 点
广告	宣传面广，传递信息快，节省人力，形象生动	只能与消费者进行单向信息传递，效果不能立即体现，有些媒体促销投入较高
人员推销	与消费者直接面对，有利于了解消费者特点和需要，互动性强，有利于与顾客形成长期的关系	人员编制大，推销力量不易改变，费用高
营业推广	容易吸引注意力，作用快速，刺激性强	效果通常是短期的，适用于短期促销行为
公共关系	对消费者而言真实、可信，容易接受，有利于树立企业形象	活动牵涉面广，并非企业可自行控制的

2. 促销组合结构

促销组合就是有目的、有计划地把广告、人员推销、营业推广和公共关系四种形式结合起来，综合运用，发挥各自优势，达到企业促销的目标，如图 9.1 所示。

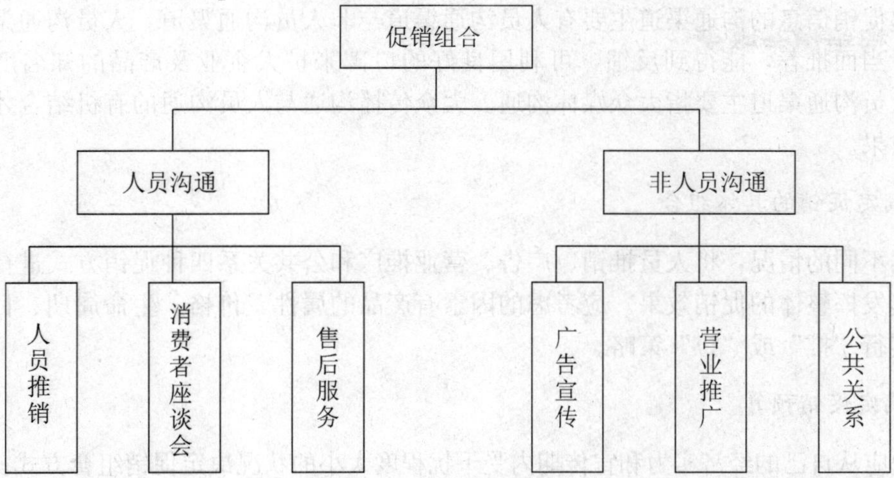

图 9.1 促销组合结构模式

促销组合结构大致可分为两个方面。

(1) 人员沟通是指企业与消费者双方直接交流的形式。例如，人员推销、售后服务、消费者座谈会、与消费者的信函交流等。

(2) 非人员沟通是指通过没有个人接触和反馈的渠道与消费者沟通信息。例如，通过各种媒介、气氛和事件传递企业信息，广告宣传、营业推广、公共关系等。

9.1.3 促销组合决策

1. 确认促销对象

通过对企业目标市场的研究与市场调研，界定其产品的销售对象是现实购买者还是潜在购买者，是消费者个人、家庭还是社会团体。明确了产品的销售对象，也就确认了促销的目标对象。

2. 确定促销目标

不同时期和不同的市场环境下，企业开展的促销活动都有着特定的促销目标。短期促销目标，宜采用广告促销和营业推广相结合的方式。长期促销目标，公关促销具有决定性意义。须注意企业促销目标的选择必须服从企业营销的总体目标。

3. 促销信息的设计

须重点研究信息内容的设计。企业促销要明确目标对象所要表达的诉求，并以此刺激其反应。诉求一般分为理性诉求、感性诉求和道德诉求三种方式。

4. 选择沟通渠道

传递促销信息的沟通渠道主要有人员沟通渠道与非人员沟通渠道。人员沟通渠道向目标购买者当面推荐，能得到反馈，可利用良好的口碑来扩大企业及产品的知名度与美誉度。非人员沟通渠道主要指大众媒体沟通。大众传播沟通与人员沟通的有机结合才能发挥更好的效果。

5. 确定促销的具体组合

根据不同的情况，将人员推销、广告、营业推广和公共关系四种促销方式进行适当搭配，使其发挥整体的促销效果。应考虑的因素有产品的属性、价格、生命周期、目标市场特点，实行“推”或“拉”策略。

6. 确定促销预算

企业应从自己的经济实力和宣传期内受干扰程度大小的状况决定促销组合方式。如果企业促销费用宽裕，则可几种促销方式同时使用；反之，则要考虑选择耗资较少的促销方式。

9.2 人员推销

9.2.1 人员推销的概念与方式

1. 人员推销的概念

人员推销是指企业通过派出销售人员与一个或一个以上的潜在消费者通过交谈，进行口头陈述，以推销商品，促进和扩大销售的活动。推销主体、推销客体和推销对象构成推销活动的三个基本要素。商品的推销过程，就是推销员运用各种推销术，说服推销对象接受推销客体的过程。

2. 人员推销的方式

1）上门推销

上门推销是最常见的人员推销形式，是由推销人员携带产品样品、说明书和订单等走访顾客，推销产品。这种推销形式可以针对顾客的需要提供有效的服务，方便顾客，所以如果产品质量可靠，则易被顾客广泛认可和接受。

2）柜台推销

柜台推销又称门市推销，是指企业在适当地点设置固定门市，由营业员接待进入门市的顾客，推销产品。门市的营业员是广义的推销员。柜台推销与上门推销正好相反，它是等客上门式的推销方式。由于门市里的产品种类齐全，能满足顾客多方面的购买要求，为顾客提供较多的购买方便，并且可以保证产品完好无损，故顾客比较乐于接受这种方式。

3）会议推销

会议推销是指利用各种会议向与会人员宣传和介绍产品，开始推销活动。例如，在订货会、交易会、展览会、物资交流会等会议上推销产品。这种推销形式接触面广、推销集中，可以同时向多个推销对象推销产品，成交额较大，推销效果较好。

9.2.2 人员推销的步骤

推销活动是一个过程，因此推销人员不能企图一蹴而就，要有充分的耐心，认真对待推销过程的每一个环节，踏踏实实地做好每一步工作，那么推销工作自然会成功。一般而言，人员推销要经过以下步骤。

1. 寻找顾客

推销过程的第一步是寻找潜在顾客，这是一项非常具有挑战性的工作。只有首先找到潜在顾客，才能使推销活动有目标，提高推销人员的工作效率。虽然寻找的是潜在顾客，但并非所有的潜在顾客都会成为企业的目标顾客，还需要推销人员认真加以甄别和审查，从中选择出企业的目标顾客(合格顾客)。

2. 推销接近前的准备

推销人员在接近顾客前，必须做好认真准备，制订周密的计划，预测可能出现的各种情况，并拟订出应变方案，只有这样，才能顺利进入面谈。这些准备包括：

(1) 了解目标顾客的情况。例如，一般情况(姓名、年龄、文化程度、工作单位、居住地、家庭情况等)、需求情况；团体组织的一般情况、组织情况、经营情况、决策者情况等。

(2) 拟订推销接近的方案，确定见面的时间和地点，对推销过程中可能出现的意外情况做出预测。

(3) 准备好接近顾客时必需的资料、工具等。

(4) 与顾客事先约见，用电话、信函等形式向拟访顾客通报访问的时间、地点。

3. 推销接近

正式接近顾客阶段是进入下一阶段的基础，没有推销接近，就不可能有推销面谈，推销的成败也就无从谈起。这一阶段非常短暂，可能只有几分钟，在这短短的时间里，要求推销人员根据所掌握的顾客材料，灵活运用各种技巧，以达到顺利接近顾客的目的，为下一阶段的顺利进行打下良好的基础。

4. 推销面谈

推销接近是推销面谈的前奏，两者虽然没有明确的划分界限，但两个阶段却有完全不同的目的。推销接近主要侧重使消费者了解推销人员，对推销人员有好感，消除对推销人员的抵触情绪，为下一步面谈铺平道路。推销面谈是指推销人员向顾客传递推销品信息并进行双向沟通的过程，是推销人员运用各种方式、方法和手段去说服顾客采取购买行动的过程。推销面谈的目的在于沟通推销信息，诱发顾客的购买动机，激发顾客的购买欲望，说服顾客采取购买行动。

5. 处理异议

推销人员在推销过程中，会遇到各种各样的阻力，即顾客的反对意见，表现为顾客异议。顾客异议包括顾客对产品、价格、需求、时间等方面的异议。顾客异议在推销过程中是非常普遍的，一定程度上可以说是必然的，因此，推销人员应该正确对待顾客异议，俗话说“嫌货人才是买货人”，是有一定道理的，推销人员要千方百计弄清顾客异议的真实意图，克服和排除障碍，化阻力为机会，自然会说服顾客，促成交易。

6. 达成交易

成交是推销面谈的一种结果，也是推销人员所希望的结果，是整个推销工作的最终目标。顾客的成交意向通常会通过各种方式流露出来，如通过语言、行为、表情等信号表露出来。一个优秀的推销人员应该善于捕捉这些信号，以防错过成交的机会。

7. 售后服务

成交签约，并不意味着交易的结束，还需要推销人员继续与顾客交往，并完成相关的一系列工作，从而更好地实现推销目标。这些工作包括回收货款、售后服务、征求意见以及和顾客建立和保持一种良好的关系。

应用案例 9-2

售楼小姐的恭维术

几年前去某花园的售楼中心买房子，售楼小姐笑吟吟快步迎上来，开口就问："先生，你的车停在哪里了？"我一头雾水，惊讶地如实说："我没有车呀！"她更惊讶地说："不会吧，你是大老板没有车？哦，我明白了，你是要么不买车，一买就是高档跑车那种人。"听得我心里很爽。近日，开车去售楼中心买房子，售楼小姐张口即来："先生是开车来的吧？"我点点头，接着问她："你怎么知道？"她说："一看你就是大老板。"我心里又是一爽。

▶ **分析提示**

售楼小姐为什么老拿车说事？因为如今的汽车是身份的象征。恭维目标消费者有车，这可能是一个售房销售的开启话术。这句话比"随便看看"是高明很多。

（资料来源：张小虎．顾客争夺战．中国营销传播网，2009—09—29）

名人名言

成功的起点是首先要热爱自己的职业，无论做什么职业，世界上一定有人讨厌你和你的职业，那是别人的问题。

——乔·吉拉德

9.2.3 推销人员的管理

1. 推销人员的素质

推销人员应包括如下素质：①态度热忱，勇于进取；②求知欲强，知识广博；③文明礼貌，善于表达；④富于应变，技巧娴熟。

2. 推销人员的甄选与培训

1）推销人员的甄选

企业甄选推销人员的基本标准主要有以下几种：①感召力，即善于从顾客角度考虑问题，并使顾客接受自己；②自信力，让顾客感到自己的购买决策是正确的；③挑战力，即具有视各种疑义、拒绝或障碍为挑战的心理；④自我驱动力，即具有完成销售任务的强烈愿望。企业甄选推销人员的途径有两种：企业内部选拔和企业外部招聘。

2）推销人员的培训

培训推销人员的方法很多，常采用的方法有三种：①讲授培训；②模拟培训；③实践培训。

应用案例 9－3

推销的 3H1F

推销是由三个 H 和一个 F 组成的。

(1) 第一个“H”是“头”(head)。推销员需要有学者的头脑，必须深入了解顾客的生活状态、顾客的价值观，以及购买动机等，否则不能成为推销高手。

(2) 第二个“H”代表“心”(heart)。推销员要有艺术家的心，对事物具有敏锐的洞察力，能经常地对事物感到一种惊奇和感动。

(3) 第三个“H”代表“手”(hand)。推销员要有技术员的手。推销员是业务工程师，对于自己推销产品的构造、品质、性能、制造工艺等，必须具有充分的知识。

(4)“F”代表“脚”(foot)。推销员要有劳动者的脚。不管何时何地，只要有顾客、有购买力，推销员就要不辞劳苦，无孔不入。

▶ 分析提示

具有“学者的头脑”、“艺术家的心”、“技术员的手”和“劳动者的脚”是成为一名推销员的基本条件。

（资料来源：http：//pengxianghulov. blog. 163. com/blog/static/87196012 0087209414613)

名人名言

有两种力量非常伟大：一是倾听，二是微笑。

—— 乔·吉拉德

3. 推销人员的考核与评价

1）考评资料的收集

考评资料的收集包括：①推销人员的销售工作报告；②企业销售记录；③顾客及社会公众的评价；④企业内部员工的意见。

2）考评标准的建立

常用的推销人员绩效考核指标主要有以下两类：①基于成果的考核；②基于行为的考核。

3）考评的方法

考评的方法包括：①横向比较法；②纵向比较法。

4. 推销人员的奖励

奖励推销人员的方式主要有单纯薪金制、单纯佣金制和混合奖励制三种。

9.3 广告策略

9.3.1 广告的类型和作用

1. 广告的概念

美国市场营销协会把广告定义为“广告是由明确的发起者以公开支付费用的做法，以非人员的任何形式，对产品、劳务或某项行动的意见和想法等的介绍和推广”。根据这种解释，可以认为，广告是由组织或个人以付费的方式，通过非人员媒介传播产品及自身的有关信息，以扩大影响，提高知名度，树立自身形象，最终达到促进销售目的的一种沟通形式。

2. 广告的类型

1）按广告的内容分

按广告的内容分，有经济广告和非经济广告之分。非经济广告是为了达到某种宣传的目的而做的广告，目的不是为了获取盈利。经济广告也称狭义广告，即上述定义的广告概念，市场营销学主要研究狭义广告。

2）按广告使用的媒体分

按广告所使用的媒体分，有报刊广告、电波广告(如电视、广播等)、户外广告(如广告牌、灯箱、车身、条幅、霓虹灯等户外载体)、自办宣传品广告(如招贴、手册、音像材料等)及其他形式的广告。

3. 广告的作用

(1) 引起注意，激发欲望。

广告最基本的作用就在于引起注意，激发欲望。一个成功的广告就在于能够说服顾客，使顾客意识到企业的产品正适合他的需要。

(2) 指导消费，扩大销售。

成功的广告活动可以针对不同对象，着重介绍各种商品的知识，指导消费者正确判断和选择。通过广告增进消费者对企业及其产品的了解，诱发消费者的购买欲望，促使消费者产生购买行动，因而可以扩大销售。

(3) 沟通信息，指导产品生产。

通过广告及时地介绍、报道产品信息，沟通了产品生产者和消费者之间的信息渠道，促使产品生产者按照消费者需要生产出适销对路的产品。

（4）树立声誉，利于竞争。

企业通过广告使消费者了解企业及其产品特点、质量，有利于在消费者心目中树立良好的企业形象，从而增强自己的竞争优势。

9.3.2 广告决策

在制定广告决策时，应在企业总体营销目标下，通过五个步骤来进行，如图9.2所示。

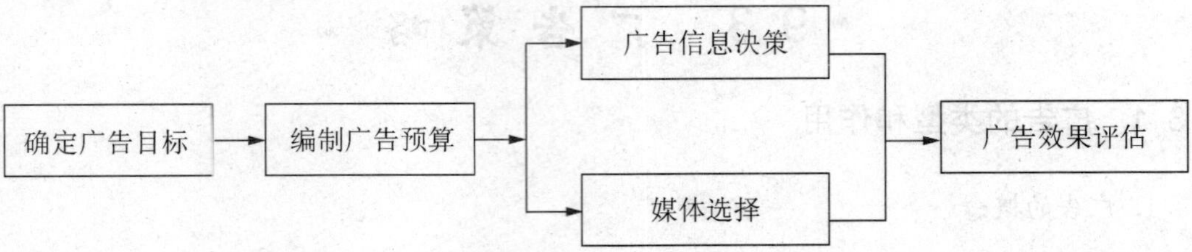

图9.2 广告决策步骤

1．确定广告目标

制定广告决策首先要确定目标，广告目标应该以目标市场、市场定位和营销组合的有关信息为基础确定。市场定位和营销组合策略决定了广告在整个营销计划中所扮演的角色。

广告目标是在某个特定时期需要完成的与某些特定受众进行的一项特殊沟通任务。根据广告的目的，可以将广告目标分为三种：告知性广告、劝导性广告和提醒性广告。

1）告知性广告

告知性广告常用于一种新产品刚刚上市以及为了构建基本的需求市场时。以告知为目标的广告其主要内容有两种：①介绍新的产品和新的服务项目；②宣传企业及产品或服务的市场形象。例如，北京红螺山庄的报纸平面广告，以“天高云淡、山青水美”为题，附以专门的说明文字，配以山庄全景及各部门、设施的图片，通过该广告，使目标顾客对该产品达到了一定的了解。

2）劝导性广告

劝导性广告主要适用于当竞争激化而企业又想培植专门性的需要时，有些劝导性广告主要使用了对比手法，把一种品牌直接或间接地与另一种品牌进行对比(一般采用间接对比)，来说明企业产品的物有所值。

3）提醒性广告

提醒性广告对于成熟期产品十分重要，可以使消费者不至于很快遗忘企业的产品，能够不断地唤起人们的回忆，而不是通知或说服他们。

2．编制广告预算

广告预算主要包括市场调研费、广告设计费、广告制作费、广告媒体租金、广告机构办公费及人员工资、广告公司代理佣金等。其中，媒体租金通常要占70%～90%，广告公司代理佣金约占15%。

3. 广告信息决策

大量的广告预算并不能保证广告的成功，两家花费同样多广告费的企业取得完全不同的广告效果的案例并不少见。有创意的广告设计可能比广告支出的多少更为重要。衡量广告优劣的标准不是广告预算的多少，而是广告良好的沟通效果。可见广告信息的设计是非常关键的。

应用案例 9-4

世界经典广告语

雀巢咖啡：味道好极了

这是人们最熟悉的一句广告语，也是人们最喜欢的广告语。简单而又意味深远，朗朗上口。

M&M 巧克力：只溶在口，不溶在手

这是著名广告大师伯恩巴克的灵感之作，堪称经典，流传至今。它既反映了M&M 巧克力糖衣包装的独特 USP，又暗示 M&M 巧克力口味好，以至于我们不愿意使巧克力在手上停留片刻。

百事可乐：新一代的选择

在与可口可乐的竞争中，百事可乐终于找到突破口，它们从年轻人身上发现市场，把自己定位为新生代的可乐，邀请新生代喜欢的超级歌星作为自己的品牌代言人，终于赢得青年人的青睐。

大众甲壳虫汽车：想想还是小的好

20 世纪 60 年代的美国汽车市场是大型车的天下。伯恩巴克提出“Think Small”的主张了拯救大众的甲壳虫，运用广告的力量，改变了美国人的观念，使美国人认识到小型车的优点。

耐克：Just do it

耐克通过以“Just do it”为主题的系列广告和篮球明星乔丹的明星效应，迅速成为体育用品的第一品牌。

▶ 分析提示

一句好的广告语，不仅可以表达产品和品牌内涵，而且可以让消费者牢牢记住产品。

(资料来源：http：//www.4a98.com/document/guanggaoyu/120839674432897.html)

名人名言

如果你并不拥有十足的创造力，丰富的想象力，对万事万物也没有太多的好奇和疑问，那么，我劝你最好离广告这行远一点。

—— 李奥·贝纳

4. 媒体选择

广告媒体工具很多，但都有其适应性和局限性，要正确选择广告媒体，首先要清楚各种广告媒体的特点，见表 9-2。

表 9-2　各种广告媒体优缺点比较

广告媒体	优　点	缺　点
电视	直观、真实、生动，能激发兴趣，覆盖面广，传递信息及时，地域选择性强	制作费用高、有难度，驻留时间短，干扰大，受众选择性差
广播	传播最及时，灵活，费用低，覆盖面广，地域、人口可选性强，在低介入状态下，同样能使收听者注意	缺乏视觉冲击，表现力差
杂志	受众的人口类别选择性、针对性强，印刷精美，表现力强，有利于长期保存	广告周期长，版面受限
报纸	可信度高，选择性强，本地市场覆盖面大，费用低，易携带	表现力差，不易保存，不易被记忆
户外广告	醒目，保存时间长，机动灵活	传播信息有限，宣传范围窄
直邮广告	针对性强，灵活多样，不受时空限制	费用高，范围窄，费时费力，使用不当，会使收件人反感
POP 广告	对冲动型顾客效果好，将产品和广告紧密联系，形式不受限制，成本伸缩性大	适用范围小
新传播媒体(互联网、激光视盘等)	传递信息迅速、准确，信息量大，反应灵活，可打破时空限制，互动性强，信息反馈及时	设备要求高，基础投入高，缺乏监管，安全性差

5. 广告效果评估

评估广告效果的目的在于了解消费者对广告理解和接受的程度，以及广告对产品销售所起的作用。因此，评估广告效果主要包括沟通效果评估和销售效果评估等内容。

1）沟通效果评估

其中，沟通效果评估可分为事前测量和事后测量。

（1）事前测量就是在广告正式传播前预测广告未来传播后的效果。其目的在于发现广告方案中存在的问题，以便及时改进广告策略，提高广告的效果。具体方法有：

① 直接评估法。邀请顾客代表及有关专家对广告方案做出评价。

② 组群试验法。将一组预播广告让顾客代表和专家浏览后收回，请其回忆广告的大概内容，以此判断广告的传播能力。

③ 室内试验法。通过试播广告，然后用各种技术测量手段来检查被测者的心率、血压、瞳孔等的变化，以此判断广告的感染力。

（2）事后测量的内容主要有对广告的注意程度、记忆程度和理解程度。具体方法有：

① 广告效果率。把广告费用与销售额联系起来，把广告传递出去前后销售额的增加幅度与广告费用的增加幅度相比，以考察广告费支出的效果。公式为：

$$E=\frac{\Delta S}{\Delta A}$$

式中：E——广告效果率；

ΔS——增加广告费后销售的增加额；

S——销售额；

ΔA——增加的广告费支出；

A——广告费原支出。

其中，$E>0$，E 值越大表示销售效果越好。

② 回忆测试。考察广告的记忆率，从而测定广告的实际影响力。

③ 读者率调查。通过市场调查，测出印象中读过者、能回忆其中主要内容者和记忆犹新者，并估算出三类人在被测总人数中的比重，以考察广告的读者率和传递效果。

2）销售效果评估

广告的销售效果是指通过广告活动而呈现出的产品销售状况。广告的重要目的之一就是促进销售。评估广告的销售效果是测定广告整体效果的重要内容。如果通过广告，使得产品销售量增加、销售面扩大，则说明广告效果良好；反之，效果则不好。销售效果评估，即通过广告宣传后，对销售面和销售量进行测定，测定方法有以下几种。

① 广告效果比率法。即按一定时期内销售额增大率与广告费增加率的比率。公式为

广告效果比率=（销售量（额）增长率÷广稿费增加率）×100%

按这种方法计算，广告费增加率越小，销售额增加率越多，广告效果就越大。

② 广告效益法。即广告引起的销售额增加数与广告费之比。公式为

$$R=(S2-S1)/P$$

式中：R——每元广告效益；

$S2$——本期广告后平均销售额；

$S1$——本期广告前平均销售额；

P——广告费用。

③ 广告费比率法。即是一定时期内广告花费与同期企业产品销售额之比。公式为

广告费比率=（一定时期的广告费÷一定时期的销售额）×100%

按这种方法计算，广告费越小，广告效果越大；反之，广告效果越小。

9.4 营业推广

9.4.1 营业推广的概念与特点

1. 营业推广的概念

营业推广又称销售促进(sales promotion)，常写作 SP，是指企业在特定时间、在一定的预算内，对某一目标市场所采取的能够迅速刺激购买欲望以达成交易的短期性促销措施。与广告、公共关系和人员推销不同的是，营业推广限定时间和地点，以给予购买者一定奖励的形式促进其购买。

2. 营业推广的特点

(1) 针对性强，促销效果明显。

营业推广是一种以激励消费者购买和经销商经营为主要目标的辅助性、短期性的促销方式。营业推广的对象直接针对消费者、中间商或推销员，一般都是通过提供某些优惠条件调动所针对对象的积极性，因此，营业推广见效快，对促销对象有一定吸引力。

(2) 非规则性和非经常性。

人员推销和广告都是连续的、常规的促销形式，营业推广是一种非人员促销形式，但其活动方式与广告、公共关系不同，大多数营业推广方式是非经常性的和非规则性的，其使用具有不确定性，只是起辅助作用，是广告、人员推销等促销手段的一种补充措施。

(3) 促销效果易于察觉。

由于营业推广这种形式的使用限定了一定的时间和地点，而且这种促销方式必须限定时间和地点，否则就失去了促销的意义。因此，它的促销效果短期内即可觉察，短期效果非常明显。一旦消费者对企业产品产生偏好，这种好的促销效果还会延续。

9.4.2 营业推广方式

营业推广方式多种多样，企业应根据不同方式的特点及不同的促销对象来选择，常用的营业推广方式有如下几种。

1. 面向消费者的推广

(1) 样品。以向消费者赠送样品的形式，鼓励消费者认购或获得消费者对企业产品的反应。有些样品是免费的，如旅行社向消费者赠送的画册、纪念品等；有些样品则要收取少量的费用，如麦当劳提供一杯咖啡和一份苹果麸饼只收取 1 美元，通常情况下，咖啡和麸饼各收 95 美分。

(2) 赠送优惠券或代价券。消费者可以在赠券指定的商店享受购物折扣，有时还可获得抽奖机会。应避免赠券的滥用，否则，会失去赠券本身的竞争优势。

(3) 赠品。赠品是以较低的价格销售或免费提供的物品，以刺激消费者购买一种产品。

(4) 顾客酬谢。顾客酬谢是指对经常购买公司产品或服务的顾客给予一定形式的酬报。

应用案例 9-5

没人买的玩具

某儿童玩具厂家为在暑期加大一种智力玩具的销量，煞费苦心地在产品上捆绑了一种时下在小学生中非常流行的飞镖玩具，以期博得他们的青睐。但结果令厂家非常失望：销售额还不如上一个月。后来他们通过调查才发现原来有许多家长认为这种飞镖玩具存在安全问题。

▶ **分析提示**

促销失败的原因是忽略了消费决策者的作用。买玩具的是儿童，但付钱的毕竟还是家长。而且，产品的赠品本身也是有问题的。

（资料来源：http：//www.3158.cn/news/2091230/9/74—52813609_1.html）

名人名言

要不断地感谢顾客，因为是顾客让你成功的。

—— 徐鹤宁

2. 面向中间商的推广

(1) 免费品。免费品即为达到一定条件的中间商提供一定数额的免费产品。

(2) 推销津贴。推销津贴指企业为中间商提供陈列商品、支付一定比例的广告费等补贴。目的是激励中间商更好地推广企业的产品。

(3) 合作广告。产品生产者提供资料和一定比例的资金作为广告津贴，会同中间商联合制作并发布广告，实现合作开发市场的目标。

(4) 举办展览。在一些展览会上优惠展销其优势产品。

应用案例 9-6

失败的促销活动

某地方瓶装水公司在吸取了地区的成功经验后，决定对某直辖市的零售小店举行“进 1 箱水送 5 包餐巾纸”的活动。开始的两个星期，活动在传统渠道取得了很大的成功。后来，因为众多的卖场、超市也提出促销要求，该活动的范围扩大到了连锁超市、卖场中。结果，在现代渠道的促销最终以惨败而告终。

▶ 分析提示

小店从渠道进货后可以将 5 包餐巾纸卖掉，因此，促销品的价值有 4 元左右，这相对于每箱价值 11 元左右的水而言的确是比较吸引人；但在超市里消费者都不会因为要这 5 包餐巾纸而去买一箱水，即使是团购客户，这 5 包餐巾纸也不好处理。

（资料来源：http：//www.3158.cn/news/2091230/9/74－52813609 _ 1.html）

名人名言

你必须知道顾客真正要的是什么。

—— 徐鹤宁

3. 面向推销员的推广

(1) 红利。为了鼓励推销人员的积极性，企业规定按销售额提成，或按所得利润提成。采用这个方法的前提是产品必须有稳定的市场。

(2) 推销竞赛。为刺激推销人员努力推销，企业确定一些推销奖励的办法，对成绩优良者给予奖励。

9.4.3 营业推广决策

营业推广决策主要应围绕以下问题进行。

1. 确定营业推广目标

企业首先要明确营业推广的目标，而且这一目标要与企业的整体营销目标相一致。营业推广所要达到的目标会因不同市场状况、不同的促销对象、不同的产品而有所不同。例如，针对消费者的营业推广可能是为了谋求短期内销售额的增加，也可能是为了培育长期的市场份额。因此，营业推广的目标应是引诱消费者尝试新产品、争取竞争者客户或维持酬谢老顾客。

2. 选择营业推广方式

要充分考虑营业推广的目标、市场状况、竞争状况及各推广方式的特点及成本情况而选择。

3. 制定营业推广方案

制定营业推广方案需要把握好如下内容。

1）营业推广的规模与强度

营业推广的规模与强度越大，影响面就越大，所需预算相对也越高，但有时营业推广强度越高，反而会引起消费者的反感和抵触。

2）营业推广的对象

营业推广的对象主要指营业推广的受众范围，是对消费者、中间商还是推销人员？或是以哪一方为主，其他方为辅。确定营业推广是以符合哪些条件的受众为对象的。

3）营业推广的途径

营业推广的途径指如何贯彻执行营业推广方案，选择哪种营业推广方式效果最好。例如，对同一种产品，营业推广活动是采取赠券的形式还是采用赠品的形式，要确定哪种效果更好。

4）营业推广的时间

营业推广的时间过短，刺激作用有限，无法吸引消费者，促销效果不明显；营业推广时间过长，不能引起消费者现场购买的兴趣，起不到应有的作用，形同虚设。例如，某饭店客房原价200元/天，现在搞营业推广活动，2004年全年90元/天，就是毫无意义的营业推广活动。另外，营业推广的时机也很重要，如服装产品的营业推广时机应在旺季到来之时会收到较好的效果。

5）营业推广预算

营业推广预算可以通过两种方式来实现：①根据营业推广方式、推广时间和强度来估计推广成本；②确定营业推广占整个营销预算的百分比。

4. 营业推广的实施与控制

推广方案制定完成后，就应着手实施。推广方案的实施主要有以下内容。

1）营业推广方案测试

如果情况允许，应该对营业推广方案进行测试，以确定推广方式是否合适，激励程度是否符合企业目标。在测试中，对营业推广方案存在的问题及时加以改进，在营业推广方案逐渐完善时再加以实施。营业推广方案的测试通常在小范围内进行。

2）营业推广方案实施

营业推广方案在经过测试并逐步完善后即进入实施阶段，把方案化为具体的行动。

3）营业推广控制

营业推广方案在实施过程中，往往会出现这样或那样的问题，企业应及时发现问题，以避免大纰漏的发生。为保证推广方案按计划正常实施，在方案的实施过程中，应实行必要的控制。

9.5 公共关系

9.5.1 公共关系的概念与特点

1. 公共关系的概念

公共关系简称公关，是指这样一些活动：争取对企业有利的宣传报道，协助企业与有关的各界公众建立和保持良好关系，建立和保持良好的企业形象，以及消除和处理对企业不利的谣言传说和事件。公关在保持企业形象方面起着非常重要的作用。

公共关系的主要内容不仅仅限于企业与顾客之间的关系，还包括企业其他的外部公众，如供应商、竞争者、新闻媒介、金融机构、政府等。

2. 公共关系的特点

公共关系与其他促销手段相比具有如下特点：

(1) 从公共关系目标看，其特征是塑造组织机构形象，注重长期效应。公共关系要达到的目标是树立企业良好的社会形象，创造良好的社会关系环境。实现这一目标，需要企业长期不懈的努力。

(2) 从公共关系对象看，公共关系注重双向沟通。公共关系的工作对象是各种社会关系，包括企业内部和企业外部两大方面。企业不是孤立的经济组织，而是相互联系的社会成员的一份子，每时每刻都与其相关的社会公众发生着频繁广泛的联系。

(3) 从公共关系手段看，其注重间接促销。公共关系的手段是有效的信息传播，而这种信息传播并不是直接介绍和推销商品，而是通过参与各种社会活动，宣传企业营销宗旨，联络感情，扩大知名度，从而加深社会各界对企业的了解和信任，达到促进销售的目的。

9.5.2 公共关系的方法

1. 发现和创造新闻

新闻公关是指利用或策划有吸引力的新闻事件，吸引媒体报道以扩大企业影响。由于新闻界是站在企业和消费者之外的第三者的立场上，能客观地提供信息，可信度高。企业应积极主动地、经常地与新闻界保持联系，了解新闻报道的重点及新闻动向，并经常及时地向新闻界提供具有新闻价值的本企业消息。同时，公关人员要善于发现和创造对企业及其产品有利的新闻，以吸引新闻界和公众的注意，增加新闻正面报道的频率，从而扩大企业及其产品的影响和知名度。

2. 介绍情况、回答问题和发表演讲

企业营销人员要利用各种场合、各种机会，灵活地运用公共关系的语言艺术，及时地

介绍企业及其产品的情况，回答公众关心的问题，或者在有关业务会议上发表演讲。这也是提高企业知名度的一种有效形式。

3. 参与社会活动

企业积极参与社会活动和支持公益事业，能够树立企业关心社会公益事业，承担一定社会责任和社会义务的良好形象，有利于提高企业的影响力，有利于取得社会公众的好感和信任。

4. 策划专门性公关活动

企业根据营销活动的需要，可以安排一些特殊的事件来吸引公众对企业的注意，如召开新闻发布会、研讨会和展览会，举行某种庆典活动等。这是企业与社会公众沟通信息的好机会，也是企业信息迅速广泛传播的有效途径。

5. 导入 CIS

导入 CIS，就是综合运用现代设计和企业管理的理论和方法，将企业的经营理念、行为方式及个性特征等信息加以系统化、规范化和视觉化，以塑造具体的可感受的企业形象。企业可以通过一定的媒体来传播这种视觉化的形象。导入 CIS，可以更具体、详细、直观地表达企业形象，传播也容易被大众接受，使公众对组织形成一个比较完整的、系统的印象。

6. 散发宣传材料

企业可以制作各种宣传材料广为散发和传播，向公众传递有关企业及产品的信息。宣传材料可以是印刷材料、音像资料等。

应用案例 9-7

耐克的危机公关

2008 年北京奥运会，刘翔退赛发生后的第二天早晨，广州很多市民拿到新出炉的《南方都市报》时，颇感意外。报纸封面有两张大图：一张是刘翔退赛后失落的背影；另一张是刘翔坚毅的正面特写，左侧是广告词“爱比赛，爱拼上所有的尊严，爱把它再赢回来。爱付出一切，爱荣耀，爱挫折。爱运动，即使它伤了你的心”。这正是刘翔的赞助商耐克火线换上的新广告，据悉耐克当天在北京、上海、成都等地媒体显著位置上都投放了该广告，粗略计算金额在 150 万元以上。在刘翔退赛 24 小时之内，耐克迅速反应，完美启动危机公关。其实，在刘翔退赛的当日下午，耐克公司即发表了官方声明：“刘翔一直是中国最杰出的田径运动员。耐克为能与刘翔紧密合作而感到自豪。在此时，我们理解他的感受，并期待他伤愈复出。”

▶ **分析提示**

从耐克这次的案例看，很显然，耐克在请刘翔代言时早就准备好多种预案，才能在危机时刻再次胜出。这次，耐克近乎完美的危机公关，也给国内的众多企业上了生动的一课。同时，也提醒了其他企业，只有早做准备，才能在关键时刻从容应对，做到危机公关的最高境界——化危为机，把危机转化成提升自己品牌美誉度的机会。

（资料来源：http：//www.chinavalue.net/Article/Archive/2008/8/20/131137.html）

名人名言

占领市场必先占领消费者的心灵。

—— 李奥·贝纳

项 目 实 施

任务 9.1　模拟人员促销实训

1）任务组织

以小组为单位，小组规模一般是 3～5 人，每小组选举小组长以协调小组的各项工作，教师提供必要的指导和建议，组织学生进行经验交流，并针对共性的问题在课堂上组织讨论和专门讲解。

2）任务内容

各学习小组模拟成立一家公司，举行一次适当规模的“模拟展销会”，各小组成员模拟公司推销员的角色，充分利用人员促销的各种技巧，现场推销本公司产品。

3）任务总结

将展销会推销过程和收获制作成 Word 或者 PPT 的形式进行汇报，同学互评、教师点评，然后综合评定本次各学习小组的实训成绩。

任务 9.2　为××产品设计广告

1）任务组织

以小组为单位，小组规模一般是 3～5 人，每小组选举小组长以协调小组的各项工作，教师提供必要的指导和建议，组织学生进行经验交流，并针对共性的问题在课堂上组织讨论和专门讲解。

2）任务内容

以小组为单位，选择准备要作广告宣传的产品（可以跟有关的厂商联系，使本次训练更具有实践性)，为产品设计有创意的广告。小组间可以比拼，看看哪个组的广告有新意，哪个组能够使做了广告的产品确实提高销售额。对广告设计的反馈信息做整理，分析并总结广告的质量及其宣传力度对产品的销售有何帮助。最后，撰写一份广告策划书。

3) 任务总结

将广告策划书制作成 PPT 的形式进行汇报，同学互评、教师点评，评出优秀策划方案。

任务 9.3 撰写《××按摩器社区促销活动策划方案》(营业推广)

1) 任务组织

以小组为单位，小组规模一般是 3～5 人，每小组选举小组长以协调小组的各项工作，教师提供必要的指导和建议，组织学生进行经验交流，并针对共性的问题在课堂上组织讨论和专门讲解。

2) 任务内容

以小组为单位，各小组分别选择一个社区，举办“××按摩器进社区促销活动”。活动前，需编写策划方案，包括以下要素：促销主题、促销价格、促销场地、促销时间、活动布置安排、促销前准备工作安排、现场促销执行安排、售后服务等。促销活动结束后，需对照方案进行活动总结。

3) 任务总结

将总结后的策划方案制作成 PPT 进行汇报讨论，同学互评、教师点评，然后综合评定本次各学习小组的实训成绩。

任务 9.4 公共关系策划实训

1) 任务组织

以小组为单位，小组规模一般是 3～5 人，每小组选举小组长以协调小组的各项工作，教师提供必要的指导和建议，组织学生进行经验交流，并针对共性的问题在课堂上组织讨论和专门讲解。

2) 任务内容

将各小组视为一个整体，假设为某企业的公关经理，该企业生产一种适合中老年人的营养保健品。母亲节到了，企业将如何利用公共关系活动提升企业形象，增强客户认可，促进产品销售?

3) 任务总结

各组将讨论结果制作成 Word 或者 PPT 的形式进行汇报，同学互评、教师点评，然后综合评定本次各学习小组的实训成绩。

任务 9.5 撰写《××企业促销策略运作分析报告》

1) 任务组织

以小组为单位，小组规模一般是 3～5 人，每小组选举小组长以协调小组的各项工作，教师提供必要的指导和建议，组织学生进行经验交流，并针对共性的问题在课堂上组织讨论和专门讲解。

2）任务内容

每个组分别选择一个企业的促销策略运作项目进行实训，通过对所选企业的促销策略运作情况的调查，运用所学知识分析总结该企业促销策略经验，在此基础上提出建议，撰写《××企业促销策略运作分析报告》。

3）任务总结

在班级交流、讨论各组的分析报告，根据交流、讨论结果，各组修订其分析报告，使之各具特色。

项目小结

【知识要点】

现代企业市场营销不仅要求企业生产、设计、组合出适合市场需要的产品，制定有吸引力的市场价格，建立高效、顺畅的分销渠道，而且还要求企业善于与目标顾客沟通，广泛深入地向目标顾客传递本企业及产品的信息。这样，企业才能在市场营销组合四因素的“四轮”共同驱动下，采用完整、综合的市场营销手段，充分满足目标顾客的需求，实现企业目标。在市场营销组合四个要素中，产品是基础，是决定性的因素，价格则是最敏感、最微妙的因素，分销渠道是产品生产者通向消费市场的桥梁，而促销是市场营销中最富有活力和创意的领域，是营销理论在实践中最具体、最直接的应用。

促销策略主要包括广告、人员推销、营业推广和公共关系四种类型。

【实务重点】

促销组合的分析和选择；人员推销的过程和管理；广告策略的选择；营业推广的方式；公共关系的具体活动方式。

职业能力训练

一、单选题

1. 促销组合的方式有人员推销、广告促销、营业推广和(　　)。
   A. 分销渠道　　B. 公共关系　　C. 产品价格　　D. 产品组合
2. 营业推广又称(　　)，是促销组合的重要方式。
   A. 销售渠道　　B. 产品推销　　C. 销售组合　　D. 销售促进
3. 目的在于诱导消费者产生初次需求的广告属于(　　)。
   A. 开拓性广告　　B. 劝导性广告　　C. 提醒性广告　　D. 趣味性广告
4. 百事可乐往往根据可口可乐的广告费用决定自己广告费支出，这是(　　)。
   A. 承受能力法　　B. 销售额百分比法　　C. 竞争平衡法　　D. 目标任务法

5. 市场上新出现的新产品，最好按(　　)决定广告费。
A. 承受能力法　B. 销售额百分比法　C. 竞争平衡法　D. 目标任务法
6. 促销策略中最有效的是(　　)策略。
A. 推动式　B. 拉引式　C. 推拉结合式　D. 刺激式
7. 专业性强的工具类产品比较适合在(　　)做广告。
A. 当地报纸　B. 专业杂志　C. 电视　D. 广播
8. 产品生命周期的(　　)，促销内容应该是重视营业推广，并辅之适当的广告。
A. 导入期　B. 成长期　C. 成熟期　D. 衰退期
9. 对生产资料的促销而言，最有效的方式是(　　)。
A. 广告　B. 销售促进　C. 新闻宣传　D. 人员推销
10. 对中间商的销售促进，最具代表性的方法是(　　)。
A. 推广津贴　B. 列名广告　C. 赠品　D. 销售竞赛

二、多选题

1. 促销组合方式主要有(　　)。
A. 降价　B. 广告　C. 公共关系
D. 人员推销　E. 销售促进
2. 一般而言，人员推销的基本形式有(　　)。
A. 上门推销　B. 柜台推销　C. 广告推销
D. 会议推销　E. 公关推销
3. 在促销活动中，广告的作用主要体现在(　　)。
A. 传递信息，沟通产需　B. 节省费用，提高效益
C. 激发需求，促进销售　D. 介绍商品，指导消费
E. 树立形象，赢得市场
4. 企业关注公共关系在促销活动中的作用，其作用主要体现在(　　)。
A. 树立企业形象　B. 收集社会信息　C. 协调媒体关系
D. 协调内外关系　E. 处理突发事件
5. 广告预算的方法主要有(　　)。
A. 承受能力法　B. 销售额百分比法
C. 竞争平衡法　D. 目标任务法
E. 投资收益法
6. 广告效果的评比方法主要有(　　)。
A. 消费者评估法　B. 生产商评估法
C. 邮寄广告评估法　D. 销售业绩评估法
E. 机械评估法
7. 销售促进的对象主要有(　　)。
A. 消费者　B. 中间商　C. 企业内推销员
D. 供应商　E. 媒体

8. 面向中间商的营业推广方式主要有（　　）。
A. 批发回扣　B. 推广津贴　C. 销售竞赛
D. 扶持零售商　E. 赠送促销
9. 在企业促销活动中，一个有效的公关促销方案一般要考虑以下（　　）因素。
A. 公关活动目标　B. 公关活动对象　C. 公关活动项目
D. 公关活动影响　E. 公关活动预算
10. 人员推销的作用是通过销售人员的（　　）具体角色来体现的。
A. 企业形象代表　B. 热心服务者
C. 信息情报员　D. "客户经理"
E. 商品演示者

三、判断题

1. 促销的实质是信息沟通，就是促销过程中卖主与买主的信息沟通。（　　）
2. 按广告的媒体划分，广告可以分为印刷广告、视听广告、邮寄广告和户外广告。（　　）
3. 一般大型商店如果要做广告，大多选择电视广告。（　　）
4. 采用"推"策略是把消费者作为主要的促销对象；"拉"策略是把中间商作为促销对象。（　　）
5. 市场范围小，潜在顾客较少及产品专用程度较高的市场，宜采用人员推销。（　　）
6. 在促销组合中，人员推销与其他三种方式相比，最大的不同点是与顾客的直接沟通。（　　）
7. 对生产资料的促销而言，最有效的促销方式是广告。（　　）
8. 公共关系是企业通过利用一切非商业性宣传，开展与公众保持良好关系的活动，直接宣传介绍企业和营销产品。（　　）
9. 营业推广是指企业长期能够迅速刺激需求，鼓励购买的各种促销活动。（　　）
10. 广告与公共关系的差异很大，公关效应快，但不会持久。（　　）

案例分析

蓝马啤酒圣诞节促销策划

蓝马啤酒是河南省第一个高档啤酒品牌。上市十几年来因其精美的高档包装、魔鬼般的独特口味、美轮美奂的品质和浓厚的美国文化，塑造出非常个性化的品牌形象，受到许多追求时尚、消费水平较高的年轻人和成功人士的喜爱，在河南省高档啤酒市场一直保持较好的销售业绩，尤其是在郑州市的高档酒店、宾馆、酒吧、歌厅等高档消费场所占有一席之地。但近年来高档啤酒市场竞争非常激烈，百威、喜力、青岛等外来啤酒借其品牌优势对郑州市场的大举进攻，给蓝马啤酒造成了较大的市场压力。

蓝马啤酒利用圣诞节进行了一次成功的市场营销策划，使得蓝马啤酒的品牌美誉度得到极大提升，在酒吧和迪厅的销量快速上涨。

对年轻人来说，过圣诞节不再是一种时尚和流行，而成为一种生活的必需。在圣诞节期间，人们去的最多的地方就是酒吧、迪厅等休闲、娱乐场所，去感受浪漫和疯狂，去体验新鲜的外来文化气息。而蓝马啤酒的品牌文化内涵就是浓浓的美国文化，酒吧、迪厅又是蓝马啤酒的主要销售场所。平安夜到酒吧、迪厅的消费者几乎90%都要消费啤酒，如何抓住平安夜这个机会，促进销售量的快速增长，进一步提升自己的品牌形象和竞争力呢?

首先，蓝马啤酒营销人员紧密合作，开始了紧张的市场调查。他们对郑州生意好、规模大、知名度高的酒吧和迪厅进行了排序，选择30家店作为这次活动的合作伙伴。然后派精干人员到这些店与老板进行交流和沟通，争取他们的认同和支持，保证方案的顺利执行。到12月20日前30家目标店全部确定。

其次，就是扩大宣传，广而告之。在郑州晚报、郑州电视台分别打出文字广告，并在二七广告商业区和郑州大学等高校区散发2万多份传单，在30个合作店外打横幅、贴海报，对这次活动进行广泛深入的宣传。宣传文案的主标题："蓝马啤酒邀请您参加圣诞狂欢夜"，方案内容："中美合资蓝马啤酒有限公司为答谢新老朋友，特在圣诞平安夜在以下酒吧和迪厅(列出30个合作店名字，对这些店进行一次广泛宣传，老板非常高兴)举行蓝马啤酒狂欢夜，凡参加者均可以免费享受蓝马啤酒的魔鬼风味，并和外国朋友一起表演节目，有机会参加抽奖活动，得到精美礼品，还能够得到免费现场留影照片！咨询热线：639405。你还等什么？快快拨打!"广告打出后，立即引起强烈的反响，电话几乎被打爆。

与此同时，联系外国留学生，组织节目。他们到郑州大学、河南医科大学等高校联系欧美国家留学生60多人，把这些人分成6组，每组9人，每组轮流参加3个店的活动。这些留学生对于蓝马啤酒的邀请很高兴，有啤酒，还能够与英俊的中国小伙和美丽的中国姑娘一起共度良宵，简直是喜出望外。而蓝马对他们的要求仅是会表演节目或会跳的士高，节目水平要求不高，只要能够突出气氛就行。这些留学生有的会吹萨克斯，有的会弹吉他，有的会唱欧美流行歌曲，的士高则是他们生活的一部分，每个人都十分擅长。

平安夜到了，经过组织者的精心设计，整个促销活动取得了巨大的成功。

1. 赠酒和鲜花祝福，消费者获得意外惊喜

凡当晚到合作店的消费者，每桌客人都免费获赠1瓶355毫升精装蓝马啤酒，并由礼仪小姐向情侣们中的女士送一支红玫瑰，并真诚地对他们说："感谢你们光临，我代表××店和蓝马啤酒祝你们圣诞快乐，情深似海!"这种意外的礼物和暖融融的话语使每一位消费者都倍感亲切和激动，一下就拉近了和蓝马啤酒的距离，消费蓝马啤酒的激情也就被充分地调动起来了。许多消费者在消费完1瓶赠品后都继续购买，没有人觉得18元一瓶的价格贵，因为蓝马啤酒带来的不仅是啤酒本身的享受，更重要的是精神上的超值享受，这是无法用金钱来衡量的。

2. 丰厚奖品不断，消费热潮叠起

当晚凡购买蓝马啤酒4瓶以上者均可获得抽奖券一张，参加晚上的9点和11点举行的现场抽奖活动。一等奖900元，二等奖800元，三等奖价值500元的消费卡一张，鼓励奖一顶圣诞帽。诱人的奖品调动了许多消费者的激情，尤其是9点举行的第一轮抽奖，许多中奖者欣喜若狂，而没有中奖的人仍然不想放弃11点再次抽奖的机会，消费激情再一起被燃起，再次购买蓝马啤酒，掀起了一阵阵狂饮潮。

3. 与留学生同歌共舞，燃烧品牌激情

除了店内的节目之外，还有留学生表演节目。他们全部一身牛仔服，流着前卫的发型，具有浓厚欧美风格，充满动感和激情的表演引起阵阵掌声和喝彩，许多消费者忘情地与留学生们一起狂歌劲舞，把活动一次次地推向高潮。许多人买来蓝马啤酒请留学生们一起喝，每个人都十分开心。留学生们在表演时不停地用中文或英文喊“蓝马啤酒，我爱你!”精彩表演把整个活动推向了最高潮，蓝马啤酒的品牌激情与消费者的激情产生了高度的共鸣。

4. 赠送精美照片，留住精彩瞬间

为了让消费者永远留住这一精彩瞬间，永远记住蓝马啤酒，参加抽奖的消费者凭每张奖券可以免费获得为其拍摄的精美照片一张。只要留下详细地址和电话，照片将亲自送到。于是许多消费者为了这张照片甚至想多拍几张，就再一次购买蓝马啤酒。让消费者手里举着蓝马啤酒拍照，并且每张照片都装进一个简易的相框里，为的是让消费者放在显眼的地方，而不是放进相册，能够经常看到照片和照片上的蓝马啤酒，就永远忘不了这一难忘的时刻，也就永远记住了蓝马啤酒。照片洗出后按消费者的详细地址，派专人送达，再一次得到消费者的感谢。

通过当晚的活动，每个合作店都爆满，不但促进了啤酒的消费，还带动了其他消费，使合作店老板们赚了个大满贯。蓝马啤酒当晚销量最少的店有30多箱，最多的竟达到80多箱，老板们都十分高兴，没有经销过蓝马啤酒的店当场表示第二天进货。蓝马啤酒的促销宣传目的达到了，蓝马啤酒的品牌形象和品牌忠诚度得到极大的提升，销量明显上升，截至1月20日，不到一个月蓝马啤酒在郑州市的销量比前一年同期增长180%。

（资料来源：http：//wenku. baidu. com/view/9ac88366f5335a892d220e2. html）

▶ 思考分析

1. 蓝马啤酒促销策划为什么能够取得成功?
2. 一次成功的市场营销策划应该注意哪些方面?

职业与发展

一、岗位名称：促销员

1. 工作职责

(1) 服从促销主管的工作安排，完成下达的促销任务。

(2) 负责终端产品和促销品的最终陈列。

(3) 正确处理与店员、相关人员关系，维护公司形象。

(4) 收集整理客户资料，并整理归档。

(5) 正确处理促销购买过程，避免与消费者发生争执。

(6) 依据要求处理售后服务工作，促进产品销售。

(7) 收集提供同类重点品牌的相关数据。

(8) 完成公司下达的其他促销任务。

2. 任职要求

(1) 五官端正，身高 1.60 米以上。

(2) 有较好的语言表达能力。

(3) 有较强的理解能力，能较快掌握基本业务知识，领会工作要求。

(4) 有卖场产品销售和推广相关经验。

(5) 有一定的事业心和敬业精神，乐于承担工作。

(6) 身体健康，有健康证。

二、岗位名称：广告专员

1. 工作职责

在项目主任、咨询主管的领导下，通过发布广告的形式开展客户拓展工作。工作内容包括策划广告方式，进行广告投放，组织广告投放后的业务咨询。

2. 任职要求

(1) 本职位没有性别要求，男女不限。要求形象大方端正；精神乐观，心态健康；兴趣广泛，好钻研，愿与人打交道，喜欢交朋友。

(2) 学历大专以上；熟悉电脑，能进行网上搜索；意志坚定，工作有韧性。

(3) 品行端正，有责任心；思想进步，有事业心。

(4) 知识面宽；有成功业绩历史的优先，特别要求语言表达能力较好。

(5) 思维活跃，有市场分析能力，善于总结广告业务方面的经验。

三、岗位名称：公关主管

1. 工作职责

(1) 使政府、媒体、消费者及商业伙伴不断更加深入地了解公司和品牌，确立公司和品牌在本地区的领导地位和影响力，最终达到促进产品销售的目的。

(2) 协助公共事务经理树立公司和各品牌的正确形象，提升公司在本市场的影响力和地位。

(3) 发展、维系与媒体的关系。

(4) 设计策划符合本市场情况、形式多样有效的公关/公益活动。

(5) 关注本市场社会动向，把握公关时机。
(6) 完整、有效地实施公关/公益活动，争取最大的发稿量。
(7) 结合本市场特点，实施公司公关部门设定的公关活动。
(8) 与市场专员协调，配合市场行销活动。

2. 任职要求

(1) 大学专科以上学历，中文、管理、营销、新闻类专业。
(2) 良好的中文写作能力。
(3) 良好的沟通、表达技巧。
(4) 对社会、媒体动向具有敏感性。
(5) 具有较强的活动组织和协调能力。
(6) 能够处理好人际关系，有团队合作精神。
(7) 能够熟练使用一般办公电脑软件。
(8) 具有基本英语阅读能力。

模块五

价值监控篇

项目 10 市场营销组织、计划和控制

学习目标

【知识目标】

1. 了解市场营销组织的职能；
2. 掌握市场营销组织的概念和形式；
3. 掌握市场营销计划和控制的过程。

【技能目标】

1. 具有选择合适市场营销组织形式的能力；
2. 具有制订市场营销计划的能力；
3. 具有控制市场营销计划执行的能力。

【实训目标】

1. 通过市场营销组织形式等知识的学习，使学生具备构建市场营销组织的技能；
2. 通过市场营销计划等知识的学习，使学生具备制订市场营销计划的技能；
3. 通过市场营销控制等知识的学习，使学生具备控制市场营销实施过程的技能。

案例引入

科诺公司追求极限发展的营销组织结构与运作思想

在国内农药企业已有 7 000 多家，且在外国竞争对手已占领国内农药市场 20%的情况下，科诺公司确立了闯新路的营销办法，即打破农药企业只针对经销商进行推销，只抓住主要代理商和主要批发商的做法，确定了建立较大的营销队伍，以各级经销商会议推动经销商进货和直接对农民消费者宣传促销，从终端培育市场的“推拉结合”的低重心营销策略，以及在全国全面推开和抓重点、以点带面的营销模式。

贯彻上述营销思想的营销组织结构由 4 个层次组成：公司总部营销中心——战区指挥部——省级办事处——区域市场部。营销中心由市场综合部、储运部、企划

部、销售管理部、技术服务部、督办部等部门组成。战区指挥部配备财务、企划、人事督办人员，另外各配备分管副总两人，作为传帮带培养对象。成立战区指挥部的目的是，对各省级办事处进行管理。公司在1年以内成立了28个省级办事处，分别归属于5个战区指挥部。省级办事处设财务主管(兼办公室、仓储等)、企划主管、技术主管、人事主管(兼督办、法务等)。区域市场部，由市场经理主持工作，区域市场部所辖市场负责人为业务主办。

到2000年10月为止，公司共有人员1 033名，其中70%的人员分布在营销中心，市场综合部4人，销售管理部15人，企划部10人，技术服务部5人，督办部5人，各战区共651人，林业市场部15人。而在销售旺季，公司在市场第一线的销售人员达到1 600人。由于农药销售具有季节性很强的特点，在销售旺季的6～9月，公司在全国大范围开展低重心营销，需要大量人员，为此公司储备了一支预备军队伍。这支预备军队伍是指具有一定农药、植保及相关知识和经验的季节性市场人员，他们通常来源于两个途径：一是就地取“才”，即主要是利用当地农药、植保或相关专业的在校大学生；或在当地招聘兼职人员，特别是农药、植保及相关专业系统的兼职人员。二是总部输送，即总部借助有利条件联系周围大专院校的在校学生到公司实习；或抽调总部相关部门的员工、生产线员工在淡季作为预备军扩充到各个战区，预备军的招聘由区域市场或者办事处、战区、总部来操作。

在营销运作思路的实施上，公司通过在中国革命圣地(长沙、井冈山、遵义等)召开营销工作会议，借鉴中国革命发展过程中，毛泽东结合中国实际运用马列主义思想领导共产党取得胜利的精神和历程，来引导公司员工接受和贯彻“敢闯新路，敢为人先”的创新思想和科诺公司不同于其他公司的营销策略。这给众多被分配到各地市县从事市场推广和市场开拓的业务人员以精神动力和支柱。

(资料来源：http：//baike. soso. com/v9408031. html)

▶ 思考分析

1. 科诺公司营销组织发展策略对提高产品销售有什么帮助?
2. 科诺公司发展营销组织的做法是否存在问题?为什么?

相关知识

10.1 市场营销组织

10.1.1 市场营销组织的演变

市场营销组织是企业为了实现营销目标，制订和实施市场营销计划的职能部门。但在某些地区某些企业，市场营销组织常常没有成为一个科室或者机构。由于企业对市场营销活动的重视程度或实际情况有不同，市场营销组织的形式和名称也有差别。市场营销部门的组织形式，主要受宏观市场营销环境、企业市场营销管理哲学，以及企业自身所处的发展阶段、经营范围、业务特点等因素的影响。市场营销组织的演变大致经历了以下五个阶段。

1. 简单推销部门

20 世纪 30 年代以前，西方国家企业市场营销活动主要以生产观念为指导，其内部市场营销组织属于简单推销部门。当时推销和财务、生产都是企业最基本的职能构成，财务部门管理资金、账务，生产部门负责产品制造，推销部门则管理产品销售。推销部门由一位副总经理负责，管理推销人员及其促销工作。推销部门只负责把生产出来的产品销售出去，不过问生产的质量、种类、规格，也不管生产过程，如图 10.1 所示。

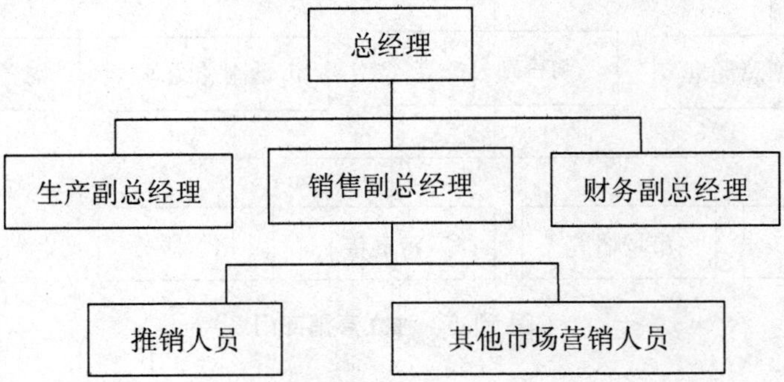

图 10.1 简单推销部门

2. 兼有营销职能的销售部门

这种销售部门指推销部门除了推销产品，也承担如市场调研、广告宣传和销售服务等推销辅助功能。20 世纪 30 年代以后，很多企业进一步扩大规模，市场竞争趋于激烈，销售工作变得更为复杂。在推销观念的指导下，很多企业通过市场研究、广告等促销活动积极推动销售。而随着这方面工作量的增加，便需要设立市场营销主管，负责这些具体、专门的工作，如图 10.2 所示。

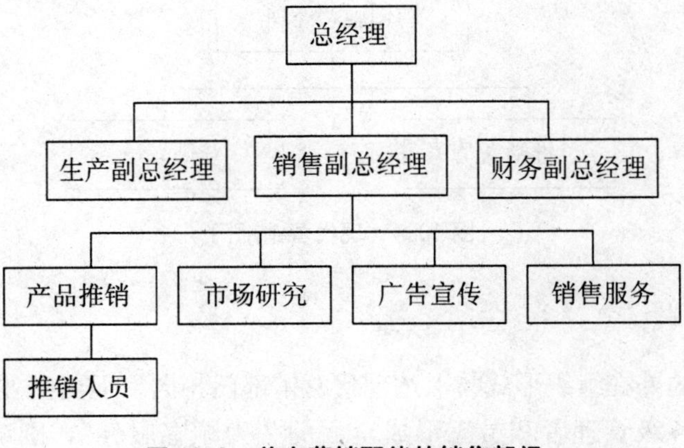

图 10.2 兼有营销职能的销售部门

3. 独立营销部门

随着企业经营规模和业务范围的进一步扩大，原来只作为辅助性职能的市场调研、广告促销甚至产品开发等工作需要进一步加强，原有的推销部门工作量和管理难度大大增大，于是市场营销部门随着一系列工作的独立而脱离出来，成为一个与推销并立的职能部门，由一位市场营销副总经理负责，与推销副总经理同时直接由总经理领导，如图 10.3 所示。

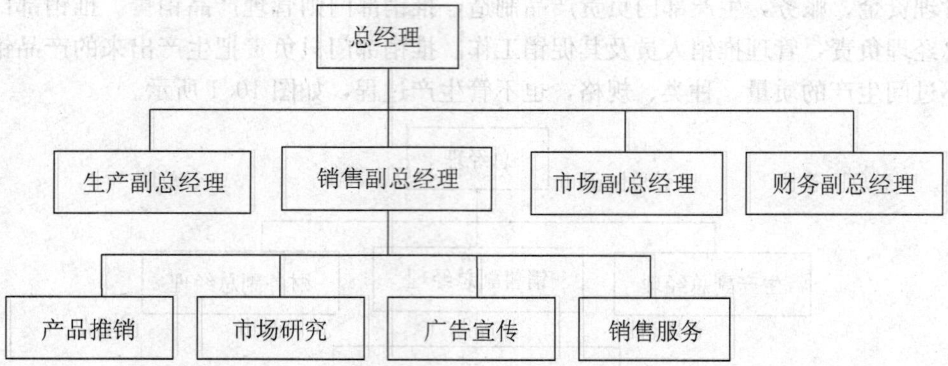

图 10.3　独立营销部门

4. 现代营销部门

在经历独立营销部门之后，逐步诞生现代营销部门。推销与营销部门活动的出发点有差异，前者追求当前单纯的销售量，营销部门从产品开发、产品形象、市场开发等多方面考虑企业的各项活动，从企业各环节考虑满足顾客的需求。两者在矛盾中整合，发展为销售和营销归为市场营销副总经理全面负责，下辖市场营销职能和推销职能，如图 10.4 所示。

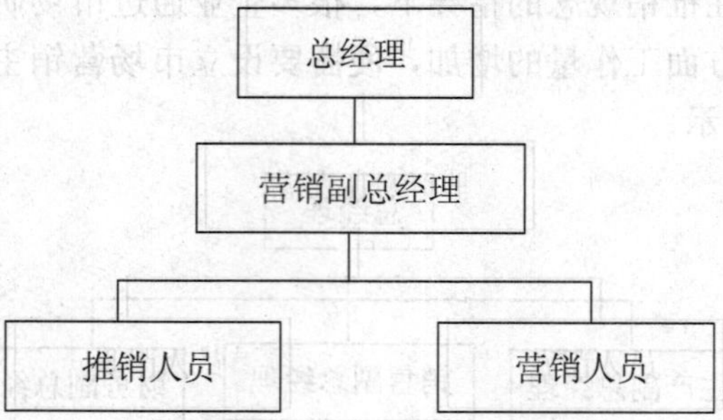

图 10.4　现代营销部门

5. 现代营销企业

现代营销企业的外在组织形式与上述现代营销部门相同，但当企业在现代市场营销观念的指导下，内部各级管理者和员工形成全面的“为顾客服务”，围绕“满足顾客需求”而开展企业各个环节的活动，这才能称为现代营销企业。在现代营销企业中，市场营销不仅仅是一个职能部门的名称，而是贯穿于这个企业的指导思想。

应用案例 10-1

是否导入平衡计分卡

国内一家中型的食品企业，为了“将来的绩效”，并为提高对销售人员的激励和考核力度，在现有区域全部导入了平衡计分卡(balanced score card，BSC)的考核模式。BSC是以战略管理为导向的，但现有企业组织和营销组织不能支撑或提供完整的指标来实现考核。如何在BSC中的4个层面上来明确关键成功因素及其衡量标准，并在这些标准之间形成一种平衡结构，其核心在于如何确定各因素之间的驱动关系。对国内相当多的企业而言，目前尚未形成战略管理的自觉意识和既定流程，这时即便勉强引入BSC也会因为组织战略的频繁变化导致BSC的名存实亡。

▶ 分析提示

要超前，但不能太超前，超前一点成“勇士”，但要慎防超前太多成“烈士”。

(资料来源：百度文库，http：//wenku. baidu. com)

名人名言

满足顾客是第一、也是永远的一种心态与行为……是一种每一天每一分钟的执著。

—— 艾尔多斯·哈克思雷

10.1.2 市场营销组织的形式

现代企业营销部门的组织形式有多种，不论采取哪种形式，都要体现以顾客为中心的营销思想。具体来讲，营销形式主要有以下几种。

1. 职能型营销组织

企业的市场营销活动包括市场调研、销售计划、广告推销、新产品开发等。在企业设立的职能型营销组织中，企业设立一名营销副总经理管理营销事务，由若干名市场营销专家各执行某一方面的营销职能，他们都对营销副总经理负责，接受营销副总经理的领导。其中营销行政事务经理主管营销日常工作，广告与营业推广经理主管产品的促销工作，销售经理主管推销人员的招募和管理，市场研究经理主管市场调查、分析与预测等工作，新产品经理主管新产品的开发与研制工作，如图 10.5 所示。

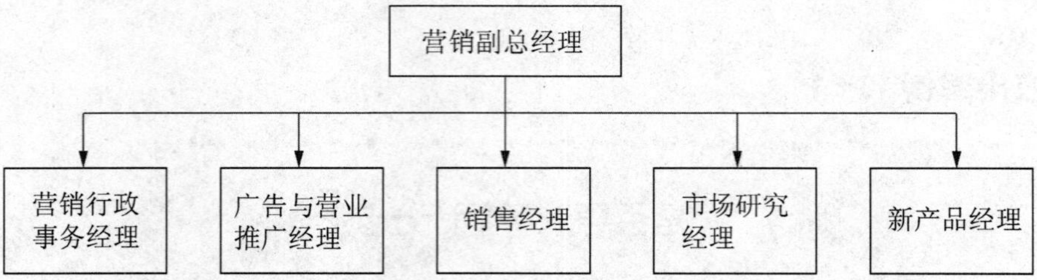

图 10.5 职能型组织

职能型营销组织形式的主要优点：①贯彻了专业分工的要求，有利于在人力利用上提高效率；②职责分明，落实各类人员对各类工作成果的责任；③集中管理、统一指挥，有利于维护领导对指挥和控制活动的权利和威信。不过随着企业产品增多，市场扩大，这种组织形式可能暴露出其效益较差的弱点，因为没有一个职能组织为具体的产品或市场负责，每个职能组织都力求与其他职能组织对等的地位，因而面临着如何进行协调的问题。

2. 地理区域型营销组织

在全国范围进行销售的公司，通常按地理区域设立营销组织，安排其销售队伍。在营销副总经理主管下，按层次设全国销售经理、大区销售经理、地区销售经理、分区销售经理、销售人员。假设，一位负责全国销售的销售经理领导 4 位大区销售经理，每位大区销售经理领导 6 位地区销售经理，每位地区销售经理领导 8 位分区销售经理，每位分区销售经理直接领导 10 位销售人员。从全国销售经理到分区销售经理，再到销售人员，所管辖的人数即“管理幅度”逐级增大，呈自上而下自然的“金字塔”型组织结构，如图 10.6 所示。

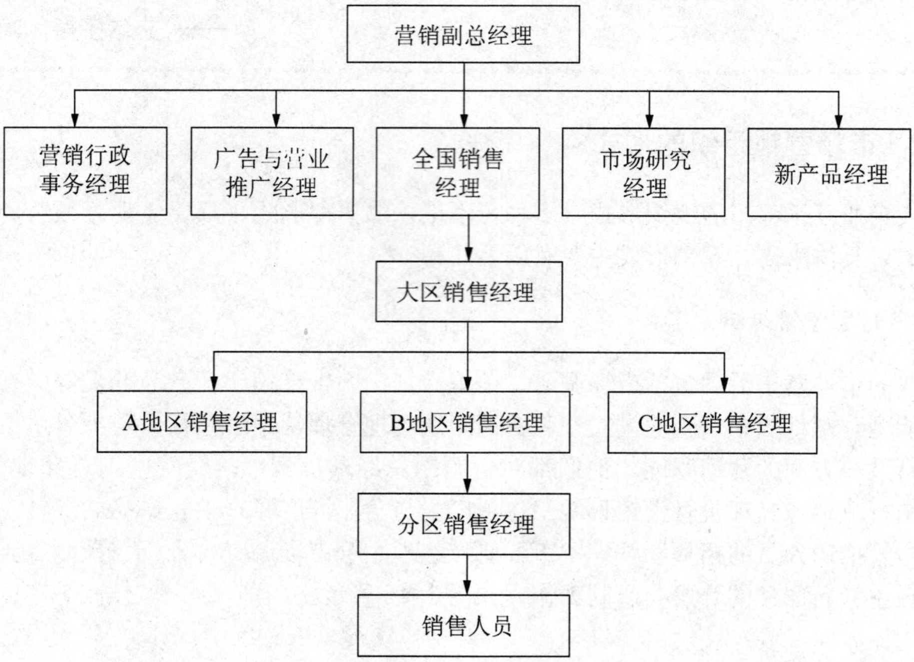

图 10.6 地理区域型营销组织

国际上许多大公司都采用这样一种营销组织，如联合利华、IBM 等。地理区域型营销组织的创始者是金宝汤料公司，它为不同地区推出不同配方的汤料。公司把美国划分为 22 个区域，各区域制定当地的营销方案，并且编制自己的广告等促销预算。

3. 产品/品牌型营销组织

拥有多种产品或多种不同品牌的公司，可以考虑按产品或品牌建立营销组织，即在营销副总经理下设产品经理；产品经理下按每类产品分别设产品线经理；在产品线经理下，再按每个产品品种分别设产品品种经理，实行分层管理，如图 10.7 所示。

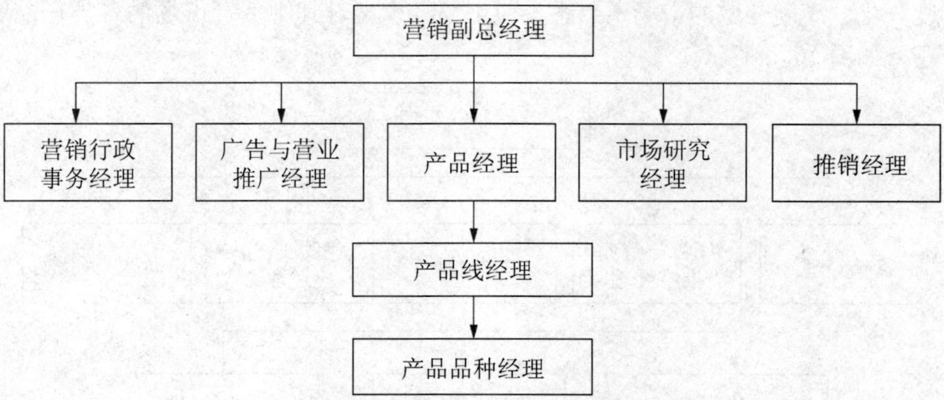

图 10.7 产品/品牌型营销组织

4. 市场/顾客型营销组织

市场细分化理论要求公司根据顾客特有的购买习惯和产品偏好等细分和区别对待不同的市场，针对不同购买行为和特点的市场，建立市场/顾客型营销组织是公司的一种理想选择。这种组织结构的特点是由一个总市场经理管辖若干个子市场经理，各子市场经理负责自己所管辖市场的年度计划和长期计划，他们开展工作所需要的功能性服务由其他功能性组织提供。分管重要市场的市场经理，有时可以增设几名功能性服务的专业人员辅助其开展工作，如图 10.8 所示。

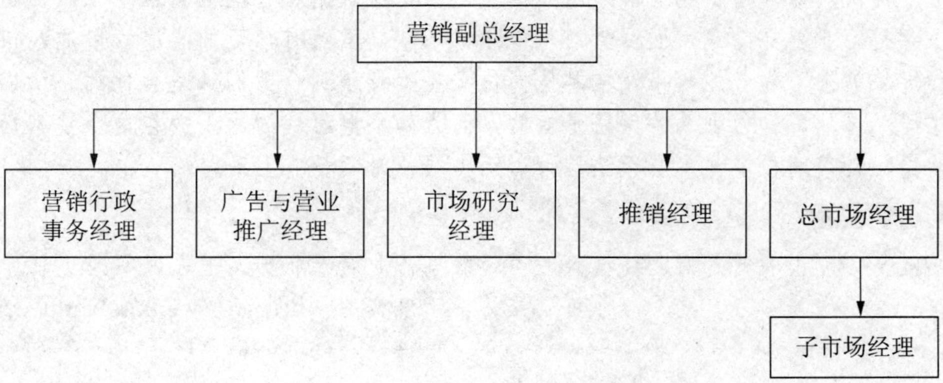

图 10.8 市场/顾客型营销组织

5. 产品/市场型营销组织

很多大规模公司，生产多种不同的产品，面向不同的市场，在决策其营销组织结构时面临两难境地：是采用产品/品牌型营销组织，还是采用市场/顾客型营销组织？如果采用产品型营销组织，那么许多重点市场缺乏专人管理，而需求能力弱的市场又会占用太多的企业资源；如果选择市场型营销组织，则容易导致获利能力强的产品遭受冷落。为了解决这一问题，公司可以设置一种既有市场经理，又有产品经理的二维矩阵组织，即所谓的产品/市场型营销组织。这种组织把产品/市场管理两者有机地结合起来，以解决产品经理对各种高度分化、高度分散的市场不熟悉，而市场经理又对其所负责市场的各类产品难以掌握的难题，如图 10.9 所示。

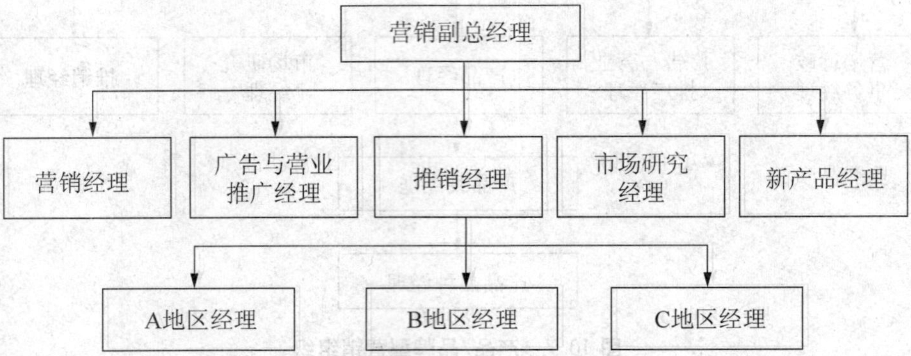

图 10.9　产品/市场型营销组织

应用案例 10－2

副总的面试

去年的某一天，做集群通讯的一个副总谈起他面试的一个人，最后还是没有招聘他，神情颇为惋惜。他说，来者无论理论水平还是销售管理经验都很强，但关键的一条是行业差异太大，面试者对集群通讯不懂，虽然有学习的意愿和潜质，但还是和岗位需求不吻合。如果放在其他岗位，显然找不到合适的，适合他的，所以忍痛作罢。显然，这位副总的做法是对的，因为如果把面试的这人放在这个技术性很强的岗位，很明显，他也会无法应付，至少很长时间不能上手。

▶ **分析提示**

隔行如隔山有时是对的，换企业不轻易换行业对于职场人士来说不无道理。

（资料来源：百度文库，http：//wenku. baidu. com）

名人名言

收入可以以其他形式出现，其中最令人愉快的是顾客脸上出现满意的微笑，这比什么都值得，因为它意味着他的再次光顾，甚至可能带个朋友来。

——雷·克罗克

10.1.3 市场营销组织的职能

公司的市场营销组织的职能是随着公司规模的扩大和公司营销观念的改变而逐渐成熟和丰富起来的，在简单的营销部门中，其主要职能就是推销产品，在制造部门与消费者之间充当传递产品的角色，而后，营销组织陆续承担如市场调研、产品传播、产品促销之类的职责，最终形成了现代营销组织的种种职能。一般而言，营销组织的职能包括以下几种：开展市场调查，收集信息；建立销售网络，开展促销活动；开拓新的市场，发掘潜在顾客；进行产品推销，提供优质服务；开发新的产品，满足顾客不断发展的需求；建立客户关系，维系老顾客等。营销组织的这些功能由不同的部门来完成。

1. 营销部/营销中心的职能

以营销为中心的公司，在公司的生产经营中，营销部依据市场需求引导公司的生产经营活动，重点解决营销费用与目标顾客相适应、产品顺利通过市场交换的问题。营销部门通过识别、确认和评估市场上存在的需要和欲望，选择和决定公司能够最好地为之服务的市场或顾客群体，进行目标市场决策，从而为整个企业明确努力的方向。同时，营销中心还必须负责管理其部门的管理和销售人员，以及与其他机构相互协调，以保证公司日常营销活动的正常运行。一般而言，公司营销部门的具体职能，可以从以下四个方面来阐述。

(1) 了解顾客的需求和市场动态，制订公司的营销计划。

满足顾客需要是企业营销活动的基本指导思想和目的，要求企业必须将顾客需求作为起点。因此，营销中心的首要职能就是了解顾客需求。不同消费者的个性、文化素质、收入水平、民族习惯等存在着明显的差异。还会出现曾有的需求会消失，此地发生的需求在彼地不一定发生的状况。因此，责成其下属的市场调研部门将市场上有关消费者的信息整理成文，提交上来。没有市场调研部门的公司，也可以借助外部的调研公司，完成此项任务。依据市场调研部门或调研公司呈交的有关顾客需求特征的报告，制订公司的营销计划。在了解顾客需求的同时，营销中心还应该密切关注和了解竞争对手在市场上的活动，以便根据竞争对手的变化，及时调整公司的营销计划和策略。

(2) 把握市场信息，为企业决策提供依据。

为了做到通过满足顾客需要来实现公司的目标，必须使公司提供的产品或服务与顾客需要协调一致，并能根据市场需求的变化做出调整。由此便产生了市场营销中心的第二项职能，即将顾客需求和竞争者的信息不断反馈给企业，为企业的经营决策提供可靠的依据，使企业生产的产品或服务在品种、质量、数量、价格、供货时间等方面都与顾客的需要相适应。

(3) 开拓销售市场。

适应市场不应该是被动的，而应该主动地挖掘和扩大市场对公司产品的需求，这也就是市场营销中心的第三项职能——开拓销售市场。营销中心要更好地执行这项职能，需要做好两方面的工作：①从深度上来开拓市场，即在现有的市场上进一步挖掘潜在需求，运用各种营销手段尽量使老顾客增加购买产品的数量和购买次数，同时吸引新顾客购买公司产品；②从广度上开拓市场，即将产品投向其他尚未开发的市场，由区域性的产品变成全国产品，甚至进入国际市场，参与国际竞争。

(4) 满足顾客需要。

市场营销活动的最终目的就是公司的产品顺利地转移到消费者手中，使消费者需求及时地得到满足，这可以视为市场营销中心的第四项职能。为此，企业在售出产品后，要做好各种售后服务工作，保证产品在使用过程中的可靠性。现在很多国内外的公司都设立了客户管理中心或者是售后服务中心，其目的在于方便顾客使用，节约顾客使用成本，提高产品的美誉度，争取顾客再次购买。因此，公司的营销部应该紧密联系顾客，听取他们的意见和要求，并经常研究产品满足顾客需要的程度。

2. 下属各部门的职能

随着市场经济的发展，人们的消费观念在改变，公司的规模也在日益扩大，于是，出现了一系列的其他营销职能部门，如市场调研部门、广告与促销部、分销部门等。时至今天，随着网络技术的发展，又衍生出营销信息部门，客户关系管理部门等新兴的营销部门。每个部门都承担了一部分营销功能，它们之间相互配合，相互协调，使营销在现代公司中的作用越来越大。以下就营销中心下属的几个比较典型的部门的职能进行阐述。

1) 市场调研部门的职能

市场调研最早于1910年在美国出现，第二次世界大战后逐渐被推广。我国近年来随着经济体制改革的不断深化，无论是面对变幻莫测市场的公司，还是承担日益复杂的宏观调控任务的政府经济管理职能部门，都开始重视市场调研，并建立起相应的研究机构。市场调研部在营销组织中的地位相当于眼睛对人的作用一样，它的职能是营销管理的有机组成部分，其作用是向管理者提供决策所需要的信息，公司的营销活动很多都是根据调研部门的调查结果而开展的。市场调研部门一般有以下职能：宏观环境调研、市场需求分析、销售分析、市场占有率分析、竞争产品研究、价格研究、广告研究、分销渠道研究、消费者购买行为分析等。

2) 广告和促销部门的职能

传统意义上的广告和促销部门，其职能包括两方面：广告宣传和销售促进。这两种职能的共同点在于都必须与现行和潜在的利益关系方和公众沟通，以拉力和推力两种形式促进消费者对公司产品或服务的渴求，从而带动产品的销售。

随着整合营销理论的成熟和推广，在很多现代公司中，建立整合传播部逐渐成为新的趋势，而且大有可能取代传统广告和促销部门的势头。整合传播部门相对于传统广告和促销部门而言，虽然其主要职能仍是一种沟通作用，但其先进之处在于要求部门的所有成员从接受者的角度来考虑全部营销的过程。

应用案例 10－3

科龙公司的整合传播部

在国内，科龙公司是最早将整合营销理论用于公司营销活动中的企业。该公司采用了扁平化的架构和矩阵式的管理，除了冰箱和空调两个营销本部，其他广告、公关、促销、新闻、CI 等部门重组为一个 200 多人的整合传播部。为体现整合传播部的权威性，其部长为总监级，高于其他部长。除了总部传播人员，还设置了分公司传播科长和分公司传播员。

▶ **分析提示**

整合传播的职能主要是：负责总部与分公司整合传播策略及计划的制订、实施和监控；负责与广告代理公司合作工作的跟进和管理；负责公共新闻动态；协作网络的建立；负责传播费用的管理及控制。

（资料来源：www. cmwin. com/CBPResource/StageHtmlPage）

名人名言

我们所有的工厂和设施可能明天会被全部烧光，但是你永远无法动摇公司的品牌价值；所有这些实际上来源于我们品牌特许的良好商誉和公司内的集体智慧。

—— 罗伯托 · 郭思达

3）销售/推销部门的职能

销售部或者推销部是最早出现的营销部门，伴随推销观念的产生而产生。该部门最初的职责就是将过剩的产品销售给消费者，由于在那一时期经济比较萧条，人们的购买能力弱，故公司需要用一系列有效的推销和促销工具去刺激他们大量购买，因此，组织销售人员对产品进行推销便成了推销部门的职能，这也是现在不少公司销售部门的主要职能。此外，很多公司销售部门还承担着销售渠道建设的职能。例如，山东红酒大王烟台张裕葡萄酿酒股份有限公司的销售部门就是将通路建设作为其部门的一项重要职能，他们树立起了“做市场就是做销售网络”、“网络为王”、“网络制胜”的理念。他们力图在进入 21 世纪后要科学设计网络体系，抢占市场网络制高点，扩大销售网络竞争优势，率先在同行业中构建一个强大的、现代化的、全国性的、多品牌共享的销售网络体系。

4）新产品开发部门的职能

以营销为中心的公司，往往将新产品开发部门划归给营销中心管辖。将新产品开发部门置于营销中心之下的优越性在于，营销中心是直接与市场接触的部门，他们最了解消费者需求，最懂得顾客想要什么样的产品，因此，市场专家与产品设计专家一起来开发新产品，才能够使新产品更好地满足消费者的需求。

技术领先的产品不一定能在市场上畅销，只有结合消费者的需求开发产品，才能保证新产品在市场上受消费者欢迎。因此，开发更多、更能满足目标市场顾客需求的新产品就成为新产品开发部门的最大职能。如何鼓励产生新产品的创意，以及如何将这些创意转化为实实在在的商业成功，是公司新产品开发部门经常讨论的重要话题。

10.1.4 市场营销组织设计的原则

就当前企业而言，几乎每个企业都有营销组织。设计营销组织需要遵循以下原则。

1. 实现目标原则

建立营销组织的目的就是要保证销售目标的实现。营销组织的建立必须和企业的发展相适应，要适当超前，在未来的2～3年能支撑企业发展目标的实现。企业最终需要在效率和成本两个方面来平衡，以达到高效的组织形式。

2. 因事设岗原则

营销组织的目标是通过对销售人员的活动进行安排来实现企业的目标，并实现整体效果大于局部效果之和。因为企业和营销需要设置某个岗位，不要因为现有人员达不到要求而降低标准，而是按照岗位要求进行招聘、选拔、培训，这是基本原则。

3. 顾客导向原则

在设计营销组织时，管理者必须首先关注市场，考虑满足市场需求，服务消费者。以此为基础，建立起一支面向市场的销售队伍。其实这也是营销的本质，组织也只有围绕这个本质，才能体现其价值。

4. 精简高效原则

精简与高效是手段和目的的关系，提高效率是组织设计的目的，而要提高组织的运行效率，又必须精简机构。具体地说，精简高效包含三层含义：①组织应具备较高素质的人才和合理的人才结构，使人力资源得到合理而又充分的利用；②要因职设人而不是因人设职，组织中不能有游手好闲之人；③组织结构应有利于形成群体的合力，减少内耗。

5. 幅度合理原则

管理幅度是直接向一个经理汇报的下属人数。管理幅度是否合理，取决于下属人员工作的性质，以及经理人员和下属人员的工作能力。正常情况下，管理幅度应尽量小一些，一般为6～8人。但随着企业组织结构的变革，出现了组织结构扁平化的趋势，即要求管理层次少而管理幅度大。

6. 稳定、弹性原则

组织应当保持员工队伍的相对稳定，这对增强组织的凝聚力、提高员工的士气十分必要，这就像每一棵树都有牢固的根系。同时，组织又要有一定的弹性，以保证不会被强风折断。组织的弹性，就短期而言是指因经济的波动性或业务的季节性而保持员工队伍的流动性。

10.2 市场营销计划

10.2.1 市场营销计划的性质

市场营销计划在企业实际工作中，常常被称为市场营销策划，指企业有关营销活动方面的具体安排。对于专业营销公司而言，营销计划也就是公司计划。而对于其他经营领域的企业，营销计划是公司计划的其中一个组成部分。

营销计划涉及两个最基本的问题：①企业的营销目的是什么；②如何实现这一营销目的。企业在进行营销活动之前，必须计划营销活动目的及其实施手段。离开营销计划的活动是盲目、脱离实际的，即便完成了也将是混乱和低效率的。

营销计划的作用如下：

(1) 营销计划促使企业内部各部门和全体员工明晰工作方向，并保持相互协调一致。

(2) 营销计划使企业集中精力，及时利用机会，降低风险。

(3) 营销计划使营销活动按照指定内容实施，避免不必要的浪费，节约营销成本。

(4) 营销计划有利于企业加强对营销活动的有效控制。

10.2.2 市场营销计划的分类

面临复杂的市场环境，企业需要不断根据其变化制订营销计划，不同的要求和目的，计划形式也有差别。科特勒曾列出企业的 8 种计划：公司计划、事业部计划、产品线计划、产品计划、品牌计划、市场计划、产品/市场计划、功能计划。这些计划有些就是营销计划的内容，另一些计划需要贯穿营销理念。企业实际的营销活动中，营销计划往往表现为以下各种形式。

1. 总体营销计划和项目营销计划

总体营销计划是企业针对所有营销活动所制订的计划，涵盖范围广，内容全面。项目营销计划针对营销工作的某个层面、某个对象，内容集中度高。一般包括以下各种项目类型：新产品计划、品牌形象计划、市场推广计划、促销计划、公关计划、渠道计划等。

2. 长期营销计划和短期营销计划

长期营销计划是企业对营销活动在相当一个时期的活动安排，更侧重于对企业营销战略的思考，层次高，涉及面广。短期营销计划指企业对眼前的经营活动制定更具体的行动措施，如某汽车公司的年度营销计划、某家电企业的年度知名度促进计划、某服装企业的季度促销计划。

10.2.3 市场营销总体策划书的拟定

市场营销策划包括7个主要工作流程，如图10.10所示。

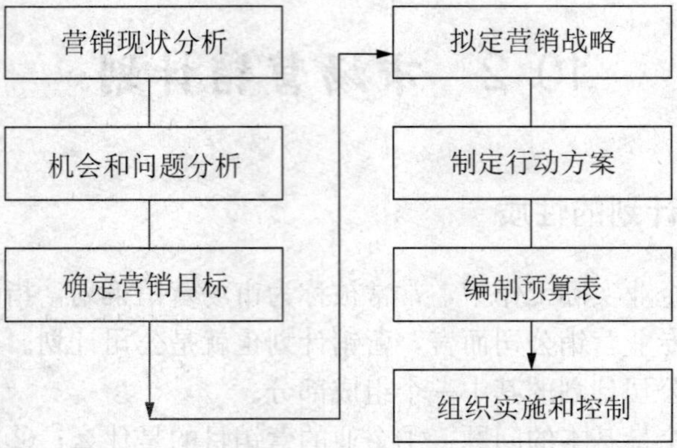

图10.10 市场营销策划流程

一份完备的营销计划，包括以下内容：策划书提要、营销现状分析、机会和问题分析、营销目标设定、营销战略、行动方案、预期损益、组织实施和控制。企业根据上述内容拟定营销计划书，也叫营销策划书。

市场营销企业一份规范的市场营销策划书，形式上由封面、目录、策划内容、封底组成。其中策划内容包括以下8个部分。

1. 策划书提要

市场营销策划书的开头，需要概括说明本计划主要的策划背景、总体目标、任务对象和建议事项。提要给整份策划书起统领和介绍作用，目的是让计划审议者能够迅速把握本策划的要点。

2. 营销现状分析

营销现状分析是对企业所处的社会客观环境、市场环境，以及产品状况、竞争状况、分销状况等方面的调查研究。

(1) 宏观环境。这部分描述社会宏观环境现状和发展趋势，涉及人口、经济、技术、政治法律、社会文化等方面对企业营销活动的影响。

(2) 市场状况。营销计划需要了解一系列市场背景，包括市场规模和容量、市场增长状况、过去几年市场总销量、细分市场状况，以及顾客需求、品牌认知、购买行为等内容。

(3) 产品状况。产品状况分析需要考虑近几年有关产品的价格、销售、边际收益和净利润等方面。

(4) 竞争状况。分析本企业及产品的主要竞争对手，了解对手的产品特征、生产规模、发展目标、市场占有率，并且分析其营销战略和策略，了解其发展意图、方向和行为。为本企业制定对应策略打好基础。

(5) 分销状况。阐述企业分销渠道的销售规模、地位、策略、管理能力等内容。这部分是对所有形态的分销渠道的总体对比研究，从管理能力上还要了解一个具体分销实体的激励方案的科学性、有效性、费用等方面。

3. 机会和问题分析

营销策划者在进行上述现状的分析后，找出关于企业营销或者生产、产品、品牌、分销等方面的形势，然后进行 SWOT 分析，从而提出下一步的目标和对应策略。

(1) 机会(opportunities)。在上一章也分析到，企业营销机会是营销管理的重要任务之一，要求从环境现状分析中寻找新的市场需求；从企业内部经营资源中，找到诸如资金、技术、生产、分销中的有利条件，决定自己的发展方向和努力目标，使之成为营销计划中的突破点。例如，"出口量扩大"、"强强合作，资源互补"、"国家鼓励行业发展" 等。

(2) 威胁(threats)。在分析现状时通过大量可靠数据，找出营销环境中的问题，包括企业面临的严重的竞争局面、原有良好的市场不可控制地逐渐萎缩等，以便在计划中采取必要的对应手段。例如，"新的竞争者进入"、"竞争对手加大促销力度"、"冒牌产品横行" 等。

(3) 优势(strengths)。企业优势将在分析中体现，如优于竞争对手的企业资源、经营管理能力，或者独有的生产技术优势等，这些因素是企业开发机会、对付外来威胁的关键力量。例如，"产品属于名牌"、"有 50 年的生产经验"、"在行业内属于较大规模生产" 等。

(4) 劣势(weaknesses)。在分析中显露出企业内部与行业内其他企业的一些能力差别。例如，"生产设备老化"、"人力资源结构不合理"、"原材料供应链不健康" 等。

4. 营销目标设定

市场营销策划的目标是计划中最基本的要素，是企业营销活动所要达到的最终结果。营销目标一般包括以下内容：销售量、销售利润率、市场占有率、市场增长率、产品/品牌知名度和美誉度等。

营销目标的设定需要量化。例如，"在明年获得总销售收入 2 000 万元，比今年提高 10%"、"经过该计划的实施，品牌知名度从 15%上升到 30%"、"扩大分销网点 10%"、"实现 390 元的平均价格" 等。

此外，产品经理可为产品确立财务目标，例如，"在明年，净利润达到 200 万元"、"下半年现金流量达到 180 万元"、"在第 6 个五年获得 16%的税后投资报酬率" 等。

注意：①目标是不能含糊的，以可以测定的方式表达，如数据和指标；②如果是双目标，目标之间应该彼此协调，具有一定的层次关系；③设置一定的期限；④目标具有挑战性，但必须可达成。

5. 营销战略

营销战略是企业实现营销策划目标的途径和方法，主要包括"目标市场的选择"、"产品市场定位"、"市场营销组合"等主要决策。形式上可以建立表格，也可以用文字说明。

(1) 目标市场战略。目标市场战略是营销战略的初期战略，阐明企业或企业产品准备进入的细分市场。在前面相关的章节中，详细分析了市场细分、目标选择和定位的策略。企业在充分辨析不同的细分市场时，了解不同细分市场的偏好、市场反应行为和盈利能力，精心选择所要进入的目标市场。

(2) 营销组合战略。确定了目标市场，企业将根据目标市场的特征合理配置资源，从策略上分别制定产品、价格、分销和促销方案。同一目标可以对这四个因素进行不同的组合，可以设定不同方案提供选择。理想的营销组合必须考虑各个因素的协调和营销资金的最佳利用。

6. 行动方案

行动方案主要指营销活动"要做什么?""什么时候做?""怎样做?""什么时间做?"行动方案必须是具体的、细节化的，全面考虑时间、空间、步骤、责任、项目费用等要素。一般需要使用表格或者图形，把各个要素的实际表现描述和陈列出来，使整个方案条理清晰，一目了然。

7. 预期损益

损益报告根据目标、战略和行动方案来编写，包括收入和支出两个模块。收入栏涉及预估的销售数量和平均可实现价格；支出栏反映研发成本、生产成本、实体分销、物流成本和各项营销活动的费用。收入与支出的差额就是预估利润。预期损益是企业营销部门进行采购、生产、人力资源分配以及营销管理的依据。

8. 组织实施和控制

组织实施和控制是营销策划的最后一个环节，是对执行整个营销计划过程的管理。组织实施的内容：①建立灵活而有适应性的组织架构；②制定相应的激励制度，形成规章制度；③强化企业文化的营销理念，并协调企业各部门和营销计划执行部门的关系；④设定实施提示和监督的表格，确保计划的实施有条不紊地进行。企业往往给计划执行设定阶段性和长期考核指标，并给方案设立应急和备选方案，以确保预期目标能够顺利实现。市场营销计划控制包括年度控制、盈利控制和效率控制等，以下将详细阐述。

10.3 市场营销计划控制

市场环境和企业内部环境都处于动态发展的过程中，任何策划完备的计划都可能因环境变化导致实施结果偏离预期甚至完全失败。同时由于执行人员对计划的理解不同或者执行力度不均也将使策划的营销目标不能很好地实现，因而营销管理者对营销活动的监督和控制十分必要。

所谓营销计划控制，就是企业营销管理部门为了营销目标的实现，保证营销计划的执行取得最佳效果而对实施过程中各营销要素进行监督、考察、评价和修正。营销计划控制的程序包括以下方面：①确定控制对象；②设置控制目标；③建立衡量尺度；④确定控制标准；⑤比较实际效果；⑥分析偏离原因；⑦采取改进措施。

具体而言，市场营销计划的控制方式有：年度控制、盈利控制和效率控制。

10.3.1 年度控制

1. 年度控制概述

在企业实际工作中，很多企业都为自己的营销活动制订严密的计划，但执行的结果总是与计划产生比较大的距离，除了外部因素，往往由于执行过程不能及时找出偏离问题并得以解决。年度控制是指企业在本年度内，针对销售额、市场占有率和营销费用进行实际效果与计划之间的检查，以便及时采取改进措施，保证、促进营销计划目标的实现与完成。年度控制包括四个主要步骤：

(1) 制定标准。分解计划目标，确定本年度各个阶段的目标、任务。

(2) 测量绩效。将实际实施效果与计划预期目标相对比。

(3) 因果分析。剖析研究发生偏离的原因。

(4) 修正行为。及时采取补救和调整措施，缩小差距，努力使实施效果与计划目标相一致。

2. 年度控制依据

1) 销售分析

销售分析用于衡量和评估市场营销人员所制订的计划销售目标与实际销售额之间的关系，包括两个工具。

(1) 销售差额分析。

这种方法用于分析各个不同因素对销售绩效的不同影响程度。

应用案例10-4

某家企业在销售计划中列出目标，第一季度产品销售5 000件，每件1元，即销售额5 000元，但实际该季度只销售了4 000件，每件0.90元，即实际销售额为3 600元。那么销售绩效差额为1 400元。

可见，总销售额降低既有销售数量减少的原因，也有价格降低的原因。那么两者各自对总销售额的影响有多大？计算如下：

价格下降的差距＝$(Sp-Ap)\times AQ=(1-0.90)\times 4\ 000=400$

价格下降的影响＝$400\div 1\ 400=28.5\%$

销量下降的差距＝$(SQ-AQ)\times Sp=(5\ 000-4\ 000)\times 1=1\ 000$

销量下降的影响＝$1\ 000\div 1\ 400=71.5\%$

式中：Sp 为计划售价；Ap 为实际售价；SQ 为计划销售数量；AQ 为实际销售数量。

可见，有 2/3 多的销售差额应归因于没有完成预期销售数量。找出原因后，企业可以进一步细分原因，并思考需要做哪些工作提高销售数量。

(2) 地区销售量分析。

这种方法可以衡量导致销售差额的具体产品和地区。

应用案例 10－5

销售额出现差异的原因

某企业产品在三个地区销售，计划销售额分别是 1 500 元、500 元、2 000 元，总额为 4 000 元，但实际销售额分别为 1 400 元、525 元、1 075 元，总额为 3 000 元，与计划销售额的差距分别是－6.67%、＋5%、－46.25%。

▶ **思考提示**

可见，引起不良绩效的主要原因是第三个地区销售量大幅度下降。企业应集中注意力分析第三个地区的销售管理状况，可能是销售员工的问题，可能是进入有力的竞争者，也可能是该地区消费水平下降。

(资料来源：http：//www.docin.com/p－213764855.html)

名人名言

人才是利润最高的商品，能够经营好人才的企业才是最终的大赢家。

—— 柳传志

2) 市场占有率分析

在企业经营活动中，如果销售额增加了，可能由于企业所处的整个经营环境发生改变，也可能因为其营销效果相对于竞争者有相对改善。市场占有率剔除一般环境影响来考察企业本身的经营情况。如果企业产品的市场占有率升高，表明其较之于竞争者绩效更好，反之则差。衡量市场占有率有以下几种度量方法。

(1) 总体市场占有率。

总体市场占有率以企业的销售额占整个行业销售额的百分比来表示。注意：①正确认定行业的范围，即明确本行业所应包括的产品、市场等；②要以单位销售量或销售额来表示市场占有率。

(2) 可达市场占有率。

可达市场占有率以企业的销售额占企业所服务市场的百分比来表示。可达市场包括两种：①企业产品适合的市场；②企业市场营销努力所及的市场。企业可能有近100%的可达市场占有率，却只有相对较小百分比的总体市场占有率。

(3) 相对市场占有率(相对于市场领导者)。

相对市场占有率(相对于市场领导者)以企业销售额相对于市场领导者的销售额的百分比来表示。相对市场占有率超过100%，表明该企业是市场领导者；相对市场占有率等于100%，表明企业与市场领导者同为市场领导者；当相对市场占有率小于100%且增加时，表明企业正接近市场领导者。

(4) 相对市场占有率(相对于三个最大竞争者)。

相对市场占有率(相对于三个最大竞争者)以企业销售额对最大的三个竞争者的销售额的总和的百分比来表示。例如，某企业有30%的市场占有率，其相对最大的三个竞争者的市场占有率是30%÷(20%+10%+10%)=75%。一般而言，企业的相对市场占有率(相对于三个最大竞争者)高于33%即被认为是强势的。

10.3.2 盈利控制

盈利能力控制是用来测定不同产品、不同销售区域、不同顾客群体、不同渠道以及不同订货规模盈利能力的方法。由盈利能力控制所获取的信息，有助于管理人员决定各种产品或市场营销活动是扩展、减少还是取消。下面介绍市场营销成本以及盈利能力的考察指标。

1. 市场营销成本

市场营销成本直接影响企业利润，由如下项目构成：

(1) 直销费用，包括直销人员的工资、奖金、差旅费、培训费、交际费等。

(2) 品牌宣传费用，包括企业CIS导入费用、各类公关费用、展览会费用等。

(3) 促销费用，包括广告费、产品说明书印刷费用、赠奖费用、促销人员工资等。

(4) 仓储费用，包括租金、维护费、折旧、保险、包装费、存货成本等。

(5) 运输费用，包括托运费用等，如果是自有运输工具，则要计算折旧、维护费、燃料费、牌照税、保险费、司机工资等。

(6) 其他市场营销费用，包括市场营销人员的工资、办公费用等。

营销费用和生产成本构成了企业的总成本，直接影响到企业的经济效益。其中有些与销售额直接相关，称为直接费用；有些与销售额并无直接关系，称为间接费用；有时两者也很难划分。

2. 盈利能力的考察指标

获取利润是每一个企业最重要的目标之一，正因为如此，企业盈利能力历来为市场营销人员所重视，因而盈利能力控制在市场营销管理中占有十分重要的位置。在对市场营销成本进行分析之后，应该考察盈利能力指标。

1）销售利润率

销售利润率是指利润与销售额之间的比率，表示每销售 100 元使企业获得的利润，是评估企业获利能力的主要指标之一。其计算公式为

销售利润率＝(本期利润÷销售额)×100％

2）资产收益率

资产收益率是指企业所创造的总利润与企业全部资产的比率，其计算公式为

资产收益率＝(本期利润÷资产平均总额)×100％

3）净资产收益率

净资产收益率是指税后利润与净资产之间的比率。净资产是指总资产减去负债总额后的净值。其计算公式为

净资产收益率＝(税后利润÷净资产平均余额)×100％

4）资产管理效率

资产管理效率可通过资产周转率来分析，资产周转率是指一个企业以资产平均总额去除产品销售收入净额而得出的比率，其计算公式为

资产周转率＝产品销售收入净额÷资产平均占用额

资金周转率可以衡量企业全部投资的利润效率，资产周转率高说明投资的利用效率高。

5）存货周转率

存货周转率是指产品销售成本与产品存货平均余额之比，其计算公式为

存货周转率＝产品销售成本÷产品存货平均余额

存货周转率说明某一时期内存货周转的次数，从而考核存货的流动性。存货平均余额一般取年初和年末余额的平均数。一般而言，存货周转率次数越高越好，说明存货水准较低，周转快，资金使用效率较高。

应用案例 10－6

盈利能力分析

某企业经营某种产品，月销售收入为 35 万元，制造成本 23 万元，毛利为 12 万元，费用为 14 万元，试对该产品进行盈利能力分析。

▶ **分析提示**

该产品净利为－2 万元，销售利润率为－5.7％，造成该产品亏损的原因可能是制造成本或者营销费用太高，应采取减少营销费用和制造成本等措施。如果采取这些措施仍未扭亏为盈，应当放弃这种产品的经营。

（资料来源：方光罗．市场营销学[M]．大连：东北财经大学出版社，2004）

名人名言

一家企业只有两个基本职能，创新和营销。

—— 菲利普·科特勒

10.3.3 效率控制

效率控制的目的是分析效率，找出高效率的方式，使之更好地管理销售人员、广告、销售促进及分销工作。

1. 销售人员效率控制

企业各地的销售经理要记录本地区内销售人员效率的几个主要指标，包括：

(1) 每个销售人员销售访问次数。

(2) 每次会晤的平均访问时间。

(3) 每次销售访问的平均收益。

(4) 每次销售访问的平均成本。

(5) 每百次销售访问而订购的百分比。

(6) 每期间的新顾客数。

(7) 每期间丧失的顾客数。

(8) 销售成本对总销售额的百分比。

在销售人员效率评估之后，营销管理人员需要比照计划的差距促使企业对效率低下的环节加以改进。企业从以上的分析中，可发现一些非常重要的问题。例如，销售代表每天的访问次数是否太少，每次访问所花时间是否太多，在每百次访问中是否签订了足够的订单，是否增加了足够的新顾客并且保留住原有的顾客。

2. 广告效率控制

企业市场营销人员应做好广告效率分析，做好以下统计：

(1) 各种媒体类型、媒体工具接触每千名购买者所花费的广告成本。

(2) 顾客对每一媒体工作注意、联想和阅读的百分比。

(3) 顾客对广告内容和效果的意见。

(4) 广告前后顾客对产品态度的比较。

(5) 受广告刺激而引起的询问次数。

企业市场营销管理人员可以采取若干步骤来改进广告效率，包括进行更加有效的产品定位；确定广告目标；选择广告媒体；进行广告后效果测定等。

3. 促销效率控制

对每次促销活动，企业市场营销管理人员应该对促销的成本及对销售的影响做好记录和统计，具体包括以下几点。

(1) 由于优惠而销售的百分比。

(2) 每一销售额的陈列成本。

(3) 赠券收回的百分比。

(4) 因示范而引起询问的次数。

企业还应观察不同销售促进手段的效果，并使用最有效果的促销手段。

4. 分销效率控制

分销效率是指对企业存货水准、仓库位置及运输方式进行分析和改进，以达到最佳配置并寻找最佳运输方式和途径。例如，面包批发商遭到了来自面包连锁店的激烈竞争，他们在面包的物流方面尤其处境不好，面包批发商必须多次停留，而每停留一次只送少量面包。不仅如此，卡车司机一般还要将面包送到每家商店的货架上，而连锁面包商则将面包放在连锁店的卸货平台上，然后由商店工作人员将面包陈列到货架上。这种物流方式促使美国面包商协会提出是否可以开发更有效的面包处理程序。该协会进行了一次系统工程研究，包括分销网点的市场覆盖面，销售渠道中的各级各类成员，分销系统的结构、布局以及改进方案，存货控制、仓库位置和运输方式的效果等。

项目实施

任务 10.1　撰写《××企业市场营销组织机构分析报告》

1) 任务组织

以小组为单位，小组规模一般是 3～5 人，每小组选举小组长以协调小组的各项工作，教师提供必要的指导和建议，组织学生进行经验交流，并针对共性的问题在课堂上组织讨论和专门讲解。

2) 任务内容

各小组选择一个熟悉的企业，分析其营销组织机构的设置状况，形成分析报告。

3) 任务总结

在班级交流、讨论各组的分析报告，根据交流、讨论结果，各组修订其分析报告，使之各具特色。

任务 10.2　撰写《××汽车销售公司整合营销策划方案》

1) 任务组织

以小组为单位，小组规模一般是 3～5 人，每小组选举小组长以协调小组的各项工作，教师提供必要的指导和建议，组织学生进行经验交流，并针对共性的问题在课堂上组织讨论和专门讲解。

2）任务内容

以小组为单位，通过调查访问或网上查阅资料对××汽车销售公司整合营销策划的情况进行调查，重点了解该企业整合营销策划的要点：① 产品整合(个别产品、包装、新产品)；② 品牌整合(定位、策略、形象、文化)；③ 价格整合(制定、修订、变动)；④分销整合(渠道、直销、物流)；⑤ 促销整合(广告、公关、SP、推销)。撰写上述某一方面内容或问题的整合营销策划方案。

3）任务总结

各组将讨论结果制作成 PPT 的形式进行汇报，同学互评、教师点评，然后综合评定本次各学习小组的实训成绩。

任务 10.3 撰写《××企业市场营销策略综合运作分析报告》

1）任务组织

以小组为单位，小组规模一般是 3～5 人，每小组选举小组长以协调小组的各项工作，教师提供必要的指导和建议，组织学生进行经验交流，并针对共性的问题在课堂上组织讨论和专门讲解。

2）任务内容

以小组为单位，选择一个企业的市场营销策略综合运作项目进行实训，各组通过对所选企业的营销策略(如 STP 策略、产品策略、定价策略、渠道策略和促销策略)综合运作情况的调查，对其成功经验和存在的问题的分析，撰写《××企业市场营销策略综合运作分析报告》。

3）任务总结

各组将分析报告制作成 PPT 的形式进行汇报，同学互评、教师点评，然后综合评定本次各学习小组的实训成绩。

项 目 小 结

【知识要点】

企业的市场营销组织大概经历了单纯的推销部门、兼有营销职能的销售部门、独立的营销部门、现代营销部门、现代市场营销企业五个阶段。

企业市场营销组织的职能包括以下几种：开展市场调研、建立销售网络、开展促销活动、开拓新市场、发掘潜在顾客、提供优质服务、开发新产品、满足顾客不断发展的需要、建立客户关系和维系老顾客。

市场营销组织大体上可以分为以下几种：职能型组织、地域型组织、产品型组织、市场型组织、产品—市场型组织。

企业建立市场营销组织应遵循以下原则：实现目标原则，因事设岗原则，顾客导向原则，精简高效原则，幅度合理原则，稳定、弹性原则。

【实务重点】

市场营销组织形式；市场营销计划的制订；市场营销控制的具体流程。

职业能力训练

一、单选题

1. 市场营销管理的实质就是(　　)。
A. 需求管理　B. 供应管理　C. 市场管理　D. 营销管理
2. 企业营销环境中所存在的对企业营销有利的因素称为(　　)。
A. 机会　B. 威胁　C. 优势　D. 劣势
3. 按计划的程度划分，营销计划可分为(　　)。
A. 长期计划、中期计划和短期计划　B. 战略计划、策略计划和作业计划
C. 总体营销计划和专项营销计划　D. 组织计划和个人计划
4. 市场营销管理的第一步骤是(　　)。
A. 选择目标市场　B. 分析市场机会　C. 确定营销策略　D. 营销活动管理
5. 当企业把一条产品线的各种产品向不同的市场进行营销时可采取(　　)模式。
A. 功能型营销组织　B. 地区型营销组织
C. 产品或品牌管理组织　D. 市场型营销组织
6. (　　)就是要衡量并评估企业的实际销售额与计划销售额之间的差异情况。
A. 市场占有率分析　B. 销售差异分析　C. 营销费用率分析　D. 顾客态度追踪
7. 现代市场营销学认为，哪里有(　　)的需求，哪里就有市场机会。
A. 消费者　B. 社会　C. 市场　D．广告
8. 企业营销管理的最后一个程序是对(　　)的管理。
A. 市场调查活动　B. 市场营销活动　C. 广告宣传活动　D. 营业推广活动
9. 功能性营销组织的主要优点是(　　)。
A. 管理简单　B. 节约费用　C. 效率高　D．人员精简
10. 市场型营销组织的缺点是(　　)。
A. 效率不高　B. 机构复杂
C. 人员繁多　D. 权责不清、多头领导

二、多选题

1. 企业市场营销管理过程包含着下列四个相互紧密联系的步骤，即(　　)。
A. 分析市场机会　B. 选择目标市场　C. 确定营销策略
D. 营销活动管理　E. 分析市场威胁
2. 对市场营销活动而言，需要以下三个管理系统支持，即(　　)。
A. 市场营销计划　B. 市场营销组织　C. 市场营销场所
D. 市场营销时间　E. 市场营销控制
3. 目前营销状况分析的主要内容包括(　　)。
A. 市场状况　B. 产品状况　C. 竞争状况
D. 分销状况　E. 宏观环境状况

4. 产品或品牌管理组织的优点在于(　　)。
   A. 产品经理可以协调其所负责产品的营销组合策略
   B. 产品经理能及时反映该产品在市场上出现的问题
   C. 即使不太重要的产品也不会被忽视掉
   D. 产品经理较易于成为公司其他功能的专家
   E. 产品管理系统的成本往往比预计的低
5. 检查年度计划目标是否实现，一般可用(　　)进行检查。
   A. 销售差异分析　B. 市场占有率分析　C. 相对市场占有率分析
   D. 营销费用率分析　E. 顾客态度追踪
6. 一次完整的营销审计活动的内容是十分丰富的，概括起来包括(　　)。
   A. 营销环境审计　B. 营销战略审计　C. 营销组织审计
   D. 营销制度审计　E. 营销效率审计
7. 现代企业营销管理基本的和首要的任务是对(　　)行为进行调查研究，识别、评价和选择市场机会。
   A. 市场结构　B. 消费者　C. 竞争者
   D. 中间商　E. 零售商
8. 企业营销组织形式主要有(　　)。
   A. 功能型营销组织　B. 地区型营销组织　C. 产品或品牌管理组织
   D. 市场型营销组织　E．产品—市场管理组织
9. 一般用于检查年度计划执行情况的方法有(　　)。
   A. 销售差异分析　B. 市场占有率分析　C. 营销费用率分析
   D. 顾客态度追踪　E. 销售利润分析
10. 按照计划的程度划分，可分为(　　)。
   A. 战略计划　B. 广告宣传计划　C. 策略计划
   D. 作业计划　E. 营业推广计划

三、判断题

1. 市场营销管理的实质就是“需求管理”。(　　)
2. 市场机会是指市场尚未满足的需求，分析市场机会是营销管理的第一步骤。(　　)
3. 按计划的程度划分，营销计划可分为总体营销计划和专项营销计划。(　　)
4. 在全国范围内组织营销的企业可采取市场型营销组织模式。(　　)
5. 生产不同产品或品牌的公司往往需要设立产品或品牌管理组织。(　　)
6. 销售差异分析是对企业的销售额占行业销售额的百分比的衡量并评估。(　　)
7. 现代市场营销学认为，哪里有消费者的需求，哪里就有市场机会。(　　)
8. 营销费用率是指营销费用对销售额的比率。(　　)
9. 所谓机会是指企业营销环境中所存在的对企业营销有利的因素。(　　)
10. 市场营销组织是指企业内部涉及市场营销活动的各个职位与团队。(　　)

案例分析

麦当劳：营销计划与控制

麦当劳公司于2002年对前两年经营销售状况作了仔细的分析与研究，并审视了目前的营销现状和问题与机会，根据这些麦当劳制定了营销目标和行动方案以及营销策略。

一、市场营销现状

1. 市场状况特征

麦当劳公司发现市场状况与特征主要表现为，快餐食品市场增长正趋于缓慢，由于大多数传统街区和郊区市场已经饱和，目前所表现出的销售增长情况，主要来自传统销售网点，如机场、火车站、办公大楼所在地等。

2. 麦当劳的快餐食品

快餐食品主要集中于汉堡包、炸鸡和番茄酱，由于某些新开业的专业化快餐食品销售网点向成年人提供更多的食谱选择，而成年人这一细分市场又恰恰是麦当劳缺少顾客忠诚度的薄弱环节，从而对麦当劳构成了潜在的威胁。

3. 积极与消极的事件

公司经认真总结，发现近几年积极与消极的事件主要表现为以下几点。其中，积极事件如下：①成功地向市场投入了各种色拉和MCDLT三明治；②儿童对各种幸福快餐的需求仍经久不衰，发展趋势比较明显；③麦当劳游乐场的销售仍比较旺盛；④麦当劳的快餐食品仍统治着早餐市场。

消极事件如下：①快餐食品本身的市场增长率正处于缓慢增长期；②非儿童市场对麦当劳的忠诚度正在降低；③竞争对手几度向市场投放了各种幸福快餐；④寻求新销售网点的地盘越来越困难。

4. 困扰麦当劳的两大问题

此外，麦当劳公司还发现有两大问题仍困扰着经营发展。

首先，原先并不重视的儿童市场仍保持不变，若进一步提高成年人市场对公司的忠诚度会十分困难。公司发现，随着人们年龄的不断增长，对麦当劳的忠诚度却在一天天地降低；每当市场上有新的适宜的快餐食品出现，成年人便会从一个快餐链到另一个快餐链，这一切使公司感到非常担心。

其次，当开发新销售网点越来越困难时，若继续保持市场增长势头则更难。麦当劳销售网点几乎遍及各地，如今，几乎已没有什么新的潜在地盘可供麦当劳开设新址用，竞争对手尽管经营不善、市场销售绩效不佳，但由于能通过不断增设新网点而使市场份额获得提高。公司为维持公司市场占有率，曾采取积极对策，麦当劳每年花费约7亿美元用做广告宣传与促销，虽然能取得效果，但所花费代价无法降低。

5. **主要竞争对手的表现**

目前，对公司构成主要威胁的竞争对手：伯格王、温迪、肯德基炸鸡、帝·莱特斯4家快餐商，其中，伯格王主要模仿麦当劳幸福快餐特色，并以此为基础对早餐食品增加了许多花色品种，受到消费者的普遍欢迎；温迪目前仍处于奋斗之中；而肯德基却将三明治放入了原先的食谱之中，并正积极开拓市场以扩大市场份额；帝·莱特斯虽不能算作一个竞争对手，但却代表了一种思想，即采用帕斯棒加色拉的食谱，吸引了大多数成年人，同时，向成年人提供如他们宣传那样的营养午餐，深受成年人的喜爱。

二、问题与机会

1. **主要问题**

公司制订营销计划的第二步是分析企业所面临的问题与机会，其中，主要问题包括：①顾客对麦当劳新的潜在的新快餐食品评价不高；②适合公司开设新网点的地盘非常少；③帝·莱特斯在经营成年人快餐食品销售方面具有巨大的潜力；④各个竞争对手已向市场投放越来越多且花色各异的幸福快餐；⑤食谱花色品种增多，然而所需要的合格员工则越来越少，从而使公司向客户提供的产品和服务的质量越来越低，极大地影响了公司在消费者心目中的形象。

2. **市场机会**

公司也看到仍存在着许多市场机会，需要企业认真分析与捕捉：①公司刚推出的自由选择的全营养小果子面包受到了顾客的积极响应；②公司在非传统场所开设的网点取得非常大的成功；③公司的地区合作团体和当地的特许经营组织的市场营销能力在同行业中都是最强的；④公司投放市场的各种色拉条取得一定程度的成功；⑤所有快餐食品销售链的产品都受到营养学专家的批评。

三、营销目标与行动方案

公司接着应确定营销目标与行动方案，经初步确定，公司拟达到的营销目标为：销售额达120亿美元；毛利达43亿美元；毛利率达36%；净利达13亿美元；市场占有率达25.5%。

根据实际情况反映，2000年公司没有为占领成年人市场而推出一种新产品，也没有如竞争对手那样不断增设销售网点，故公司开始检验自身的市场观念，即应如何满足那些喜欢传统麦当劳快餐食品的顾客群需要，又能使那些喜欢标新立异、期待快餐食品不断变化的客户感到心满意足。因此，公司在制定新一年的营销目标时，除了将额外的全营养果子面包排除在所挑选的市场之外，其他产品均应保持原有的市场占有率，为此，确立了下一步的行动方案：

(1) 不断加强对儿童食品的市场营销活动，以增加儿童对麦当劳公司的凝聚力；继续进行幸福快餐的宣传促销活动，继续增加麦当劳游乐场的数目。

(2) 以成年人市场为目标市场进行促销活动，并规定每6个月组织一次促销活动游戏；不同地区采用不同的宣传方式，如对东北部地区大城市市场引入全营养小果子面包，并组织广播电台对此产品进行大张旗鼓的广告宣传活动；此外，重新推出快餐食谱，即双层干酪包，这种食品曾经在20世纪60年代非常流行。

(3) 继续在非传统设店的场所增加销售网点的数目。

(4) 扩大适合于地区合作团体用于广告宣传的素材量。

(5) 增加公司主办的体育运动活动及其有关活动的次数。

(6) 增加发行有关公司快餐食品营养成分及含量的新闻报道，公司高层领导应多露面。

四、营销策略

公司主要采取如下营销策略。

1. 广告宣传活动

公司仍花费巨额资金进行广告宣传活动，与最大竞争对手相比，其费用超出对手的3～4倍，目的是为了扩大市场占有率。公司还针对不同的目标群体采用不同的广告策略，如对儿童导向型广告，则选择在儿童表演电视节目中播放；对成年人导向型广告，则选择在晚上和周末电视节目中面向成年人广播中播出。

同时，在不同季节进行不同的广告宣传活动。通常，第一季度是做成年人导向型游戏促销广告；第二季度是在目标城市中向客户介绍各种全营养小果子面包的宣传活动，而在非目标市场中，则在黄金时刻推出宣传产品广告；第三季度是做另一类成年人的导向型广告的宣传活动；第四季度，利用人们的怀旧心理，配合3个月重新推出双层干酪包的广告宣传活动。

2. 促销策略

通过广告宣传，可能会在第一季度提高销售量，但到了第二季度后，常常又回到了原有的销售水平，产生这种昙花一现现象的本身，清楚地说明公司采取促销策略存在缺陷，后经市场调查发现，主要是顾客认为，促销活动内容安排太复杂。故公司感到，游戏促销活动要取得预想的成功，还有许多工作需要做。由于2001年快餐食品厂没有什么新花样，可能会引起销售量的降低，所以，促销的重点应力求使这种可能性降到最低，或使此现象并不变为现实；同时，在促销活动内容上应力求简化，以便能让更多的人积极参与。

3. 店内促销

公司仍然继续积极地向市场推销幸福快餐食品，并且，有计划地逐月对幸福快餐食品稍作更新，如公司将儿童游乐场的票价下调了35%，以鼓励更多的销售网点积极地购买游乐票，使公司的促销活动取得较为满意的结果。

4. 店堂陈设

公司在店堂中主要陈设各种宣传用的旗帜和招贴，并为游戏促销活动的有效开展，全营养小果子面包能尽快投放于市场而提供各种服务，旗帜可由各种色彩、图案、符号、字母等共同组成；招贴主要适合于贴在或放在调味品台子上和堆放废弃物品的容器上。

5. 公共关系

公司计划在2001年举办3次大型的公关活动。首先，继续支持在全国范围内的各种竞赛活动，高尔夫球和网球运动，高校全美明星赛和管乐吹奏比赛；其次，提高公司总裁在地区合作团体的露面次数，同时，还对合作团体给予额外支出的资金赞助；最后，在有关媒体上发表和介绍关于全营养小果子面包成分的文章，并与批评麦当劳公司快餐食品缺乏营养的文章展开辩论，以消除消费者心目中由于受到误导宣传而残留的错误概念。

6. 包装策略

公司在快餐食品包装上作了改进，即在外包装内容设置方面添加了更富营养的信息，在消费者心目中树立“麦当劳快餐食品有益于人体健康的形象”。

7. 市场研究

公司还加强了对新快餐食品的各种分销策略的市场研究活动，如组织由公司员工参加的最佳新型快餐食品建议竞赛，对提出最佳建议的3名参赛者给予免费到欧洲旅游的机会；接着，对上述3个获奖食品建议再进行市场试验，因为只有能经受市场考验的产品才是有生命力的；又如对各种新分销点选择也进行必要的市场检验，主要是对销售网点餐馆内——一半是家庭导向型而另一半是成年人导向型的这种新型店堂布置进行试验；将晚上7点的快餐食谱更改为更具成年人导向的可能性进行试验；在大城市，对午餐时推车向综合办公大楼运送食品这一想法进行试验。

8. 地区合作团体策略

主要是支持地区合作团体的广告宣传活动，麦当劳向这些团体提供更多的支持素材。同时，还成立了一个由3人组成的非常小组，以帮助地区合作团体设计符合当地需要的促销策略，公司采取的这一举动取得了比较显著的效果。

9. 销售网点策略

公司对原先取得成效的销售网点和特许经营店采取了积极的扶持政策，尤其对受允许的外国网点、非传统设点的场所等，尽力提高或恢复各网点的活力。

五、营销计划的执行与控制

最后，公司应掌握计划执行进度的控制事项，执行计划的费用预算等。麦当劳公司营销计划执行的时间表见表10-1。

表 10-1 麦当劳公司营销计划执行时间表

时间	活动项目	关键日期	数量	费用/万美元
1月份	儿童节目广告	全月	250	1 500
	游戏促销活动	全月	400	2 500
	增加罗纳德露面次数	1月15日	25	—
	促销展览	1月2日	50 000	100
	新幸福快餐论坛	1月25日	10	—
	市场研究竞赛	1月20日	5	—
	促销大奖赛	全月	50 000	500
2月份	儿童节目广告	全月	250	1 500
	游戏促销活动	全月	400	2 500
	新幸福快餐论坛	2月25日		10
	促销大奖赛	全月	50 000	500
3月份	儿童节目广告	全月	250	1 500
	游戏促销活动	全月	400	2 500
	对地区合作团体	3月15日	1	50
	新幸福快餐论坛	3月25日	—	—
	促销大奖赛	全月	50 000	500

（资料来源：http：//www.doc88.com/p－63470097269.html，有删改）

▶ 思考分析

1. 麦当劳公司所制订的营销计划主要特征是什么？

2. 根据竞争状况，麦当劳公司所制订的营销计划还需要补充些什么内容？

职业与发展

一、岗位名称：区域经理

1. 工作职责

(1) 根据销售部经理制订的销售计划，全面具体地负责管理指定地区的销售工作。

(2) 掌握所辖地区的市场动态和发展趋势，并根据市场变化情况，提出具体的区域营销计划方案，以及具体营销工作流程和细则。

(3) 负责所辖区域经销商的管理，与该地区主要经销商建立长期、稳定的合作关系，并负责该地区空白市场的开发工作。

(4) 重点负责所辖地区的市场调研与分析预测工作。

(5) 负责对所辖区域业务员的管理，负责对业务代表的业务培训、绩效考核和监督、检查，并对业务代表和其他营销资源进行动态优化分配。

(6) 负责所辖区域各种突发性事件的协调、处理。

(7) 负责协调公司整体销售策略与所辖地区营销特点的矛盾冲突，灵活运用公司营销和价格政策。

(8) 完成销售部经理交办的其他临时性任务。

2. 任职要求

(1) 教育背景：本领域相关专业、经济管理、市场营销等相关专业专科以上学历。

(2) 工作经验：五年以上的销售经验，至少两年的销售管理工作经验，两年以上本领域行业经验优先。

(3) 知识/技能：掌握订单流程与商务管理业务知识、货款回收与融资业务知识、组织运作常识等。熟悉本行业和公司的发展动态，熟悉公司核心产品的发展趋势、产品特点、竞争策略及竞争对手产品的优劣势。具有较强的谈判技巧；具有利用计算机进行文字处理、数据分析、邮件收发的能力和互联网运用能力；具备较强的文字表达能力、管理能力和沟通协调能力。

(4) 素质要求：

① 影响力，能够巧妙地采用多种方式影响他人。

② 成就导向，在仔细权衡代价和收益的基础上做出某种决策，为了使公司获得较大利益，甘愿承担风险。

③ 领导能力，工作中能够不断鞭策大家，确保他人理解并接受领导的使命、目标、政策和工作安排，保证任务的顺利完成。

二、岗位名称：营销总监

1. 工作职责

(1) 参与制定公司营销战略。根据营销战略制订公司营销组合策略和营销计划，经批准后组织实施。

(2) 负责重大公关、促销活动的总体、现场指挥。

(3) 定期对市场营销环境、目标、计划、业务活动进行核查分析，及时调整营销策略和计划，制定预防和纠正措施，确保完成营销目标和营销计划。

(4) 根据市场及同业情况制定公司新产品市场价格，经批准后执行。

(5) 负责重大营销合同的谈判与签订。

(6) 主持制定、修订营销系统主管的工作程序和规章制度，经批准后施行。

(7) 制订营销系统年度专业培训计划并协助培训部实施。

(8) 协助总经理建立、调整公司营销组织，细分市场，建立、拓展、调整市场营销网络。

(9) 负责分解下达年度的工作目标和市场营销预算，并根据市场和公司实际情况及时调整和有效控制。

(10) 定期和不定期拜访重点客户，及时了解和处理问题。

(11) 代表公司与政府对口部门和有关社会团体、机构联络。

2. 任职要求

(1) 本科以上学历，管理类、市场营销类专业，8 年以上大型同类企业市场管理经验，3 年以上营销总监经验。

(2) 负责管理公司营销体系的运行，全面推进实施市场战略和销售战略。掌握先进的营销方法，对市场战略规划、市场开拓、市场管理、终端维护及品牌建设方面有深入研究与实践经验。

(3) 对代理式及直营式营销管理模式有丰富的操作经验和独到见解，具有敏锐的市场感知、把握市场动态和市场方向的能力，对市场信息有独到的分析判断能力。

(4) 优秀的营销策划、市场开拓及全局掌控能力，参与公司战略研究，根据公司经营战略目标，提供公司年度经营预算和投资提案，制定营销工作方针、政策，提供公司内部营销管理改进方案。

(5) 具备优秀的领导能力、团队管理能力，良好的协调、沟通能力和把握全局的能力，具备优秀的语言表达和演讲能力，具有强烈的责任心、事业心，具备独立解决问题的能力，具有很强的抗压能力，敢于接受新挑战。

(6) 身体健康，精力充沛，能适应高强度的工作状态，具备良好的身体和心理调适能力。

参 考 文 献

[1] 王方华．市场营销学[M]．上海：复旦大学出版社，2005.

[2] 林昌杰．市场营销[M]．北京：科学出版社，2004.

[3] 周玉泉，等．市场营销实用教程[M]．南京：河海大学出版社，2007.

[4] 李光明．市场营销学[M]．北京：清华大学出版社，2007.

[5] 吴亚红．市场营销实务[M]．南京：南京大学出版社，2007.

[6] 覃常员．市场营销理论与实践[M]．北京：北京交通大学出版社，2009.

[7] 孙国亮．市场营销学案例教程[M]．北京：北京交通大学出版社，2010.

[8] 黄彪虎．市场营销原理与操作[M]．北京：北京交通大学出版社，2009.

[9] 吴建安．市场营销学[M]．北京：高等教育出版社，2007.

[10] 魏玉之．市场营销[M]．北京：清华大学出版社，2008.

[11] 车慈惠．市场营销[M]．广州：广东高等教育出版社，2006.

[12] 胡德华．市场营销理论与实务[M]．北京：电子工业出版社，2009.

[13] 许春燕，孟泽云．新编市场营销[M]．北京：电子工业出版社，2009.

[14] 邓镝．营销策划案例分析[M]．北京：机械工业出版社，2008.

[15] [美]菲利普·科特勒．营销管理[M]．11版．梅清豪，等译．上海：上海人民出版社，2005.

[16] 吴勇．市场营销[M]．北京：高等教育出版社，2008.

[17] 万后芬．现代市场营销[M]．北京：中国财政经济出版社，2002.

[18] 张文贤．市场营销创新[M]．上海：复旦大学出版社，2002.

[19] 方光罗．市场营销学[M]．大连：东北财经大学出版社，2007.

[20] 中国营销传播网．http：//www.emkt.com.cn

[21] 中国营销资源在线．http：//www.21cmo.net

[22] 企业管理世界网（市场营销）．http：//www.jakj.com.cn/yingxiao

[23] 中国网络营销网．http：//www.tinlu.com

[24] 世界经理人．http：//www.icxo.com

[25] 中国策划网．http：//www.cehua.com.cn

北京大学出版社高职高专经管类规划教材书目

财务会计类

序号	书　　名	标准书号	主编	定价	出版年份	配套情况
1	统计学基础	978-7-81117-756-5	阮红伟	30	2009	ppt
2	统计学原理	978-7-81117-825-8	廖江平　刘登辉	25	2009	ppt
3	统计学原理与实务	978-7-5038-4836-0	姜长文　简家进	26	2009	ppt
4	实用统计基础与案例	978-7-301-20409-2	黄彬红	35	2012	ppt
5	经济法原理与实务	978-7-5038-4846-9	孙晓平　邓敬才	38	2009	ppt
6	经济法实用教程	978-7-81117-675-9	胡卫东　吕　玮	39	2009	ppt
7	财经法规	978-7-81117-885-2	李　萍　亓文会	35	2009	ppt
8	会计基本技能	978-7-5655-0067-1	高东升　王立新	26	2010	ppt
9	会计基础实训	978-7-301-19964-0	刘春才	29	2012	ppt
10	企业会计基础	978-7-301-20460-3	徐炳炎	33	2012	ppt/浙江省重点教材建设项目网站
11	基础会计	978-7-5655-0062-6	常　美	28	2010	ppt
12	基础会计教程	978-7-81117-753-4	侯　颖	30	2009	ppt
13	基础会计教程与实训	978-7-5038-4845-2	李　洁　王美玲	28	2009	ppt
14	基础会计教程与实训（第 2 版）	978-7-301-16075-6	李　洁	30	2011	ppt
15	基础会计实训教程	978-7-5038-5017-2	王桂梅	20	2009	ppt
16	基础会计原理与实务	978-7-5038-4849-0	侯旭华　缑宇英	28	2009	ppt
17	财务管理教程与实训	978-7-5038-4837-7	张　红　景云霞	37	2008	ppt
18	财务会计	978-7-5655-0117-3	张双兰　李桂梅	40	2011	ppt
19	财务会计(第 2 版)	978-7-81117-975-6	李　哲　等	32	2010	ppt
20	财务会计实用教程	978-7-5038-5027-1	丁增稳　高　丛	36	2008	ppt
21	财务活动管理	978-7-5655-0162-3	石兰东	26	2011	ppt
22	财务管理	978-7-5655-0328-3	翟其红	29	2011	ppt
23	财务管理	978-7-301-17843-0	林　琳　蔡伟新	35	2011	ppt
24	Excel 财务管理应用	978-7-5655-0358-0	陈立稳	33	2011	ppt
25	成本会计	978-7-81117-592-9	李桂梅	28	2009	ppt
26	成本会计	978-7-5655-0130-2	陈东领　周美容	25	2010	ppt
27	成本会计	978-7-301-19409-6	徐亚明　吴雯雯	24	2011	ppt
28	成本费用核算	978-7-5655-0165-4	王　磊	27	2011	ppt
29	成本会计实务	978-7-301-19308-2	王书果	36	2011	ppt
30	成本会计实训教程	978-7-81117-542-4	贺英莲	23	2008	ppt
31	审计学原理与实务	978-7-5038-4843-8	马西牛　杨印山	32	2007	ppt
32	审计业务操作	978-7-5655-0171-5	涂申清	30	2011	ppt
33	审计业务操作全程实训教程	978-7-5655-0259-0	涂申清	26	2011	ppt
34	税务会计实用教程	978-7-5038-4848-3	李克桥　郭　华	37	2008	ppt
35	涉税业务核算	978-7-301-18287-1	周常青	29	2011	ppt
36	企业纳税实务	978-7-5655-0188-3	司宇佳	25	2011	ppt
37	企业纳税与筹划实务	978-7-301-20193-0	郭武燕	38	2012	ppt
38	会计电算化实用教程	978-7-5038-4853-7	张耀武	28	2008	ppt
39	会计电算化实用教程(第 2 版)	978-7-301-09400-6	刘东辉	20	2008	ppt
40	会计英语	978-7-5038-5012-7	杨　洪	28	2009	ppt
41	行业特殊业务核算	978-7-301-18204-8	余　浩	20	2011	ppt
42	财经英语阅读	978-7-81117-952-1	朱　琳	29	2010	ppt
43	资产评估	978-7-81117-645-2	董亚红	40	2009	ppt
44	预算会计	978-7-301-20440-5	冯　萍	39	2012	ppt

金融贸易类

序号	书　　名	标准书号	主编	定价	出版日期	配套情况
45	国际结算	978-7-5038-4844-5	徐新伟	32	2009	ppt
46	国际结算	978-7-81117-842-5	黎国英	25	2009	ppt
47	货币银行学	978-7-5038-4838-4	曹　艺　卞桂英	28	2009	ppt
48	国际金融基础与实务	978-7-5038-4839-1	冷丽莲　刘金波	33	2008	ppt
49	国际贸易概论	978-7-81117-841-8	黎国英　张新亚	28	2009	ppt
50	国际贸易理论与实务	978-7-5038-4852-0	程敏然　贺亚茹	40	2008	ppt
51	国际商务谈判	978-7-81117-532-5	卞桂英　刘金波	33	2008	ppt
52	国际商法实用教程	978-7-5655-0060-2	聂红梅　史亚洲	35	2010	ppt
53	进出口贸易实务	978-7-5038-4842-1	周学明　金　敏	30	2008	ppt
54	金融英语	978-7-81117-537-0	刘　娣	24	2009	ppt/省级精品课程网站
55	财政基础与实务	978-7-5038-4840-7	才凤玲　张云莺	34	2007	ppt
56	财政与金融	978-7-5038-4856-8	谢利人　郝巧亮	37	2008	ppt

57	国际贸易实务	978-7-301-19393-8	李湘滇　刘亚玲	34	2011	ppt
58	国际贸易实务操作	978-7-301-19962-6	王言炉	37	2011	ppt
59	国际贸易实务	978-7-301-20192-3	刘　慧	25	2012	ppt
60	国际商务谈判（第2版）	978-7-301-19705-9	刘金波	35	2011	ppt
61	外贸单证	978-7-301-17417-3	程文吉　张　帆	28	2011	ppt/浙江省重点教材建设项目网站
62	商务英语学习情境教程	978-7-301-18626-8	孙晓娟	27	2011	ppt/浙江省重点教材建设项目网站

营销管理类

序号	书　　名	标 准 书 号	主　编	定价	出版日期	配套情况
63	市场营销学	978-7-5038-4859-9	李世宗　李建峰	28	2008	ppt
64	市场营销	978-7-81117-957-6	钟立群	33	2010	ppt
65	市场营销理论与实训	978-7-5655-0316-0	路　娟	27	2011	ppt
66	市场营销项目驱动教程	978-7-301-20750-5	肖　飞	34	2012	ppt
67	管理学原理	978-7-5038-4841-4	季　辉　冯开红	26	2008	ppt
68	管理学基础	978-7-81117-974-3	李蔚田	34	2010	Ppt/立体化教学资料
69	管理学原理与应用	978-7-5655-0065-7	秦　虹	27	2010	ppt
70	通用管理实务	978-7-81117-829-6	叶　萍	39	2009	ppt
71	现代公共关系原理与实务	978-7-5038-4835-3	张美清	25	2007	ppt
72	公共关系实务	978-7-301-20096-4	李　东　王伟东	32	2012	ppt
73	企业管理	978-7-5038-4858-2	张　亚　周巧英	34	2008	ppt
74	企业管理实务	978-7-301-20657-7	关善勇	28	2012	ppt
75	现代企业管理	978-7-81117-806-7	于翠华　贾志林	38	2009	ppt
76	现代企业管理	978-7-301-19687-8	刘　磊	32	2011	ppt
77	商务礼仪	978-7-81117-831-9	李　巍	33	2009	ppt
78	商务礼仪	978-7-5655-0176-0	金丽娟	29	2011	ppt
79	现代商务礼仪	978-7-81117-855-5	覃常员　张幸花	24	2009	ppt
80	商务沟通实务	978-7-301-18312-0	郑兰先	31	2011	ppt
81	商务谈判	978-7-301-20543-3	尤凤翔　祝拥军	26	2012	ppt
82	商务谈判	978-7-5038-4850-6	范银萍　刘　青	32	2009	ppt
83	人力资源管理	978-7-5038-4851-3	李蔚田	40	2008	ppt
84	人力资源管理实务	978-7-301-19096-8	赵国忻	30	2011	ppt/浙江省重点教材建设项目网站
85	电子商务实务	978-7-301-11632-6	胡华江	27	2009	ppt/国家级精品课程网站
86	电子商务实用教程	978-7-301-18513-1	卢忠敏　胡继承	33	2011	ppt
87	电子商务英语	978-7-301-17603-0	陈晓鸣　叶海鹏	22	2010	ppt
88	网络营销理论与实务	978-7-5655-0039-8	范军环　宋沛军	32	2010	ppt
89	市场调研案例教程	978-7-81117-570-7	周宏敏	25	2008	ppt
90	市场调查与预测	978-7-5655-0252-1	徐　林　王自豪	27	2011	ppt
91	市场调查与预测	978-7-301-19904-6	熊衍红	31	2011	ppt
92	管理信息系统	978-7-81117-802-9	刘　宇	30	2009	ppt
93	商品学概论	978-7-5038-4855-1	方凤玲　杨　丽	20	2008	ppt
94	广告原理与实务	978-7-5038-4847-6	郑小兰　谢　璐	32	2007	ppt
95	零售学	978-7-81117-759-6	陈文汉	33	2009	ppt
96	消费心理学	978-7-81117-661-2	臧良运	31	2009	ppt
97	消费心理与行为分析	978-7-301-19887-2	王水清	30	2011	ppt
98	营销策划技术	978-7-81117-541-7	方志坚	26	2008	ppt
99	现代推销技术	978-7-301-20088-9	尤凤翔　屠立峰	32	2012	ppt
100	营销策划	978-7-301-20608-9	许建民	37	2012	ppt/国家级精品课程网站
101	中小企业管理	978-7-81117-529-5	吕宏程	35	2008	ppt
102	中小企业财务管理教程	978-7-301-20608-9	周　兵	28	2012	ppt
103	连锁经营与管理	978-7-5655-0019-0	宋之苓	37	2010	ppt
104	秘书理论与实务	978-7-81117-590-5	赵志强	26	2008	ppt

请登录 www.pup6.cn 免费下载本系列教材的电子样书(PDF 版)、ppt 和相关教学资源。

欢迎免费索取样书，并欢迎到北京大学出版社来出版您的大作，您可在 www.pup6.cn 在线申请样书和进行选题登记，也可下载相关表格填写后发到我们的邮箱，我们将及时与您取得联系并做好全方位的服务。

联系方式：010-62750667，sywat716@126.com，linzhangbo@126.com，欢迎来电来信咨询。